_____ 드림

하브루타
네 질문이
뭐니?

하브루타
네 질문이
뭐니?

초판 1쇄 인쇄 2019년 3월 13일
초판 1쇄 발행 2019년 3월 20일

지은이 하브루타문화협회

발행인 장상진
발행처 (주)경향비피
등록번호 제2012-000228호
등록일자 2012년 7월 2일

주소 서울시 영등포구 양평동 2가 37-1번지 동아프라임밸리 507-508호
전화 1644-5613 | **팩스** 02) 304-5613

ISBN 978-89-6952-322-8 04370
      978-89-6952-091-3 (SET)

· 값은 표지에 있습니다.
· 파본은 구입하신 서점에서 바꿔드립니다.

하브루타 네 질문이 뭐니?

하브루타문화협회 지음

경향BP

집필진 소개

머리말 / 유대인의 질문 문화와 하브루타 / 맺음말

김정완 : 하브루타문화협회 상임이사이며, 하브루타와 탈무드 관련 강의와 저술 작업에 매진하고 있다. 하브루타가 한국에 처음 도입된 이후부터 전파되는 데 핵심 역할을 수행했다. 하브루타의 교과서라 할 수 있는 탈무드 원전에도 관심이 많아서 탈무드 원전을 번역하고 연구 중이다. 저서 및 역서로 『질문 잘하는 유대인 질문 못하는 한국인』, 『랍비가 직접 말하는 탈무드 하브루타』, 『하브루타 삶의 원칙 체다카』 등 총 7권의 책이 있다.

글로벌 시대에는 어떤 인재를 원하는가?

윤경로 : 하브루타 전문가이며, 미래형 인재와 글로벌 인재를 양성하는 (사)글로벌인재경영원 원장과 한양대학교 특임교수이다. 글로벌 기업인 듀폰에서 22년간 재직하며 아시아태평양지역 인재개발, 교육, 인사담당 임원을 지냈다. 액션러닝을 한국에 소개하여 초대 액션러닝협회장, 초대 한국퍼실리테이터협회장, 한국산업교육학회장을 역임하였다.

질문을 품은 사람이 행복하다

김혜경 : 질문배움연구소 대표이며, 하브루타문화협회 상임이사, 창원지부장이다. 가족 하브루타, 하브루타 독서토론, 하브루타 콘서트 등을 진행하며 많은 가정에 하브루타를 전하는 메신저와 마중물 역할을 하고 있다. 부모·자녀들의 하브루타 기초체력을 키우고, 하브루타 가족문화 정착을 위해 힘쓰고 있다. 저서로 『하브루타 부모수업』, 『하브루타 질문독서법』 등이 있다.

질문에서 삶의 방향을 찾다

양동일 : '하브루타 아빠'로 불리며, 2014년부터 질문과 토론의 문화를 가정에서부터 실천하고자 '토요가족식탁'을 제안했다. 하브루타문화협회 사무총장이며, 초·중등학교에서 연간 150회 이상 교사연수를 진행하면서 공교육에서 '질문과 토론'의 문화를 확산하는 데 노력하고 있다. 저서로 『질문하

는 공부법 하브루타』, 『토론 탈무드』, 『유대인 하브루타 경제교육』, 『질문하고 대화하는 하브루타 독서법』, 『'말하는' 역사 하브루타』(공저) 등이 있다.

사랑하라 그리고 질문하라
나원종 : 가정에서 하브루타를 경험한 후에 교회를 개척할 때부터 사랑과 존중이라는 하브루타 교육철학과 하나님의 교육 방법인 하브루타로 성도들을 목양하고 있다. 하브루타문화협회 상임이사이며, 하브루타 교육과 철학을 교회 차원을 넘어 삶의 모든 분야에 적용하고자 심혈을 기울이고 있다. 전주대학교 캠퍼스에서 하브루타 성품 훈련으로 채플을 인도하고 있다.

질문하는 가정이 행복하다
김묘선 : 가정에서 하브루타를 실천하는 하브루타 엄마이며, 하브루타문화협회 상임이사이다. 2014년 하브루타 학습법에 매료되어 하브루타 교육사 자격을 갖추고 주로 학부모 강의를 340여 차례 진행하였다. 채널A「김현욱의 굿모닝」에서 하브루타를 잘 실천하는 가정으로 소개되기도 했다.

서로 격려하고 도전하는 건강한 가족
정한나 : 미국 LA에서 빛과소금교회(The Light & Salt Church) 담임인 정우성 목사와의 사이에 6남매를 낳아 키웠다. 미주 크리스천 대학교 교수이며, '꿈땅' 대표로서 성경적 세계관 자녀교육 세미나 강사로도 활동하고 있다.

질문으로 좋은 엄마 되기
최경연 : 꿈키움연구소 소장이며, 하브루타문화협회 교육이사이다. 하브루타와 보드게임으로 전국의 청소년들과 학부모들을 만나고 있다. '재미를 통해 의미를 찾는 수업'에 관심이 많아 영화와 게임을 통해 하브루타를 쉽고 재미있게 전달하는 일에 많은 노력을 기울이고 있다.

질문은 성장의 밑거름이다
최은아 : 대학원에서 신학과 독서학을 전공하고 독서와 신학을 하브루타에 접목하여 매주 가정과 학교와 교회에서 아이들과 하브루타를 하고 있다. 다른 교회와 학교에서 하브루타를 전하고 나누는 일을 하며, 가정과 교회들이 하브루타로 세워지고 선한 영향력을 끼치는 존재가 될 수 있도록 돕는 일을 하고 있다. 하브루타문화협회 교육이사와 하브루타선교회 교육위원으로 활동하고 있다.

배우는 사람의 질문이 중요하다
이성준 : 장로회신학대학교를 졸업한 뒤 미국 아주사대학교에서 석사를 마치고, 풀러(Fuller Theological Seminary)에서 박사과정 중이다. 2015년 한국에서 하브루타 자격과정을 수료하고 난 뒤 미국 유대인 학교에서 수학하였다. IK하브루타교육연구소 소장, 하브루타문화협회 분당지부장이사

이며, 미국과 한국에서 한국인의 정체성 찾기 운동과 공교육 및 교회 현장 등에서 하브루타 교육 운동에 헌신하고 있다. 저서로 『'말하는' 역사 하브루타』(공저), 『하브루타 Bible Time』이 있다.

아이의 질문에 날개를 달다
채명희 : 공립유치원교사로서 교실에서 놀이하브루타를 실천하고 있으며, 하브루타문화협회 교육이사로도 활동하고 있다. 제1차 하브루타 학술대회에서 놀이하브루타 수업 모형을 발표했으며, 유아 발달에 적합한 하브루타 교육을 알리기 위해 현장 연구 및 강의, 책 쓰기 등을 하고 있다. 저서로 『하브루타 질문놀이터』(공저)가 있다.

교실에 하브루타를 심다
양경윤 : 초등학교 수석교사이다. 배움 중심 수업을 위해 현장 연구를 계속 하고 있으며, 특히 하브루타 질문 수업을 학교 현장에 적용하면서 수업 혁신에 앞장서고 있다. 그 밖에도 리더십 교육, 독서교육, 감사함으로 이루는 학급긍정 운영, 감사일기 쓰기 등 다양한 주제로 강의하며 컨설팅을 하고 있다. 티처빌원격연수원에 「학습 대화, 질문이 살아있는 교실이야기」 강좌가 개설되어 있다. 저서로 『한 줄의 기적, 감사일기』, 『하브루타 질문수업』, 『교실이 살아있는 질문수업』, 『하브루타 질문수업에 다시 질문하다』 등이 있다.

질문이 성장하는 교실
정옥희 : 초등학교 교사이다. 수업과 수업에 대한 나눔을 사랑한다. 하브루타를 통해 교사 · 부모 · 학생이 함께 삶의 성장을 느낄 수 있기를 바라면서, 마냥 순수한 아이들과 6년째 교실 속 하브루타를 실천하고 있다. 저서로 『질문이 있는 교실』(공저), 『하브루타 수업이야기』(공저)가 있으며, 한국교원연수원의 『질문하고 토론하는 하브루타 교육의 기적-실전 편』에 참여하였다. 네이버 블로그 '은도토샘의 작은 씨앗 하나'에 소소한 하브루타 수업 성찰 기록들을 남기고 있다.

미술과에 하브루타를 적용하다
황경숙 : 하브루타문화협회 교육이사이며, 하브루타 관련 강의와 저술 작업 및 조각가로 활동하고 있다. 초등교육 현장에서 40여 년 동안 교육 활동을 해 왔다. 수석교사로 재임중 각종 교육 방법들을 연구하다가 만난 하브루타가 대한민국의 미래를 위한 자기주도적 학습 방법임을 깨닫고, 이후 학교 현장에 정착시키기 위해 미술 하브루타를 적용·실천했다. 저서로 『질문과 이야기가 있는 행복한 교실』(공저) 등이 있다.

내가 서 있는 이곳에서 질문하고 답하다
이윤정 : 하브루타문화교육협회 상임이사이며, 삼광중학교 교사이다. 대한민국 교육의 회복을 꿈꾸며 교육 현실 속에서 하브루타가 이론이 아닌 실제에서 어떻게 적용되는지 연구하고 실천하기 위해

현장에 직접 뛰어들었다. 하브루타 전국 학술대회 중학교 수업 실천 사례를 비롯하여 지난 6년간 전남 지역 교육청, 단위학교 교사 직무 연수에서 하브루타 강의를 진행했다. 전남 지역 최초로 학생 하브루타 독서토론 동아리와 도서관 하브루타 수업을 개설하여 순천을 포함한 전남 지역에 하브루타가 전파되는 데 마중물 역할을 했다.

선생님들, 질문 하브루타 어때요?
한은선 : 장안여자중학교 수석교사이다. 하브루타와 질문 관련 강의와 저술 작업에 매진하고 있다. 하브루타가 단 한 명도 소외되지 않는 배움 중심 수업을 실현할 수 있다는 자신감을 가지고 꾸준하게 실천하는 행동가로서 지금까지 30,000여 명의 선생님들께 하브루타와 질문 관련 강의를 하면서 대한민국의 교실을 질문이 있는 교실로 바꾸는 꿈을 실현해 가고 있다.

질문, 효과적인 독서 이해를 위한 열쇠
정미정 : 가톨릭대학교 교육학과 독서교육전공 박사과정 중이며, 우석독서교육연구원의 연구원, 하브루타문화교육협회 교육이사이다. 독서 교육 현장에서 독서 · 토론 활동을 통한 행복한 배움 활동에 열중하고 있으며, 책을 매개로 한 하브루타 스타일의 독서 수업과 환경을 만들기 위해 노력하고 있다.

질문이 있는 학교의 기적
이성렬 : 전라남도 벌교고등학교 교장이며, 하브루타문화협회 부이사장이다. 하브루타 도입 초기부터 하브루타가 학교 현장에 널리 전파되는 데 핵심 역할을 수행하고 있다. 창의 · 인성 교육, 행복교육 등을 「위즈덤포럼」에 기고하는 등 강의와 저술 작업에 매진하고 있다.

고3 교실의 하브루타 수업
설운용 : 벌교고등학교 3학년 부장이며, 일반계 고등학교에서 질문과 토론 중심의 하브루타 학습을 통한 교실 수업 개선을 실천하고 있다. 하브루타 전국학술대회 고등학교 수업 실천 사례 발표를 비롯하여 전국 시 · 도 교육청 교사 직무연수, 단위학교 교사 직무연수에서 강의하고 있다. 대학 입시에 관심이 많아 전남교육청 대입현장지원단 연구위원, EBS 학교교육부 교사위원으로도 활동하고 있다.

수업 방황을 하브루타로 끝내다
이성일 : 울산 신선여자고등학교 수석교사이다. 책과 강의로 수업 문화를 바꾸는 하브루타 전도사 역할을 하고 있다. 대원교육문화재단에서 선정한 2017년 울산 참교육인 대상을 받았으며, KBS「이슈와 사람」에도 출연한 바 있다. 저서로『얘들아, 하브루타로 수업하자!』,『하브루타로 교과수업을 디자인하다』,『통합 교과 논술 100시간』(공저) 등이 있고, 포토스탠딩 토론을 위한 「좋은 상상」 사

진 카드를 출시하였다.

가장 힘들지만, 가장 기억이 오래가는 수업
정지언 : 마산대학교 영유아보육과 교수이며, 동 대학에서 교수 학습지원센터장을 맡고 있다. 교내외에서 동기설계를 포함한 수업설계와 학습자 중심 교수 방법을 중심으로 강의하고 있으며, 수업 컨설턴트로도 활동하고 있다. 하브루타를 본인의 수업에 직접 활용하면서 대학 강의실에 하브루타를 효과적으로 적용하기 위한 방법뿐 아니라 비교과 프로그램에 접목하기 위해 고민하고 있다.

미래인재 양성을 위한 학습자 중심 질문 수업
민형덕 : 하브루타문화협회 상임이사이며, 대학에서 교육 방법 및 공학과 교육심리학을 가르치고 있다. 하브루타를 통해 가정과 학교와 교회가 일치된 세계관을 갖도록 강의와 캠프, 연구 등의 활동을 하고 있으며, 서로 질문하고 대화하는 문화가 확산되도록 노력하고 있다.

학습자가 주도하는 교실 수업
김보경 : 전주대학교 교육학과 교수이다. 질문과 직관적 사고에 관심을 가지고 있다. 공부는 획득이 아니라 상실이며, 무지한 자아를 버릴 때 비로소 온전한 공부가 가능하다는 것을 전하기 위해 노력하고 있다. 이를 위해 학습자의 내면의 힘으로 알아차리는 직관과 내면을 드러내는 질문의 중요성을 글과 강의를 통해 전하고 있다. 저서로『교육 방법 및 교육공학』등이 있으며, 논문으로「유대인 하브루타 학습의 이해도 정착을 위한 과제」,「직관적 사고의 교육적 의의와 교수설계에의 시사점」등이 있다.

질문이 생명이고 경쟁력이다
고현 : 유아교육, 상담심리, 교육학을 전공했으며, 하브루타 교수법에 대해 연구하고 있다. 예술심리치료학회 수련감독 전문가로서 광주예술심리치료 상담 연구소장을 지냈으며, 대학에서 25년간 후학을 위해 강의하고 있다. 저서로『교육학개론』,『심리학개론』,『미술치료』,『생활지도와 상담』등이 있다.

질문이란 삶이다
서동진 · 철학, 신학, 심리학, 사회사업, 상담학을 전공한 심리상담 전문가이다. 한국상담학회 전문 수련감독으로 연수기관인 인간발달상담연구소를 운영하고 있으며, 15년째 대학원에서 상담학을 지도하며 상담전문가를 양성하고 있다. 하브루타문화협회 초대 협회장으로 하브루타와 상담의 통합 및 하브루타 부모교육에 중점을 두어 연구하고 있다.

상담, 질문과 대화의 하브루타

이정미 : 한국상담학회 일반수련감독, 물구나무심리상담센터 원장이며, 하브루타문화협회 이사이다. 하브루타 상담, 하브루타 부모교육, 청소년을 위한 하브루타 독서 토론에 관심이 많으며, 하브루타와 상담 관련 강의와 저술 작업에 중점을 두고 있다. 청소년 전환기 문제행동과 예비교사의 교육관을 주제로 한 논문이 있다.

질문으로 재무설계하다

김금란 : 독립 재무설계사. Finanz 대표이며, 하브루타문화협회 교육이사로 활동 중이다. 질문을 중심으로 하는 재무상담으로 돈에 대한 철학을 세우고 돈과 삶의 가치가 균형을 이루는 건강하고 현명한 부를 형성하도록 돕는 일을 한다.

하브루타 유아교육

이미란 : 서울한영대학교 유아특수재활학과 교수이다. 교수직을 수행하면서 모든 학문의 중심에 유대인이 있음을 확인한 이후 유대인 쉐마 교육을 비롯하여 하브루타 자녀교육, 하브루타 부모교육, '성경에 기초한 거룩한 하브루타 성(性)교육'에 매진하고 있다. 저서로『유아 인성 교육 세 살 버릇』외에 6권이 있다.

질문, 배움의 본질을 고민하다

정충현 : 서울대학교 사회복지학과, 동대학교 대학원을 졸업하였다. 미국 남가주대학교 사회복지대학원(USC Suzanne Dworak-Peck School of Social Work) 박사과정에서 이민자들의 의료 시스템 적응 과정을 연구하고 있다.

김수정 : 연세대학교 생명공학과를 졸업하고, 동대학교 생물학 박사과정을 수료하였다. 미국 남가주대학교 노인학과(Gerontology)에서 박사후 연구과정으로 세포내 소기관 미토콘드리아에서 만들어지는 펩타이드가 노화 과정과 노화 관련된 질병에 미치는 영향을 연구하고 있다.

네 질문은 뭐니?

하브루타문화협회가 결성된 이후 첫 번째 팀 프로젝트가 질문의 책쓰기였다. 하브루타문화협회는 협회의 명칭에서도 드러나듯, 하브루타 문화를 대한민국에 확산하고 정착하는 것을 비전으로 삼고 있다. 하브루타를 학교의 울타리를 넘어 사회 전반에 확산하기 위해서는 가장 먼저 질문의 문화가 조성되어야 한다.

책쓰기 프로젝트의 선장을 맡은 나는 하브루타 문화 운동을 지난 2011년부터 줄곧 이어 오면서 질문이 생활화된 문화의 필요성을 꾸준히 강조해 왔다. 이번 책쓰기는 우리 사회에 질문의 문화를 뿌리내리게 하려는 30명의 하브루타문화협회 소속 강사들의 '소리 없는 아우성'이다.

질문을 핵심으로 하는 하브루타는 3,500년 전통의 유대인 학습법이다. 유대인 공동체에서는 누구나 질문할 수 있는 권리를 갖고 있다. 어떤 경우에도 질문을 가로막는 일은 없다. '후츠파 질문'이라는 말이 있다. 후츠파는 '뻔뻔하다'라는 뜻이지만 여기서는 '도전적이다'라는 뜻이 더 어울린다. 유대인들은 누구에게나 도전적으로 질문을 하는 데 익숙하다. 그들의 경전인 토라를 배우는 데도 제1원칙은 "반드시 질문하라."이다.

하브루타는 그런 배경에서 탄생했다. 질문을 매개로 자연스럽게 이어지는 대화는 논쟁으로 발전한다. 하브루타는 원래 공부하는 짝이라는 의미였으나 한국에 소개되면서 '짝을 지어 질문을 가지고 대화·토의·논쟁하는 것'으로 재정의되었다.

문제는 우리나라에서 질문의 문화가 사라졌다는 것이다. 교육에 목숨 거는 대한민국에서 정작 가장 중요한 질문이 사라졌다는 것은 매우 아이러니하다. 역사를 살펴보면 조선시대 당쟁기(1575~1800)에는 질문과 토론의 문화가 사대부층을 중심으로 활성화된 적이 있었다. 왜 그런 좋은 문화가 사라졌는가는 논외로 하더라도 하브루타 문화 운동이 성공을 거두기 위해서는 반드시 질문의 문화를 회복해야 한다.

하브루타가 소개되면서 가장 유행했던 히브리어는 "마타호세프?"였다. 우리말로는 "네 생각은 뭐니?"이다. 2013년 KBS「공부하는 인간, 호모 아카데미쿠스」라는 프로그램에서 유대인 학교의 교사가 학생들에게 수없이 물었던 질문이다. 이 말은 유대인의 질문의 문화에 대해 오해를 불러일으킬 소지가 있다. 교사의 물음이다 보니 교사만 질문하는 것으로 착각을 불러일으킬 수 있기 때문이다. 오히려 그 반대다. 교사의 질문이 아니라 학생의 질문이 더 중요하다.

수준 높은 교사일수록 학생들에게 "너의 질문은 뭐니?"라고 묻는다. 여기서 우리는 "네 질문은 뭐니?"가 "네 생각은 뭐니?"보다 훨씬 업그레이드된 버전인 것을 알 수 있다. 학습자에게 질문을 요구하기 때문이다. 답은 일시적이지만 질문은 영원하다. 뭔가를 '배운다'라는 것은 기실 질문을 얻는 것이다.

유대인들에게 배움은 질문에서 시작해서 질문으로 끝나는 여정이다. 위대한 스승들은 질문을 북돋우며 제자들의 질문을 결코 두려워하는 법이 없다. 그들은 제자들이 질문으로 자신을 뛰어넘기를 바랐다. 스승의 진정한 기쁨은 자기보다 더 나은 제자를 길러내는 데 있다.

하브루타문화협회 강사들은 질문이 얼마나 중요한지, 질문이 어떤 가치를 지녔는지, 질문의 힘이 얼마나 막강한지 등 질문이 만들어 내는 교육적 효과들을 매일매일 경험하고 있다. 질문하는 것을 삶의 모토로 삼는 그들이기에 문장마다 질문으로 변화된 자신과 가족 그리고 그들이 속한 공동체의 모습이 오롯이 새겨져 있다. 대한민국 사람이라면 누구나 그들이 이구동성으로 던지는 메시지를 주목했으면 한다. 이 책이 그들의 삶 속에 살아 숨 쉬는 질문의 힘을 만끽할 기회를 제공하리라 기대한다.

하브루타문화협회 상임이사 겸 연수원장
김정완

"네 생각은 어때?"
"왜 그렇게 생각해?"
"여기에서 네 질문은 뭐니?"

| 차례 |

제1장 가정에서 하브루타하기

제2장 학교에서 하브루타하기 1 – 유·초등 편

제3장 학교에서 하브루타하기 2 – 중등 편

제4장 학교에서 하브루타하기 3 – 고등 편

제5장 학교에서 하브루타하기 4 – 대학 편

제6장 질문으로 끌어내는 교육학

제7장 질문으로 끌어내는 상담

제8장 유대인의 질문 문화

글로벌 시대에는 어떤 인재를 원하는가?

윤경로

"유능한 리더는 바른 질문에 집중하고, 평범한 리더는 질문의 답에 매달린다."

-존 코터

질문으로 성공한 사람과 실패한 사람

오래전에 국내 대기업의 그룹 본부에서 일하고 있을 때다. 그룹 본부의 최고 경영자가 바뀐다는 소문이 돌았다. 그 자리는 실질적으로 그룹 회장 다음으로 책임과 권한이 막강한 자리였다. 막상 인사발표가 났을 때 많은 사람이 뜻밖의 인물이 내정됐다는 사실에 의아해했다. 전혀 예상과 다른 생소한 임원이 내정되었던 것이다. 당시 미국 기업과 합작한 합작법인의 전무였는데 그룹 본부 직원들도 잘 모르는 인물이었다.

사람들은 그런 파격적인 인사의 배경에 대해 궁금해했다. 나중에 알려진 바에 의하면 그룹 회장이 후보가 될 수 있는 고위 임원을 여럿 만나서 대화를 했다고 한다. 그 대화가 실질적으로는 선발을 위한 인터뷰였던 것이다. 다만 그 인터뷰가 특이했다고 한다.

인터뷰라고 하면 선정 권한을 가진 그룹 회장이 회장실에서 만나 질문을 하고 후보 임원이 대답을 하는 방식이 일반적이다. 그런데 그룹 회장은 후보 임원실을 직접 방문해서 이런 질문을 했다고 한다. "앞으로 우리 그룹이 성장 발전하기 위해서 지금 우리는 어떤 질문이 필요한가?" 즉 질문 자체에 관해 질문을 한 것이다. 그것은 "좋은 질문을 하는 사람이 생각을 잘할 수 있다."고 판단했기 때문이라고 한다. 미국에서 유학을 했던 그룹 회장의 독특한 발상이었다. 선발된 임원은 자기 생각을 조리 있게 정리해서 핵심적인 질문들을 잘했는데, 자기 나름의 소신도 충분히 보였다고 한다.

그 사례를 보면서 나는 질문이 얼마나 중요한지를 처음으로 인식하게 되었다. 그 후 나는 글로벌 기업인 듀폰에 부장으로 입사했다. 당시 아시아 지역 사장은 미국인으로 일본 도쿄에 사무실을 두고 있었고, 한국에는 1년에 고작 한 번 정도 방문했다. 워낙 아시아 지역이 넓어서 돌아볼 나라가 많은 데다 일본과 중국이 주요 관심국가였기 때문이다.

아시아 지역 사장이 모처럼 한국을 방문해서 전 직원과 소통하는 시간을 가졌다. 소위 타운미팅(Town Meeting)을 한 것이다. 아시아 지역 사장은 먼저 회사 전체 상황에 대해 간략히 설명하고, 본인의 경영방침을 강조한 뒤 직원들에게 질문을 하라고 했다. 한국듀폰 직원들도 이런 경우 쉽게 질문을 하지는 못했다. 한 임원이 용감하게 손을 들고 질문하기 시작했다. 그 임원은 진급을 원했고 이 기회에 자신의 존재를 부각시키고 싶었던 것 같았다.

그 임원의 질문은 상당히 길게 이어졌는데 핵심이 무엇인지 이해되지 않았다. 아시아 지역 사장도 이해되지 않았는지 질문의 요점이 무엇이냐고 다시 물었다. 그 임원이 부연설명을 했는데도 역시 잘 이해되지 않았다. 결국 그 사람의 질문에 관해 다시 질문을 하는 대화가 몇 번 오고 가면서 예정된 질문시간 10분이 모두 소요되었고, 다른 사람들은 질문할 기회도 갖지 못한 채 타운미팅이 종료되었다.

그날 미팅에 참석한 나는 물론이고 다른 직원들도 무언가 답답한 느낌이 들었다. 그 임원은 생각이 제대로 정리되지 않은 상태였던 것이다. 그 일 때문이었을까? 그 임원은 더 이상 진급하지 못했고 2년 후에 결국 회사를 떠났다. 그런 일을 목격하고 나는 생각을 잘 정리해서 간결하면서도 핵심을 찌르는 질문을 하는 것이 얼마나 중요한지를 깨닫게 되었다.

조엘 바커의 패러다임 전환 질문

질문에 대해서 본격적으로 관심을 갖게 된 것은 아시아 지역 본부의 인재 관리와 교육 책임자로 임명을 받으면서부터였다. 새로운 직책을 맡으면서 미국 본사의 교육부서를 방문했다. 일종의 OJT(업무상 교육) 목적으로 주요 담당자들도 만나고 미국 본사의 주요 프로그램을 이해하기 위한 출장이었다.

마침 그 당시 진행되는 본사의 리더십 과정에도 참여했는데, 그중의 한 모듈이 조엘 바커의 '패러다임 시프트(전환)'에 관한 것이었다. 원래 '패러다임'이란 말은 과학 분야에서 처음 쓰이기 시작했는데, 오늘날에 기업 경영이나 일상생활에서도 많이 사용하게 된 계기는 바로 조엘 바커의 패러다임 전환 교육 덕분이라고 생각한다.

이 교육에서 조엘 바커는 스위스 시계 산업이 과거에는 전세계 시계 시장의 65%까지 차지하고 있다가 전기식 진동장치인 쿼츠(quartz)가 발명되면서 시계 시장의 대부분을 일본의 전자시계 업체들에게 잃고 10%까지 시장점유율이 추락하는 사례를 보여 주며, 패러다임 전환의 중요성을 강조했다.

당시 스위스 시계 산업에서는 시계는 톱니바퀴와 태엽으로 구성되어야만 한다는 고정관념 때문에 정작 스위스의 한 연구소에서 개발한 쿼츠를 인정하지 않았다. 그러다가 일본 기업들이 이 기술을 사서 저렴하고 시간이 잘 맞는 시계들을 개발하면서 시장을 잃게 되었고, 급기야 스위스 시계 산업이 거의 몰락하는 지경까지 이르게 되었다는 것이다.

그는 패러다임의 전환을 돕는 질문의 중요성을 강조했다. 스위스 시계 산업은 이후에 쿼츠를 사용하고 패션을 강조한 스와치를 개발하고, 기존의 시계도 더욱 고급화하여 일부는 다시 부활했다.

'패러다임 전환'이라는 개념은 아주 신선하게 다가왔다. 조엘 바커의 교육에 깊이 공감한 나는 아시아 지역에서 리더 양성 교육을 할 때 조엘 바커의 패러다임 전환 교육을 꾸준히 시켰다. 이 단순한 교육은 듀폰 아시아 지역에서 리더들에게 뜨거운 호응을 받았다. 결국 리더가 조직에서 변화를 이끌려면 조직 내부에 있는 여러 고정관념을 점검해 보고, 바꿔야 할 것이 있으면 과감하게 바꾸어 패러다임의 전환을 시도해 보아야 한다는 점을 강조해서 좋은 반응을 얻은 것이다.

나는 지금도 위 질문을 나 자신이나 우리 조직에 적용해 본다. 즉 지금 우리는 어떤 고정관념을 갖고 있고, 그중 어떤 것을 바꾸면 획기적인 발전이 가능할지 종종 생각해 보고 있다.

기업은 왜 질문 리더십을 중시하나?

듀폰에서 교육 책임을 맡은 내내 나는 계속해서 질문의 중요성에 관해 강조했다. 그리고 좋은 질문을 준비하는 방법에 대해서도 탐구했다. 리더에게 질문이 중요한 이유는 바로 리더의 역할 중에서 가장 중요한 것이 조직의 방향을 설정하는 것이라고 믿는 데 있다.

리더가 올바른 질문, 올바른 생각으로 조직의 방향을 제대로 설정해 주면 조직이 건강하게 성장할 수 있다. 나는 그런 사례를 조직 내에서도 자주 보았고, 다른 회사의 사례에서도 많이 볼 수 있었다. 가령 회계부정사건으로 회사가 파산한 엔론이나, 디지털카메라의 등장에 너무 늦게 대응하다가 파산한 130년 기업 코닥, 세계 최대의 피처폰 기업이었으나 스마트폰의 등장에 우왕좌왕하다가 역시 몰락한 노키아 등 셀 수도 없이 많은 기업의 사례들이 있다.

마이클 J. 마쿼트의 『질문 리더십』은 성공한 리더 22명을 인터뷰하고 그들의 질문에 관한 다양한 경험과 사례를 담은 책이다. 그 책에서 중요하게 언급된 리더 중 한 사람은 당시 듀폰의 CEO였던 채드 홀리데이 회장이다. 채드 회장은 다음과 같은 이야기를 했다.

"중요한 문제는 반드시 질문으로 풀어야 한다. 우리는 회의를 시작할 때 대답을 찾아야 하는 3가지 중요한 질문이 무엇인지 정한다. 또 회의가 끝나면 우

리는 얼마나 회의를 잘했는지를 파악하기 위해 주로 질문을 가지고 성찰을 한
다.”

질문 잘하는 리더

채드 홀리데이 듀폰 전 회장은 본사 CEO로 선임되기 전에 아시아 지역 사장
을 했고, 그때 나를 아시아 지역 인재 관리와 교육 책임자로 선택해 주었다. 몇
년간 상사로 직접 모셨다. 채드가 아시아 지역 사장으로 임명되었을 때는 40을
갓 넘긴 젊은 나이였다. 채드 사장은 듀폰이 아시아 지역에서 빨리 성장하려면
유능한 아시아인 현지 리더를 많이 선발하고 양성해야 한다는 신념을 갖고 있
었다. 그래서 내가 맡은 인재 관리와 교육을 매우 중요하게 생각했다. 그는 내
가 성장하도록 많은 자극도 주었다.

나는 아시아 지역에서 처음으로 리더 양성 과정을 준비해서 주로 영어권인
호주나 싱가포르에서 진행했다. 일본 도쿄에 머물던 채드 사장은 리더십 교육
이 있을 때마다 항상 하루 정도 출장을 와서 참가자들과 만나 대화를 하는 성
의를 보여 주었다. 그의 바쁜 일정을 감안할 때 대단한 열성이었다. 그의 교육
에 대한 열성은 이후 아시아 지역 사장이 된 다른 리더들도 계속 따라 주었고,
그것은 내게 큰 힘이 되었다.

내가 리더 양성 과정을 시작한 지 얼마 되지 않았을 때 채드 사장이 이런 질
문을 했다. “이번 참가자들 중에서 누가 가장 질문을 잘하는가?” 사실 나도 누
가 질문을 잘하는지에 관심이 있어서 참가자들을 관찰했기에 즉각 과정에 열

성적으로 참여하고 질문도 잘하는 3명을 거론했다.

채드 사장은 곧바로 내게 그들이 회사의 핵심 인재 풀에 들어 있는지 물어보았다. 채드 사장에 의하면 "질문을 잘하는 사람은 생각을 잘하는 사람이고, 앞으로 계속 성장할 수 있는 인재이니 우리가 주목해야 한다."는 것이었다. 핵심 인재 리스트를 체크해 보니 3명 중 1명만 들어 있고 2명은 없었다. 채드 사장은 그들 3명과 별도로 대화를 나누어 보고는, 내게 핵심 인재 리스트에 없는 두 사람의 상사와 협의해서 다음 번 아시아 지역 경영진의 '핵심 인재와 조직 검토' 정기회의에서 이들에 대해 검토할 수 있도록 준비하라고 지시했다. 그들은 질문을 잘해서 기회를 갖게 된 것이다.

채드 사장이 특강을 하는 경우도 있었는데, 대략 20분 정도 간략하게 회사의 상황과 자신의 경영방침에 대해 설명하고 나머지 시간은 참가자들과 자유로운 토론이나 질의응답 시간을 가졌다. 먼저 참가자들에게 질문하게 했다. 질문이 충분하지 않으면 자신이 참가자들에게 질문했다.

그 질문들은 상당히 어려운 내용이었다. 가령 "앞으로 1년 내에 당신이 맡은 사업을 2배로 성장시키거나 생산성을 2배로 향상하기 위해서는 무엇을 해야 하는가?" 같은 질문이었다. 사업을 1년 만에 2배로 성장시킨다는 것은 평소에 잘 생각하지 못한다. 이 질문에 제대로 대답하려면 기존의 사업방식이 아닌 새로운 방식을 생각해 내야만 한다.

나는 교육 참가자들이 리더십 과정에서 채드 사장에게 질문을 제대로 하지 못해서 어색했던 경우를 몇 번 겪었다. 그래서 이후 리더십 과정 교육에 별도로 질문 잘하는 방법을 추가시켰다.

한 번은 일본에서 아시아 지역 확대 경영진회의가 있었다. 보통 40명 정도의 리더가 모이는데, 준비된 안건에 대해서 다양하게 토의를 하고 의견을 모아 채드 사장이 결정을 하려고 하면, 미국인 사업부장 한 명이 꼭 딴죽을 거는 듯한 질문을 했다. 그는 그런 질문을 자주 했고, 그로 인해 회의가 지연되었다.

나는 걱정스러운 나머지 쉬는 시간에 상사에게 물어보았다. "저 사람이 오늘 왜 저렇게 딴죽을 거는지 모르겠다. 저러다가 사장한테 찍힐까 봐 걱정이다." 라고 했더니, 상사가 크게 웃으며 하는 말이 그것은 사실 채드 사장이 시킨 것이라고 했다. 그런 역할을 'devil's advocate'(악마의 대변자. 논의를 자극하기 위해 일부러 반대 입장을 취하는 사람)라고 하며 전체 그룹이 집단사고에 빠지는 것을 방지해 주기 위해 일부러 시켰다고 했다.

액션러닝도 좋은 질문이 핵심이다

한 번은 채드 사장이 내게 아시아 지역의 인재 양성과 교육을 강화할 계획을 준비해서 보고하라고 지시했다. 나름대로 열심히 장기계획을 준비해서 보고했다. 보고를 듣던 채드 사장은 내게 GE가 액션러닝을 도입해서 리더 양성을 잘하고 있다는 소식을 들었으니 GE의 리더십 교육 책임자를 만나 액션러닝을 배우고 듀폰에 도입해 보라고 말했다.

나는 즉각 미국 본사 동료와 함께 GE의 액션러닝 책임자를 만나 이틀간 구체적으로 액션러닝을 준비하고 진행하는 방법과 실제 적용 사례를 배웠다. 상당히 비싼 수업료를 지불하고 배운 액션러닝이었다. 당시 가장 성장 가능성이 높은 국가로 주목받던 중국과 인도 현지에서 본사를 포함한 글로벌 핵심 인재들을 대상으로 두 차례에 걸쳐 액션러닝 교육을 진행했다.

이 경험을 통해 나는 액션러닝이 기업 교육을 실제 비즈니스 성과와 연계해서 참석자들이 경영자로 성장하는 데 꼭 필요한 '복합적인 문제 해결 능력'을 향상시켜 줄 수 있는 가장 좋은 방법이라고 믿게 되었다. 액션러닝을 우리나라 대표 기업들인 삼성, LG, SK에도 소개해 주었다.

액션러닝을 처음 제창한 사람은 영국의 레지 레번스 교수였다. 레번스 교수는 액션러닝의 핵심을 L=P+Q라고 정의했다. 여기서 L은 learning(학습)이고, P는 programmed knowledge(전통적인 지식), Q는 questioning(질문)으로 통찰력을 갖게 하는 질문이다. 즉 액션러닝은 우리가 일반적으로 배운 지식이나 프로그램에 더해서 좋은 질문을 잘해야 제대로 학습이 이루어진다는 것이다. 질문을 매우 강조하는 교육이다. 좋은 질문은 여러 가지가 있겠지만 나는 앞에서 언급한 '고정관념을 깨는' 패러다임 전환을 위한 질문을 가장 좋은 질문이라고 생각한다. 결국 액션러닝도 좋은 질문이 핵심이다.

'지시 대신 질문'하는 리더십

듀폰 아시아 지역 임원급을 대상으로 하는 고위 리더십 과정에서 액션러닝을 전통적인 방식으로 적용해 보았다. 먼저 참석자에게 자기의 사업이나 담당 분야에서 현재 갖고 있는 가장 중요한 이슈를 하나씩 준비해 오게 하고 5명씩 소그룹을 만들었다. 소그룹 내에서 각자 돌아가며 준비해 온 이슈를 발표하게 하고, 다른 팀원들은 그 이슈를 들으면서 질문하도록 했다. 단 조언하고 싶은 것이 있으면 절대로 직접 하지 않고 질문으로 바꾸어 묻도록 했다.

이것은 임원들에게 질문 리더십을 깨우쳐 주기 위한 것이었다. 즉 평소에도 '지시 대신 질문'을 하도록 권장하고, 질문을 잘하도록 훈련을 한 것이다. 재미있었던 것은 이 교육과정 참가자들이 공통적으로 "질문을 하는 것이 답을 직접 주는 조언보다 훨씬 더 어려웠다."고 했다. 자기의 경험에 비추어 가능한 해결방안을 바로 제시할 수 있는데, 그것을 막상 질문으로 바꾸어 상대방이 스스로 해결방안을 생각해 내도록 하는 것은 상당한 끈기와 성의가 있어야 함을 경험한 것이다. 이런 과정을 통해서 나는 임원들이 지시 대신 질문을 더 많이 하는 조직 문화를 만들자고 역설했다.

코칭의 핵심도 질문이다

경영의 구루(Guru)라고 불리는 피터 드러커는 이런 말을 했다. "과거의 리더는 일하는 사람이었지만 미래의 리더는 질문하는 사람이다." 세상이 복잡해지고 변화의 속도가 빨라지면서 전통적으로 지시하고 일을 시키는 상명하복식 소통은 앞으로는 효과가 없을 것이라는 것이다. 그래서 "21세기에는 지시 대신 질문을 하는 것이 리더가 성공할 수 있는 열쇠"라고 한다.

나도 그 말에 공감해서 지시 대신 질문을 하도록 '코칭 리더십'을 모든 리더십 교육에서 강조하고 매니저들에게 코칭 교육도 시켰다. 매니저들의 몸에 오래 배인 성향이 리더십 교육 한 번으로 바뀔 수 있는 것은 아니지만 꾸준히 노력하면 코칭 문화가 확산되고 조직 문화가 점차 수평적이고 개방적으로 향상

될 것으로 믿었다. 나는 코칭이 조직에서 중요하고 코칭 리더십이 확산되어야만 조직 문화가 민주적, 개방적으로 바뀌어 나갈 수 있다고 믿는다. 더욱 중요한 것은 리더들이 제대로 된 코칭 능력, 질문 능력을 갖추어야 한다는 것이다.

한번은 중국에서 매니저들을 대상으로 코칭 교육을 대대적으로 실시했다. 당시 중국은 인재전쟁 중이었다. 양성된 인재가 부족해서 서로 인재를 뺏어 오고 있었다. 중국 사장은 내게 도와 달라는 요청을 했고, 나는 매니저들이 직원들과 소통을 잘하고 직원들을 더 배려하는 조직 문화를 만들자고 하면서, 그 방법으로 코칭 리더십을 제안했다. 당시 중국인 매니저들도 일방적으로 지시하는 데 익숙해서 직원들을 참여시키는 것이 부족했다고 판단했다.

코칭 교육을 한 6개월 후에 리더십 서베이(Survey)를 통해서 그 성과를 측정해 보기로 했다. 서베이 결과는 흥미로웠다. 매니저들은 80% 정도 자신들이 코칭으로 직원들을 대하고 있다고 대답한 반면, 직원들은 30% 정도만 코칭을 받아 보았다고 했다. 일부 매니저와 직원들을 대상으로 구체적인 이야기를 들어 보았다. 직원들은 상사가 불러서 질책을 하고는 그것을 '코칭했다'고 생각한다고 했고, 매니저들은 직원들에게 질문을 해도 대답을 못하니 한두 번 해 본 뒤 다시 예전 방식으로 지시를 하고서는 코칭했다고 생각한 것이었다.

결국 코칭 문화가 정착되려면 시스템을 갖출 필요가 있다고 생각하고 매니저들이 얼마나 코칭을 잘하는지 상사가 감독하도록 시스템을 갖추어 추진해 나가도록 했다. 매니저들에게도 지속적으로 코칭의 핵심은 질문을 잘하는 것이므로 항상 '지시 대신 질문'을 할 것을 강조하고 '인내심을 갖고 경청'할 것을 권장했다.

사람 관리의 중요성을 깨우치는 리더십 질문

기업에서 일하다 보면 관리자들이 업무 수행에만 지나치게 몰입하는 경우를 흔히 본다. 항상 실적 압박을 받기 때문에 사람에게 신경을 충분히 쓰지 못하는 것이다. 그래서 내가 듀폰에서 강조하던 리더십 모델이 있다.

리더가 꼭 해야 하는 역할을 3가지로 나눈다. ①조직의 방향을 설정하고 전략을 수립하는 역할(Direction & Strategy), ②전략을 추진하여 성과를 낼 수 있도록 실행하는 역할(Execution), ③조직을 구성하고 사람을 관리하는 역할(People & Organization)이다. 나는 리더십 교육에서 이러한 3가지 역할과 관련하여 다음과 같은 질문을 하고, 개인적인 리더십과 성품에 관해서 토의하는 시간을 갖는다.

① 현재 각각의 리더 역할에 얼마의 시간을 쓰고 있는가?(%로 솔직하게 답할 것)
② 리더는 어떻게 시간을 배정하는 것이 바람직한가?(역할에 따라 다를 수는 있다.)
③ 개인별로 어떤 리더십 변화가 필요한가?

이런 질문을 하면 역할에 따라 다르기는 하지만 대다수 매니저는 실행에 가장 많은 시간을 할애하고(심지어 90%까지), 방향 설정과 사람 관리에 나머지 시간을 할애한다고 대답한다. 이상적인 시간 배정에 관해서는 대부분 의견이 비슷하다. 즉 방향 설정 20%, 실행 40%, 사람 관리 40% 정도를 이야기한다.

이 질문을 통해 내가 강조하고 싶은 것은, 리더는 시간과 노력을 중요하다고 생각하는 역할에 적정하게 배분해야 한다는 것이다. 즉 매일매일 실적을 내는 실행에만 너무 함몰되지 말고 장기적으로 중요한 사람과 조직 관리, 미래의 방향 설정에도 시간과 노력을 쏟아야 맡은 조직과 리더 자신이 발전할 수 있다는 것을 말하려는 것이다.

영업 교육의 핵심도 질문이다

기업에서만 질문이 리더들에게 중요한 것은 아니다. 모든 분야에서 질문은 중요하게 활용된다. 한 가지 사례로 영업에서 질문이 활용되는 한 가지 사례를 살펴보자. 듀폰은 세계적인 화학회사다 보니 고객들도 주로 제조회사이고 비즈니스는 B2B(기업간) 영업이 대부분이다. 따라서 영업사원 한 사람이 맡는 매출액이 큰 편이다. 보통 영업사원 1인당 제품에 따라 다르지만 10억~100억 원 정도까지 담당한다. 따라서 영업사원에 대한 교육을 매우 중요하게 생각한다.

듀폰 제품은 대부분 우수한 품질만큼이나 가격도 높은 편이어서 영업 교육의 핵심은 고객이 어떻게 듀폰 제품에 대해 경쟁사 제품보다 더 높은 가격을 지불할 수 있도록 설득할 수 있는가에 달려 있다. 그런 것을 가치 영업(Value Selling)이라고 한다. 즉 고객이 가격을 더 지불하더라도 지불한 가격보다 더 많은 가치를 얻을 수 있음을 보여 주면 설득된다는 것이다.

가치 영업 교육 도입부에 이런 사례가 있다. 꽃집에서 예쁜 꽃다발을 팔고 있다. 이때 꽃집에서 파는 것은 무엇인가? 꽃다발을 사는 사람은 무엇을 사는 것인가? 이 꽃다발 가격이 10만 원이라고 치자. 단순히 집 안에 장식을 하려는 사람이라면 밝은 분위기를 사는 데 10만 원을 지불하는 것은 비싸다고 느껴질 수 있다. 애인한테 선물을 해서 애인의 마음을 잡으려는 남자한테는 어떨까?

10만 원이 비싸게 느껴질까? 그렇지는 않을 것이다. 꽃집은 꽃다발을 파는 것이지만 남자는 사랑을 얻을 수 있는 가치를 사는 것이다. 대상에 따라서 같은 제품, 같은 가격도 다르게 인식될 수 있으니 파는 제품에 고객이 가치를 더 느낄 수 있도록 영업을 하라는 것이 핵심이다.

영업사원들에게 고객을 제대로 이해하도록 질문하는 방법을 가르쳤다. 가장 강조한 것은 고객이 어떤 이슈를 가지고 있고, 정말로 원하는 것이 무엇인지를 파악하는 질문 방법으로 다음과 같이 훈련시켰다. 먼저 고객이 스스로 평가나 분석을 하도록 유도하는 질문이다. 고객이 생각해서 우선순위를 스스로 정하게 해 준다. 다음으로 고객에게 제한이 없다고 가정해서 어떻게 하고 싶은지를 묻는 질문이다. 고객이 진정 원하는 것을 이해하기 위한 목적이다.

이러한 영업사원 질문 방법의 핵심은 간단명료하고 개방된 질문으로, 고객이 생각을 해야 답변이 가능하고, 고객의 입장을 고려한 질문이 되어야 한다는 것이다. 결국 영업사원의 교육에서도 핵심은 질문이었다. 먼저 고객이 어떤 것에 가치를 두는가를 이해하기 위해 어떤 질문을 해야 하는가, 다음으로 어떻게 파는 제품에 가치를 부여해서 고객이 쉽게 받아들일 수 있도록 질문해야 하는가를 훈련시키는 것이다.

GE의 CEO 선정을 위한 질문

기업에서 질문이 중요한 또 하나의 사례가 있다. 2017년 글로벌 기업인 GE 이사회는 제프 이멜트 회장의 후임을 선발하기 위해 몇 명의 후보를 선정하고 새로운 최고경영자의 역할과 GE에 대한 비전을 각각의 후보자들에게 직접 들었다. 이사회는 후보들에게 다음과 같은 질문을 해서 그들의 생각과 능력을 시험했다.

-다른 사람이 당신의 리더십 중 가장 높게 평가하는 부분은 무엇이라고 보는가?
-현재의 불확실한 사업 환경에서 성공하기 위해 GE를 어떻게 포지셔닝할 것인가?
-자본 배분, 사업 포트폴리오 관리 등을 포함해 어떠한 전략적 변화가 필요한가?
-GE의 조직 문화 중 계속 유지할 가치가 있는 문화와 변화가 필요한 문화는?
-지금까지 당신이 받은 피드백 중 가장 어렵고 힘들었던 것은 무엇인가?
-당신의 어떤 경험이 글로벌 관점을 형성하는 데 도움이 되었나?
-당신은 어떻게 학습하는가?

마지막 2가지 질문이 특히 인상적이다. 글로벌 기업에서는 글로벌 경험을 쌓고 글로벌 관점을 갖는 것이 리더의 필수요건임을 알 수 있다. 리더가 되기 위해서는 끊임없이 학습해서 자신을 연마해야 한다는 것을 강조한 것이다.

질문의 완성판 '하브루타식 질문법'

2013년 이스라엘 영재 교육의 책임자를 지낸 이스라엘 교육계의 거장인 헤츠키 아리엘리 총장을 알게 되었고, 그로부터 유대인들의 전통적인 탈무드 학습법인 하브루타를 배웠다. 이후 하브루타에 계속 관심을 갖고 연구하면서 하브루타야말로 우리나라 교육을 혁신시켜서 4차 산업혁명 시대에 필요한 인재와 조직을 개발하는 데 가장 적합한 방법이라고 굳게 믿게 되었다.

하브루타에서도 핵심은 질문이다. 하브루타에서는 질문을 통해 폭넓고 다양하게 생각하는 훈련과 동시에 하나의 주제를 깊이 파고 들어갈 수 있는 훈련이 이루어진다. 일반적으로 우리는 바람직한 인재상을 T자형 인재라고 말한다. 즉 폭넓게 다양한 분야에 관심을 갖고 있으면서도 한 분야에는 전문적인 깊이가 있는 인재를 말한다. 하브루타야말로 그런 T자형 인재를 양성하는 가장 효과적인 방법이다. 하브루타는 질문을 통해 우리가 아주 단순한 주제를 가지고도 다양하고 깊게 생각하는 훈련을 가능케 한다.

가령 식사를 하다가 파리가 날아들었을 경우 파리를 화제로 토의를 할 수 있다. "파리는 언제 생겨났을까? 파리는 왜 음식에 달려드는가? 파리의 종류가 얼마나 많은가? 파리가 사람에게 유익한 일을 하는 것은 없는가? 파리가 우리에게 가장 나쁜 영향을 주는 것은 무엇인가? 파리는 얼마나 빨리 날아가는가? 파리를 손으로 잡으려면 금방 눈치 채고 날아서 도망가는데 어떻게 빨리 인식할 수 있을까?" 등 파리에 대해 다양한 질문을 할 수 있다. 질문에 꼬리를 물면 더 깊은 질문도 할 수 있다.

나는 파리에 대해서 인터넷 검색을 해 보았다. 파리의 비행 속도는 보통 시속 15km 정도라고 한다. 그런데 파리는 정지 상태에서 15km의 속도에 도달하는 데 1초도 걸리지 않는다고 한다. 굉장한 순발력이다. 또 파리의 눈은 270도 범위를 볼 수 있고, 파리의 이미지 인식 능력은 초당 250개로 사람보다 4배나 빠르다. 사람이 잡으려고 접근하면 먼저 인식해서 빨리 도망갈 수 있는 것이다. 이처럼 파리라는 단순한 주제로 하브루타를 해도 다양한 질문을 할 수 있다.

파리의 비행 속도에 초점을 맞추면 더 깊이 있는 질문도 할 수 있다. 가령 "어떻게 하면 우리가 파리와 같이 소형으로 순발력이 빠른 드론을 만들 수 있을까? 만일 이런 드론을 만들 수 있다면 어디에 활용할 수 있을까?" 등 창의적인 아이디어도 낼 수 있는 것이다.

이처럼 하브루타식 질문은 하나의 주제에 관해 다양한 관심을 갖도록 해 주고, 또 깊이 있게 파고들 수 있도록 해 주는 것이 장점이다. 나는 질문을 잘하는 방법에 대한 교육을 여러 번 받았는데 하브루타식 질문법이야말로 가장 쉽고 효과적으로 다양하게 질문하는 방법을 제시해 준다고 생각한다. 하브루타식 질문법을 통해 우리는 생각하는 능력을 가장 잘 개발할 수 있다고 믿는다.

우리나라 교육은 그 동안 빠르게 많은 사람을 일정하게 양성하는 장점이 있었지만 문제점도 많았다. 가장 부족한 점은 수동적인 암기식, 정답 찾기 방식의 교육으로 인해 스스로 질문하고, 생각하고, 소통하는 능력을 길러 주지 못했다. 스스로 문제를 발굴하고 그 문제 해결을 위한 방안도 생각할 수 있는 그런 역량을 키우는 데는 부족했다는 의미다.

외국인 사업 책임자들에게 한국 직원들의 장단점을 평가해 달라는 서베이를 요청한 적이 있는데 그 결과에 의하면, 한국 직원들은 고객을 이해하고 열심히 일해서 성과를 잘 내는 것은 장점이지만, 이구동성으로 소통능력이 부족하다고 했다. 소통능력은 영어 실력만의 문제는 아니었다. 자신의 생각을 정리해서 표현하는 능력과 함께 적극적으로 소통하려는 자세가 많이 부족하다는 지적이었다. 소통능력이 부족하니 글로벌 리더로 성장하는 기회도 그만큼 줄어들 수밖에 없는 것이다.

하브루타는 이렇게 우리나라 인재들에게 부족한 스스로 생각하는 능력, 소통하는 능력을 보완할 수 있는 가장 쉽고 효과적인 방법이다. 나는 하브루타를 통해서 우리나라의 모든 교육, 즉 가정 교육부터 학교 교육, 사회 교육, 기업 교육, 공무원 교육, 종교 교육 등 모든 교육을 혁신할 수 있다고 믿는다.

· 제1장 ·

가정에서
하브루타하기

질문을 품은 사람이 행복하다

김혜경

"당신은 왜 공과대학을 선택했어?"

"딱히 하고 싶은 건 없고, 나중에 남자인 내가 직장을 가지려면 공대가 도움이 될 것 같아서."

"그럼, 왜 공대에서 기계공학과를 택했어?"

"일단 전기는 싫어서 뺐고, 나머지 중에서 특별히 하고 싶은 건 없어서 가장 기본이 되고, 무난한 과로 선택했지."

"그럼, 왜 첫 번째 직장으로 자동차 관련 회사를 선택한 거야?"

"나의 전공을 살려서 일할 수 있고, 연봉도 괜찮아서."

20살에 만나 친구가 되고, 연인이 되어, 17년째 함께 살고 있는 남편과 몇 년 전에 나눈 대화다. 이후 그의 삶은 그가 대학을 선택하고 첫 직장을 선택했던 것과 크게 다르지 않다. 예전에 그랬던 것처럼 그는 늘 주어진 상황에서 최선의 선택을 해 왔다. 하지만 그는 직장에서, 삶에서 지쳐 갔다. 엄청난 시간을 들여 일을 해야 했던 것도 한몫했지만, 그는 나처럼 가슴 뛰는 일을, 미치도록 하고 싶은 일을 즐겁게 하지 못했기 때문이다.

남편과 반대로 나는 늘 내 가슴이 뛰는 일, 내가 하고 싶은 일을 하면서 살아왔다. 고등학교를 졸업할 무렵 공무원 시험을 보라는 엄마의 강요가 있었지만, 고집을 부려 대학에 갔다. 대학을 졸업할 즈음 다시 공무원 시험을 보라는 엄마의 압박에도 기자가 되겠다고 원룸 보증금을 빼서 '기자학교' 등록금을 냈다.

자신이 좋아하는 일을 해야 한다는 당위성을 스스로에게 부여하며, 따뜻한 사람들을 많이 만나고 싶어서 기업의 사보기자 일을 했다. 그 일을 하면서 박봉에 밤새는 날도 부지기수였지만 늘 설레었다. 전국 현장을 누비며 취재를 하면서 사회복지, 장애인복지 현장에 눈을 떴고, 나의 재능을 발휘해야 할 곳이 사회복지 현장이라고 생각했다. 뭐라도 도움이 되고 싶었다. 그래서 장애인복지 현장으로 자리를 옮겨 홍보 전문가 일을 하며, 취재를 하고, 글을 쓰고, 교육을 했다. 이 모든 과정이 마냥 쉽지는 않았지만 나는 참 행복했다. 내 가슴이 뛰는, 내가 하고 싶은 일을 했기 때문이다.

질문이 삶의 방향을 결정한다

"어떻게 하면 가슴 뛰는 삶을 살 것인가?"

나는 늘 이 질문을 스스로에게 던졌다. 나에게 가슴 뛰는 삶이란, 내가 행복한 삶, 즐거운 삶, 내가 하고 싶은 일을 하며 두근두근 설레며 사는 삶이다. 이 질문 덕분에 타협하지 않았고, 그로 인해 나는 몹시도 이기적인 선택을 많이 했다. 가정 형편을 생각하면 대학에서 그렇게 놀면(?) 안 되는 거였다. 그런데도 나는 20대 대학시절에 내가 경험하고 싶은 것을 꼭 하고 싶었다. 왜냐하면 그 시절은 한 번 지나가면 다시 돌아오지 않기 때문이었다.

이 질문 덕분에 나는 평생직장이라고 생각했던 일을 포기했다. 30대 중반, 남편이 서울에서 창원으로 직장을 옮기며 주말부부 생활을 시작했다. 그 삶은 나를 절대 가슴 뛰게 하지 않았다. 가족이 떨어져 있는데 어찌 가슴이 뛸 수 있겠는가. 선택은 당연했다. 직장을 포기하고 남편을 따라 창원으로 갔다.

질문은 내 삶을 움직이는 이정표이기도 했다. 여전히 나는 매순간 스스로에게 "너는 지금 행복하니? 너는 네가 하고 싶은 일을 하고 있니? 네 가슴이 뛰는 소리를 듣고, 느끼고 있니?" 질문하며 새로운 변화와 선택을 했고, 지금의 작가·강연가·강사의 길을 행복하게 걷고 있다.

나의 삶을 이렇게 이끈 질문은 중학교 때 시작되었다. 나의 중·고등 시절의 출판가는 '명상' 서적과 '철학 대중서'가 주류를 이루었다. 그 덕분에 나는 시인이자 철학자인 칼릴 지브란의 『모래·물거품』, 시인인 동시에 철학자·명상가인 노아 벤샤의 우화 『빵장수 야곱』, 인도 철학자인 오쇼 라즈니쉬의 철학적 농담, 우주적 우화들을 옮긴 『배꼽』, 인도의 영적 스승 바바 하리다스의 『성자가 된 청소부』 등의 책을 끼고 살았다. 국어 선생님에게 종종 "선생님, 삶의 의미는 뭘까요? 왜 우리는 태어났고, 어떻게 살아야 하는 걸까요?" 같은 질문을 했다.

10대 시절 덕분에 나에게는 늘 스스로에게 질문하는 버릇이 생겼다. 어떤 삶을 살고 싶은지, 무엇을 하고 싶은지, 왜 하고 싶은지, 하고자 하는 일이 어떤 가치가 있는지, 즐거운 일인지, 행복한 일인지 등등. 무수한 질문을 나 자신에게 퍼부었다. 이 질문들이 지금의 나를 만들었고, '가슴 뛰는 삶'이라는 명제를 나에게 선물했다.

그런 내가 바라보는 남편의 삶은 늘 마음을 아프게 했다. 그 누구보다도 내가 사랑하는 사람이기에 그도 나처럼 행복하기를 바랐다. 결혼 후 3년쯤 되었을 때 그의 두 번째 직장이 폐업하면서 일을 그만두게 되었다. 나는 그에게 1년 정도는 쉬면서 자신에게 질문하고, 자신이 하고 싶은 일을 찾으라고 권했다. 가슴 뛰는 일을 찾으라는 것이었다. 그는 나의 권유를 마다하고 2개월 만에 재취업해 지방으로 내려갔다.

그러던 그가 10여 년의 치열한 연구원 생활 끝에 자신이 하고 싶은 일을 찾아 해 보고 싶다며 사직서를 내겠다고 했을 때, 나는 말리지 않았다. 내게는 먼 길을 돌아왔지만 이제라도 '하고 싶은 일'을 찾아보겠다는 결심을 응원해야 할 의무가 있다. 내가 행복한 만큼 그도 행복해야 하고, 그가 행복해야 나도 행복하기 때문이다.

그림책 하브루타-소통하는 가족이 행복하다

남편이 직장을 그만두고 집에서 쉬면서 자신의 질문을 찾던 어느 날, 그림책으로 가족 하브루타를 했다. 그날의 그림책은 『아나톨』(이브 티투스 글, 폴 갈돈 그림, 미디어창비)이었다.

주인공 아나톨은 파리 근처의 작은 생쥐마을에서 아주 행복하고 만족스런 삶을 사는 쥐다. 밤이 되면 사랑스런 아내와 6명의 아이를 위해 파리의 사람들 집에 숨어들어 음식을 구해 온다.

그러던 어느 날, 사람들이 쥐를 모두 없애 버려야 한다며, 쥐는 악마라며 소리치는 걸 들은 아나톨은 자신의 존재와 명예에 대해 깊이 고민하기 시작한다. 그런 아나톨에게 친구 가스통은 사람은 사람대로 살고, 쥐는 쥐대로 사는 거라며 어쩔 수 없다고 위로해 준다.

아나톨은 깊은 고민 끝에 자신의 명예와 자존심을 되찾고자 한밤중에 치즈 공장에 들어가 아무도 몰래 '치즈 맛 평가사' 역할을 한다. 아나톨의 치즈 감별은 성공적이었고, 치즈 공장에서는 누군지도 모를 아나톨에게 감사의 의미로 밤마다 치즈와 음식들을 제공했다. 급기야 치즈 공장 사장으로부터 존경과 함께 치즈 맛 감별의 최고 책임자로 인정받고, 밤마다 최고급 프랑스 빵과 케이크 등을 당당하게 제공받으며 살아간다. 이로 인해 아나톨 자신은 물론 아내와 자녀들 역시 아나톨을 자랑스러워하며 행복하게 살아간다는 이야기다.

이 그림책을 읽고 가족들이 꺼낸 질문이다.

"아나톨은 왜 사람들의 말에 자존심이 상했을까?"

"자신의 처지에 수긍하는 것은 자부심이 약한 사람일까?"

"생쥐는 정말 치즈를 좋아할까?"

"나는 가스통에 가까울까? 아나톨에 가까울까?"

"내가 아나톨이라면 어떤 방법을 썼을까?"

"내가 만약 아나톨의 아내라면?"

"자신의 삶을 가치 있게 만들기 위해서는 어떻게 해야 할까?"

이날 가족 하브루타의 하이라이트는 "나는 가스통에 가까울까? 아나톨에 가까울까?" 질문으로 시작된 대화였다.

큰아들 : "나는 가스통에 가까운 것 같아요. 현실에 맞추어 가는 편이니까."

남편 : "나도 가스통이지."

나 : "나는 아나톨인 것 같아. 나는 늘 현실에 안주하기보다는 도전하는 편이고, 내가 행복하기 위해 노력하는 편이니까."

작은아들 : "나도 아나톨. 나는 엄마를 닮았으니까."

나 : "그러네. 우리 가족은 2대2로 나누어지네. 아나톨 2명, 가스통 2명."

큰아들 : "어. 잠깐만요! 다시 생각해 보니 아빠는 가스통이 아니에요. 아빠가 가스통이라면 회사를 그만두지 않았을 거예요. 현실에 순응하는 가스통이었다면 가장으로서의 책임감 때문이라도 회사를 떠나지 않았을 거예요. 근데 아니잖아요. 그만두셨잖아요!"

순간, 거실의 공기가 그대로 멈췄다. 사실, 큰아들은 아주 현실적인 이유로 아빠의 퇴사를 반대한 바 있었다. 그렇지만 엄마, 아빠의 결정을 존중했다. 마음 한편으로는 아빠의 책임감을 생각하고 있었나 보았다. 다소 어색한 침묵을 깨고 남편이 말했다.

남편 : "음…. 아빠는 지금까지 가스통이었어. 이제 다르게 살아보려고 노력하는 거야. 가스통처럼 살았던 아빠가 아나톨처럼 살아 보려고 도전하는 거지."

나 : "맞아. 아빠는 지금까지 늘 주어진 현실대로 살아왔어. 엄마는 늘 하고 싶은 것을 해 왔고. 그건 우리가 자주 나눴던 얘기니까 너희들도 잘 알지? 이제 아빠도 자신이 하고 싶은 일을 찾고자 노력하는 중이야. 우리는 가족이잖아. 그러면 우리는 지금 어떻게 해야 할까?"

작은아들 : "아빠의 꿈을 응원해야 해요."

나 : "딩동댕! 그렇지. 우리는 가족이니까. 가족은 언제나 서로를 응원해야

하는 거지. 우리가 아빠를 응원한다면 힘차게 박수를 쳐 줄까?"

우리는 다 같이 힘껏 박수를 쳤다. 질문 하나가 큰아들의 묵혀 둔 마음을 꺼내 놓고 말하는 계기가 되었고, 서로를 이해하는 과정을 만들어 주었다. 더불어 남편과 닮은꼴인 큰아들 역시 "아빠보다는 더 일찍, 더 빨리 자신이 하고 싶은 일, 자신을 행복하게 하는 일을 찾겠다."며 다짐하는 시간이 되기도 했다.

질문은 이처럼 문제 해결의 황금열쇠가 된다. 가족 하브루타는 자신만의 질문을 만나고 답을 찾는 귀한 통로가 되고, 서로를 이해하고, 공감하며 함께 성장하는 시간을 마련해 준다. 그리하여 가족을 더 행복하게 만들어 준다.

지금 남편은 트럭을 운전하고 있다. 처음에는 아주 작은 떡볶이 가게, 선술집을 운영하고 싶다고 하더니, 어느 한 공간에 매이는 것이 숨막힌다며 선택한 일이다. 자신의 스케줄과 일을 어느 정도 조절할 수 있다는 점이 트럭 운전을 선택한 가장 큰 이유다. 일하는 시간은 많지만 벌이는 예전에 비하면 턱없이 적다. 하지만 "당신 행복해?"라는 나의 질문에 "옛날보다는 행복해."라고 웃으며 대답한다. 남편이 행복하기에 나도 행복하다. 우리 부부는 돈으로는 결코 살 수 없는 행복을 매순간 느끼고 산다.

자기 안의 물음표를 찾아야 행복하다

"당신의 삶을 이끄는 질문은 무엇입니까?" 이 질문 앞에 나의 남편처럼 자신만의 답이 단박에 떠오르지 않는다면 지금이라도 자신의 인생을 이끄는 질문을 찾아야 한다. 역사의 위대한 사람들은 질문으로 세상을 바꾸었다. 평범한 우리는 세상을 바꾸기 위해서가 아니라 자신의 인생을 바꾸기 위해서, 자기 인생의 주인공으로 살아가기 위해서, 무엇보다도 행복하기 위해서 인생을 이끄는 질문을 품어야 한다.

질문에는 힘이 있다. 그 질문의 좋은 답을 찾는 것도 질문에 못지않게 중요하다. 나아가 좋은 답을 찾았다면 실천해야 한다. 질문하고도 답을 찾지 못하거나, 답을 찾았는데도 실천하지 않으면 아무런 소용이 없다. 다른 사람이 나에게 던진 질문의 답을 찾았을 때보다 스스로의 질문에 답을 찾았을 때 실천의 동기부여가 더 확실해진다. 자신의 삶을 이끄는 질문을 반드시 자신이 찾아야 하는 이유다. 내가 질문하고 토론하는 가족 문화를 만들기 위해 애쓰는 또 다른 이유이기도 하다.

하브루타를 알게 되고 '질문'의 가치를 더 깊게 깨달으면서 내가 품고 살아온 질문의 힘을 뒤늦게야 깨닫게 되었다. 최근에는 나 자신에게 날마다 하는 질문이 하나 더 늘었다. "내가 하는 일이 누군가를 돕거나 세상을 변화시키는 데 조금이라도 도움이 되는 일인가?" 나는 질문과 토론의 하브루타 문화를 전파하는 것이 나 자신은 물론 이웃과 우리 사회를 돕는 일, 사회를 긍정적으로 변화시키는 작은 하나의 역할이라고 믿는다. 그 목적을 달성하려고 하브루타 강의를 하고, 책을 쓰고, 지역 사회에서 하브루타 독서 토론을 하고, 하브루타 콘서트를 진행한다. 나는 나의 질문을 두고 생각을 거듭하면서 내가 하는 일의 의미와 재미를 모두 찾았다. 그래서 한 걸음 한 걸음이 행복하다.

이어령 교수는 『생각 깨우기』를 통해 "자기 안의 물음표가 없는 사람은 건전지를 넣고 버튼을 누르면 그냥 북을 치는 곰인형과 다를 바가 없다."고 말했다. 아무 생각 없이 하루하루를 그냥저냥 살아가는 사람들을 물음표가 없는 곰인형에 빗댄 것이다. 사람들은 모두 살기 바쁘다. 그 핑계로 바삐 달려가는 자신의 삶이 무엇을 향해, 무엇을 위해 나아가는지 미처 돌아볼 새가 없다. 질문이 없는 사회가 그런 사람들을 더 많이 만들었다.

청소년들도 마찬가지다. 중·고등학생 시기야말로 자신의 삶에 대해, 방향에 대해, 의미에 대해 깊이 생각하고 고민해야 할 때다. 우리나라 청소년들은 그럴 새가 없다. 그것이 너무나 안타깝다. 나는 학교 현장에서 중·고등학생들과 하브루타 수업을 마칠 때면, 종종 이어령 선생님의 '내 안의 물음표'를 마지막 멘트로 들려 준다. 그러던 어느 날, 한 고등학생이 "내 안에 물음표가 없다는 것을 깨달았다."며 수업후기를 썼다. 그 학생은 지금 물음표를 찾았을까? 그 학생은 지금 행복할까?

"Are you happy?"

이 질문은 류시화 작가가 인도를 여행하면서 가장 많이 들었던 말이라고 한다. 『지구별 여행자』를 통해 그는 인도를 여행하면서 어린아이부터 노인에 이르기까지 많은 사람에게 이 질문을 받다 보니 스스로에게도 행복하냐고 묻게 되었다고 한다. 나도 수시로 나에게, 가족들에게 묻는 질문이다.

질문을 품고 살아가는 사람은 행복하다. 행복한 사람, 행복한 가족이 더 많아지는 사회를 꿈꾼다. 내 아이가 살아갈 세상은 행복한 사람이 더 많았으면 좋겠기에 나는 오늘도 가족과 하브루타를 실천하며 주변 사람들에게 질문과 토론의 하브루타를 전한다.

가족 하브루타 실천 방법

하브루타는 한 가지 주제에 대해 질문하고, 대화하고, 토론하고, 논쟁하는 모든 활동을 말한다. 주제에 대해 스스로 '질문'을 꺼내고, 그 질문에 대한 논리적인 답과 질문을 이어 가는 '생각대화'가 하브루타이다. 즉 함께 읽은 그림책, 소설책, 영화, 그림 등에 대해서 자신의 질문을 하나씩 꺼내어 놓고, 그 질문에 대한 답을 주고받고, 꼬리를 물고 이어지는 질문과 답을 더 심도 깊게, 넓게 확장해 가는 대화와 토론이 하브루타다.

가정에서도 얼마든지 할 수 있고, 부모라면 반드시 자녀들과 하브루타를 해야 한다. 이 대화를 통해 자녀의 질문력과 사고력, 문제 해결 능력, 의사소통 능력 등을 키울 수 있고, 동시에 부모 자녀 간의 유대감 강화에도 도움이 된다.

가정에서의 하브루타는 정형화된 형식이 따로 없다. 밥을 먹으면서, 간식을 먹으면서도 짧게 할 수 있고, 정해진 시간을 약속해 몰입하여 하브루타를 실천하는 '하브루타 데이'를 만들어서 진행해도 된다. 다만 처음부터 토론과 논쟁에 욕심내기보다는 '질문과 대화'에 익숙해지도록 먼저 연습해 보기를 권한다.

부모 세대에게는 익숙한 질문과 토론이 아니기에 실패하는 것도 당연하다고 생각해야 한다. 실패하면 가족이 함께 머리를 맞대고 '왜 우리의 하브루타는 잘되지 않는가? 어떻게 하면 가족 하브루타를 즐겁게 잘할 수 있을까?'에 대해 하브루타하며 답을 찾고 개선해 가면 된다.

무엇보다도 이러한 가족 하브루타에서는 실패가 없다. 하브루타가 제대로 이루어지지 않는다 하더라도 그 시간만큼 가족이 함께 소통하려 애썼다는 점, 무엇이 대화의 걸림돌이 되는지 알아차리는 만큼의 성장이 있다. 그러므로 가족 하브루타의 실패는 '성장' 혹은 '작은 성공'이라는 이름으로 불려야 마땅하다. 가족이 함께 하브루타를 배우고 익히는 과정 자체에 집중하기를 바란다. 왜냐하면 하브루타는 이론이 아니라 실천이기 때문이다. 다음 실천 방법을 참고해서 자기 가족만의 하브루타를 해 보기 바란다.

주제 이해하기

하브루타의 주제가 되는 텍스트(그림책, 책, 영화 등)를 각자 또는 함께 읽는다.

질문 만들기

오늘의 텍스트에 대해 자신이 궁금한 사항에 대해 다양한 질문을 만든다. 가족이 함께 질문을 만들어도 되고, 각자 집중해서 만들어도 된다. 가족 구성원이 더 편하고 좋아하는 방법으로 시작한 후에 익숙해지면 다양한 방법을 시도하면 더 좋다.

질문 공유하기

각자 만든 질문을 낭독하거나 질문 노트를 돌려 읽으며 공유한다. 공유한 소감을 서로 나누며, 더 생각나는 질문을 추가한다. 이때 질문 자체에 대해서도 질문해 보자. "왜 이 질문을 하게 되었니?" 혹은 "이 질문을 하게 된 이유가 무엇일까?"라고 물어보자.

특히 자녀의 엉뚱해 보이는 질문, 특이한 질문들에 대해서는 꼭 물어보아야 한다. 겉으로 드러난 질문보다 더 깊은 자녀의 생각을 만나게 되어 감탄하는 경우가 종종 생기고, 질문에 대한 관점을 바꿔 주는 계기가 된다. 또한 질문의 주인공은 자신의 질문이 나오게 된 배경에 대해 설명하며 생각을 질문으로 어떻게 표현해야 할지를 배우며, 질문을 재구성하는 방법을 저절로 익히는 과정이 되기도 한다.

질문 고르기

자신이 만든 여러 가지 질문 중에서 꼭 이야기 나누고 싶은 질문을 1~2개 고른다(시간에 따라 유연성 있게). 시간적 여유가 있고 질문의 개수가 많지 않으면 질문의 내용에 따라 토론 순서에 맞게 재배열해 고루 이야기 나누어도 된다.

자신의 다양한 질문 중에서 토론할 주요 질문을 가려 뽑는 과정은 더 좋은 질문을 가려내는 눈을 기르는 과정이다. 하브루타의 시작은 질문이랑 친해지는 것에서 출발하지만, 더 농도가 짙어지려면 더 좋은 질문을 만들고 그 질문에 대해 더 좋은 답을 찾는 것으로 발전해야 한다. 그러므로 이 과정에서도 자신이 뽑은 질문에 대해 이유를 들어 말하고, 그 질문으로 토론한 후의 소감을 함께 공유하면서 질문을 점검하는 것이 필요하다.

1차 토론하기

고른 질문으로 가족 구성원 중 둘씩 짝을 지어 서로 묻고 답하며 토론한다. 이때 짝의 답에 대해서 "왜 그렇게 생각해?"를 묻거나 더 좋은 답, 더 다양한 답을 찾기 위해 함께 치열하게 질문하고 되물으며 풍성한 대화와 토론을 운영한다. 같은 방법으로 짝을 여러 번 바꾸어서 진행하면 1:1로 더 활발하고 즐겁게 가족 전체가 함께 토론한 효과를 낼 수 있다. 하브루타가 가진 짝 토론의 장점을 가족 하브루타에서도 적극 활용하기를 추천한다.

2차 확장하기

1차 짝 토론 결과를 공유하여 추가로 전체 토론을 이어가거나, 가족이 함께 하브루타하면서 더 깊고 넓어진 생각과 느낀 점을 공유한다. 이를 통해 부모가 특별히 더 추가하고 싶은 질문을 보태어 전체 토론을 한 번 더 진행하거나, 찬반토론 논쟁을 진행해도 좋다.

마무리

오늘의 주제 텍스트를 하브루타하면서 느낀 점, 깨달은 점, 실천할 점 등을 버무려 자신만의 메시지를 정리하여 가족들과 공유하는 시간이다. 당연히 같은 텍스트를 읽었어도 다양한 메시지를 찾을 수 있다. 이 과정을 통해 서로를 더 깊이 이해하고 우리의 다양한 관점을 재확인하는 시간이 된다.

뿐만 아니라 하브루타를 한 소감과 좋았던 점, 아쉬운 점 등도 함께 나누면 좋다. 특별히 자기 자신의 하브루타 태도에 대해 스스로 점검하여 발표하며 성찰의 시간을 갖는 것도 필요하다. 대화와 토론은 혼자만 잘한다고 해서 잘되는 것이 아니므로 서로에게 더 좋은 짝, 토론 상대가 되기 위해 노력해야 하는 점이 필수이기 때문이다. 가족 하브루타는 가족이 함께 잘한 점에 대해서는 적극 응원하고, 격려하는 가운데, 더 치열하게 의문을 갖고, 답을 찾으며, 서로의 생각을 확장하는 좋은 토론 짝으로 성장해 가는 귀한 시간이 되기도 한다.

가족 하브루타를 실천할 때 무엇보다도 중요한 것은 첫술에 배 부르려고 하지 않는 것, 즉 욕심내지 않는 것이다. 한 번에 하나씩, 조금씩 성장하는 것만으로도 만족하고 기뻐하면 좋겠다.

또 하나는 '가르침' 중독을 벗어나 부모의 말을 줄이고, 자녀의 말을 존중하고, 경청하며, 지지와 격려를 보내는 데 더 힘써야 한다. 행복한 가족대화 시간을 가르침의 수단으로 쓰지 않아도, 부모와 자녀가 함께 성장하는 귀한 시간이기 때문이다.

끝으로 하브루타는 지속적인 실천이 생명이다. 일상 속에서 자연스럽게 젖어들도록, 내가 먼저 바뀐다는 생각으로, 부모가 먼저 체화되도록 애쓰고 노력하면 온 가족이 저절로 질문과 토론의 문화에 스며들게 된다. 이후에는 특별히 따로 질문을 만들지 않아도, 좋은 질문으로 시작되는 심도 깊은 생각대화가 저절로 이루어진다. 질문과 토론이 마침내 가족 문화가 된다. 이렇게 성장하는 자녀들은 자연스럽게 자신의 삶을 이끄는 질문을 품은 행복한 어른으로 성장한다. 행복한 가정에서 행복한 아이가, 행복한 아이가 자라서 행복한 어른이 되어 행복한 가정과 사회를 만드는 선순환의 수레바퀴가 돌기 시작한다.

가정과 사회에 질문과 토론의 문화가 자리 잡는 그날이 오기를 손꼽아 기다린다. 그래서 오늘도 가족들과 함께 하브루타를 실천하며, 하브루타를 시도하는 모든 부모에게 응원을 보낸다.

질문에서
삶의 방향을 찾다

양동일

누구나 인생에서 길을 헤맬 때가 있다

낯선 도시에서 길을 찾거나, 상점에서 물건을 고를 때 마음을 쉽게 정하지 못하는 경우가 있다. 현지 주민에게 물어보거나 매장의 직원에게 물어보면 바로 원하는 것을 찾을 수 있는데, 이것을 혼자 해결하려고 안간힘을 쓰는 자신을 발견한다. 언젠가 아들이 그렇게 애쓰는 아빠에게 이렇게 조언했다.

"아빠, 사람들에게 물어보세요."

이제 호기심이나 의문이 생기면 주저하지 않고 그 분야의 전문가에게 물어본다. 대부분의 사람은 친절하게 가르쳐 준다. 사람들은 왜 길을 묻는 사람들에게 친절하게 가르쳐 줄까? 아마 자신들도 겪을 수 있는 일을 상대편이 겪고 있다고 느꼈기 때문이리라. 자신의 어려움으로 알고 기꺼이 돕고자 하는 마음이 생기는 것이다.

따뜻한 질문, 자녀교육의 출발점

자녀가 초등학교에 들어가던 시기에 아빠의 고민이 시작되었다. 어떻게 자녀와 대화할 것인가? 대화를 나눌 시간도 없었고 대화의 방법도 알지 못했다. 호기심 있는 질문을 통한 편안하고 따뜻한 대화가 인성과 사고력을 기를 수 있다는 것을 깨닫게 된 것은 한참 후의 일이었다.

한 사람만 말하는 것은 건강하지도 않으며 재미도 없고 '대화'라고도 할 수 없다. 대체적인 대화 분위기는 부모가 자녀를 혼내는 형태다. 만약 자녀가 의견을 허심탄회하게 말할 수 있는 분위기라면 얼마나 좋을까. 아이들의 작은 입으로 누군가에게 뭔가를 설명하는 모습은 생각만 해도 아름다운 모습이 아닌가.

가족대화의 첫 출발점은 아이들이 재미있어 할 만한 흥미로운 이야기를 들려주는 것이다. 이야기는 아이나 어른이나 모두 좋아하기 때문이다. 이야기를 하다 보면 호기심이나 궁금증이 생기고 질문의 씨앗, 의문이 든다. 호기심이 질문으로 이어지며 그 질문에 대답하는 과정을 통해 대화가 깊어지고 결과적으로 사고력이 확장된다.

유대인의 경우 유월절의 예식으로 질문하는 자녀에게 용돈을 준다고 한다. 식탁에서 질문을 권장하는 그들에게 질문은 삶을 윤택하게 하는 최고의 선물이다. '하브루타 아빠'라고 불리는 나는 가정에서 질문을 가장 큰 화두로 삼고 있다.

"아이에게 따뜻하게 물어보세요."

질문이 있는 하브루타 가족식탁

가족식탁과 밥상머리 교육의 필요성은 아무리 강조해도 지나치지 않다. 가족식탁은 자녀교육에서 큰 역할을 할 수 있다. 행복감 증가, 학업성취도 증가, 만족 지연의 효과 등 다양한 면에서 유익하다.

가족식탁을 자주 가지면 행복 호르몬인 '옥시토신'이 분비되면서 가족의 만족감과 행복감을 극대화시킬 수 있다. 당연히 가족 구성원들의 우울증도 사라지게 된다.

가족식탁을 통해 다양한 삶의 이야기를 나누면서 아이들은 세상을 이해하며 생소한 단어와 낱말 등 많은 어휘력을 획득할 수 있고 사고력이 커진다. 이런 활동들은 고스란히 학교에서의 학업 성취에까지 이어질 수 있다.

가족식탁에서 반드시 중요한 부분은 식사 절차를 만드는 것이다. 식사 절차를 통해 가정의 문화를 만들 수 있다. 식사 절차는 배고픈 아이들에게 본능을 억제하며 절차를 기다리게 하면서 인내심과 절제력을 심어 주는 만족 지연의 효과를 얻을 수 있다.

토요 가족식탁의 절차와 의미

함께 저녁식사 준비

가족식탁을 준비하는 것은 가족 모두의 몫이다. 먼저 자녀와 함께 집안 대청소를 한다. 아빠가 분리수거를 하거나 청소기를 돌리는 동안 아이들은 자기 방을 정리할 수 있다.

엄마가 주로 요리를 준비하지만 아이들은 엄마의 조수 역할을 할 수 있다. 아빠는 식탁에 접시나 물잔 또는 수저와 젓가락을 놓는 등의 세팅을 도와야 한다. 이렇게 모두가 가족식탁을 준비하면서 식구들이 일체감을 얻을 수 있다.

촛불 켜기

촛불을 켜는 것은 아내의 몫이다. 이것은 '가정에서 아내의 얼굴이 밝아야 가정이 밝다.'는 것을 의미하기 때문이다. 촛불을 켜는 것은 가족식탁에서 여러 가지 효과를 얻을 수 있다.

촛불을 켜면 아늑하고 따뜻한 가정의 분위기를 연출할 수 있다. 얼마 전 덴마크의 휘게(Hygge) 문화가 한국에 소개된 적이 있다. 휘게란 가정을 따뜻하고 아늑한 공간으로 만들자는 것이다. 촛불은 이런 분위기를 만드는 데 가장 대표적인 방법이다.

촛불을 켜면 주의집중과 함께 차분한 성품을 기를 수 있다. 식탁 한가운데에 촛불이 있다는 것 자체로 행동이 조심스럽고 차분해진다. 촛불의식이 신성한 제식이나 의식에 많이 쓰이는 이유이기도 하다. 가족식탁의 촛불은 밤을 때 켜두는 것이 좋다.

촛불의 마지막 의미는 '교육'이다. 촛불을 밝히는 것은 교육을 통해 아이들의 미래를 더욱 밝힌다는 의미이다.

동전 저금하기

저금통에 동전을 넣는 것은 어려서부터 체다카(자선)의 습관을 들이기 위해서다. 아름다운 가족식탁에서 맛있는 음식을 먹는 이 순간에도 헐벗고 굶주린 이웃을 생각하자는 의미이다. 어린 시절부터 자선 습관을 들이는 것은 자녀교육에서 매우 중요한 부분이다.

첫째로 자선 습관은 인성 발달에 중요하다. 자연 상태의 인간은 본성적으로 이기적인 성향이 있어 점점 악해지기 쉽다. 이기적이고 악한 성향을 바로잡아 주는 것이 자선 교육이다. 동전 저금하기를 통해 인간의 이기심을 중화시킬 수 있다.

자선 교육은 자체로 최고의 경제 교육이다. 경제 교육에서 가장 중요한 부분이 선순환이다. 물질을 통해 남에게 베풀고 나누는 생활을 습관화할 때 결국 자신의 경제적 풍요도 얻을 수 있다.

자선 교육은 사회 속에서 더불어 사는 공동체 교육이다. 자선 교육을 통해 공동체가 무엇을 필요로 하는지를 생각하게 한다. 한국에서 가장 절실하게 요구되는 것이 바로 공동체 교육이다.

마지막으로 자선 교육은 리더십 교육과 깊은 관계가 있다. 이제까지 리더십이 경쟁을 통해 높은 자리에 올라 사람들에게 군림하는 것이었다면 앞으로의 리더십은 공동체를 생각하고 베풀고 나누고 사랑하고 헌신하는 것이어야 할 것이다. 이런 의미에서 자선 교육은 최고의 리더십 교육이라고 할 수 있다.

축복 기도

가족식탁의 다음 절차는 아빠의 축복 기도이다. 이때 아빠는 자녀의 머리에 손을 얹고 축복의 메시지를 전한다. 축복 기도는 가족식탁의 클라이맥스로서 가장 경건한 시간이다. 흥미로운 것은 아무리 까불대던 아이들도 아빠가 머리에 손을 얹는 순간 차분해진다는 것이다. 아이들은 아빠의 축복 기도 시간이 무엇을 의미하는지 알고 있다.

하브루타 아빠의 계획은 토요일마다 매년 52회의 축복 기도를 함으로써 20년간 1,000번 이상의 축복 기도를 해 주는 것이다. 아버지에게 1,000번 이상의 축복 기도를 받은 자녀와 평생 한 번도 축복 기도를 받지 않은 자녀의 자존감과 자신감은 비교할 수가 없을 것이다.

가족식탁의 가장 중요한 부분 중 하나가 아빠의 자리를 되찾는 것이다. 이것을 위해 '아빠의 자리'를 만들고 아빠의 역할을 만들어 주는 것이다. 축복 기도의 대상은 자녀이지만 이 기도를 통해 아버지는 가정에서 아빠의 역할과 영성, 권위를 회복할 수 있다.

식사 기도

가족식탁의 다음 순서는 아빠의 식사 기도이다. 식사 기도는 기본적으로 감사 기도이다. 감사 기도를 통해 겸손과 행복 그리고 삶의 에너지를 회복할 수 있다.

감사의 습관은 가족식탁을 아름답게 하는 또 하나의 비밀이다. 감사는 자신을 겸손하게 만든다. 아무리 멋지고 맛있는 음식이 있다 하더라도 그것에 자만하지 않고 감사하는 것이 바로 겸손이다. 감사는 또한 일상의 당연하다고 생각하는 것에 대해 다시 한 번 생각하면서 행복을 회복할 수 있다.

아내와 자녀와 함께 둘러앉아 음식을 먹는 일이 얼마나 행복한 일인가! 이렇게 감사로 겸손과 행복을 회복한 가정은 다음 한 주간을 헤쳐 나갈 수 있는 에너지를 얻게 된다.

전통적인 식사 예법

가족식탁에서 빼놓을 수 없는 것이 바른 전통 식사 예법이다. 전통적인 식사 예법에 따르면 어른이 숟가락을 들기 전에 자녀가 숟가락을 들지 않으며 어른이 숟가락을 놓기 전에 자녀가 숟가락을 놓지 않는다.

이 전통 예법을 가족식탁에 적용하면 어른에 대해 존중하고 공경하는 법을 가르칠 수 있다. 현대사회에 들어서면서 아이들에게 '어른'이 사라졌다. 아이들은 어른과 친구를 구분하지 못할 때가 많다. 전통적인 식사 예법을 통해 어른의 존재를 알려 주며 타인에 대한 예절도 함양할 수 있다.

일상 대화와 학습 대화

본격적으로 식사하며 한 주간에 있었던 흥미로운 이야기들을 시작해 볼 수 있다. 가족 대화는 2가지 양상으로 발전한다. 하나는 일상 대화이며 다른 하나는 학습 대화이다. 전자를 '담화식 대화'라고 하고, 후자를 '설명식 대화'라고 한다. 담화식 대화란 담소, 수다 등을 뜻한다.

설명식 대화란 대화의 새로운 국면으로 뭔가를 구체적으로 설명하거나 인과관계를 밝히는 대화이다. 예측할 수 없는 많은 단어가 등장하기 때문에 개념 설명이 필요하고 심층적인 질문과 설명이 필요하다.

아이들의 사고력에 큰 영향을 주는 것은 담화식 대화가 아니라 설명식 대화이다. 사실 한국의 가정에서는 담화식 일상 대화도 풍부하게 이루어지지 않는 실정이다.

질문, 학습 대화의 원동력

가정에서 일상 대화를 학습 대화로 발전시키기 위해 어떻게 해야 할까?

첫 번째는 단어의 개념 설명이다. 새로운 단어는 호기심을 불러일으키기 마련이며 생각의 세계를 탐험해야 할 필요성을 안겨 준다. 아이들이 어떤 단어의 개념을 물었을 때 적극적으로 설명해 주고 만약에 모른다면 함께 찾아보는 과정이 필요하다.

두 번째는 심층 질문이다. 심층 질문은 주로 '왜', '어떻게', '무엇'을 묻는 질문들로 이루어진다. 아이들과 끊임없이 심층 질문을 주고받으며 대상, 방법, 인과관계에 대한 탐구가 이루어진다.

아이들이 부모에게 질문할 때 '로또 당첨'과 같이 기쁘게 반겨 줘야 한다. 예컨대 질문으로 시작된 개념 설명과 학습 대화를 살펴보자.

"아빠, 곰탕은 곰으로 만든 거예요?"

"와! 우리 아들이 곰탕이 궁금했구나. 곰탕은 곰으로 만든 것이 아니란다. 그럼 쥐포는 쥐로 만들게."

"그럼 곰탕은 무엇으로 만들었어요?"

"곰탕은 '고으다' 또는 '고다'라는 말의 명사형 '곰'을 쓴 것인데 '무언가를 오랜 시간을 두고 팔팔 끓이다'는 뜻이란다. 그래서 '사골 곰탕'이라고 하면 소의 뼈 같은 것을 오랜 시간 끓인 국물을 말한단다."

"쥐포는요?"

"쥐포라는 것은 쥐치라는 생선을 포로 떠서 햇볕에 평평하게 말린 것인데 맛이 쫀득쫀득해서 간식이나 반찬에 많이 쓰이는 것이란다."

이제 질문으로 시작된 심층 질문과 학습 대화를 살펴보자. 대화를 통해 공동체의 일원으로 살아가는 데 필요한 규칙이나 관습의 형성 과정도 이해해 볼 수 있다.

"오늘 재미난 일을 보았는데 엄마와 딸이 버스를 타고 있었어. 사람이 많아 엄마는 앞문으로 타고 딸은 뒷문으로 타게 되었지. 앞문으로 탄 엄마는 문제가 없었는데 뒷문으로 탄 딸에게 문제가 생겼어."

"무슨 문제가 생겼는데요?"

"버스를 타고 내릴 때 타는 사람이 먼저 양보해야 할까? 아니면 내리는 사람이 먼저 양보해야 할까?"

"그야 물론 타는 사람이 양보해야죠."

"그렇다면 왜 타는 사람이 양보해야 할까?"

"글쎄요. 그렇게 정해진 것 아니에요?"

"그런데 왜 그렇게 정해지게 되었을까?"

"음! 타는 사람이 버스를 놓치면 다음 차를 타면 되지만, 내리는 사람이 내리지 못하면 멀리 떨어진 곳에 내려야 하잖아요."

그래서 당신의 질문은 무엇입니까?

2017년 5월 미국 캘리포니아에서 강의할 기회가 있었다. 강연에 참여한 사람 중에 미국 남가주대학교에서 박사후(포스트 닥터) 과정을 하고 있는 한 분에게서 흥미로운 이야기를 들었다.

그의 지도교수가 유대인인데 자신에게 끊임없이 질문을 한다는 것이다. 처음에는 그 교수가 자신을 괴롭히는 것이라고 생각했는데 내 강의를 듣고 보니 유대인들의 공부 방법이 원래 끊임없이 질문을 주고받는 것이라는 것을 알게 되었다는 것이다.

3일째 되던 날 강의 일정을 마치고 커피 타임을 가진 자리에서 불현듯 그가 내게 "그 유대인 지도교수가 끊임없이 한 질문이 무엇이겠느냐?"고 물었다. 바로 이 질문이었다.

"그래서 이 부분에서 당신의 질문은 무엇입니까?"

그 유대인 지도교수는 학생들에게 끊임없이 이 질문을 한다는 것이다. 그때 나는 망치로 한 대 얻어맞는 기분이었다. 사실 한국에서 '질문의 공부 하브루타'를 강의하는 사람으로서 놀랄 일도 아니었는데 새삼 충격적으로 다가왔다.

당시 『'말하는' 역사 하브루타』(양동일·이성준 공저)의 목차를 고민하던 중이었는데 그 이야기를 듣고 질문들로 이루어진 목차를 다시 정리하였다. 그 책은 하브루타 질문과 대화로 열매 맺은 작품이다. 우리는 함께 책을 집필하면서 질문과 대화를 끊임없이 나누었다. 먼저 주제와 관련하여 직관적으로 떠오르는 질문들을 검토했다. 그런 다음 그 질문들에 대한 해답을 찾아가는 과정을 거쳤다. 출판사에 의견을 묻는 과정에서 틀이 완전히 바뀌는 시행착오도 겪었지만 우리는 끝까지 용기를 잃지 않고 서로를 위로하며 질문과 대답으로 책을 완성했다.

질문으로 책 쓰기

"선생님, 책을 어떻게 써야 하나요? 저는 한 문장도 쓰기가 어렵습니다. 방법을 알려 주세요."

어느 날 하브루타 친구가 내게 물었다. 그 친구는 최근에 자신이 경험한 가정 하브루타를 집필해 보려고 심혈을 기울이고 있었다.

그와 한참 상담하면서 '질문으로 책 쓰기'를 제안했다. 우선 자신의 분야에서 직관적으로 떠오르는 질문이 무엇이냐고 물었다. 그는 대뜸 다음과 같은 질문을 했다.

"왜 부모는 자녀를 사랑하는데 자녀는 행복하지 않을까요?"

"와우! 그 질문을 붙잡고 탐구하세요."

사실 '질문을 만드는 것'보다 더 중요한 것은 그 '질문을 탐구하는 것'이다. 질문을 탐구하면 평범한 질문도 위대한 질문이 될 수 있다. 질문을 붙잡고 거기에 대한 사례를 만들고 구체적인 해답을 제시하라고 조언했다.

100차 산업혁명에도 질문이 중요하다

2017년에 EBS로부터 교육방송의 패널로 참가해 달라는 요청을 받았다. 4차 산업혁명 시대에 질문의 중요성에 대해서 이야기하는 것이 내 몫이었다. 어떻게 이야기를 풀어야 할지 고민하던 중 내게는 하브루타할 수 있는 친구가 있다는 데 생각이 미치자 자신감이 생겼다.

친구들과 수없이 묻고 물으며 이야기를 나누었다. 포스트모더니즘과 4차 산업혁명에 대해서 한참을 이야기하던 중에 한 친구가 다음과 같이 말했다.

"4차 산업혁명뿐만 아니라 앞으로 100차 산업혁명이 와도 질문이 중요해. 유대인들은 이것을 역사에서 증명했다고 해."

나는 실제로 그 방송의 패널로 참여해 4차 산업혁명 시대에 100차 산업혁명을 이야기했다. 친구와의 하브루타가 없었다면 어떻게 100차 산업혁명 이야기를 할 수 있었을까.

전체 토론을 하기 전에 반드시 짝과의 토론을 거쳐 자신의 생각을 더욱 정교하게 만들고 자신감을 얻는 과정이 꼭 필요하다. 칼로 다듬고 깎아서 멋진 조각을 만들듯이 질문을 통해 더욱 날카롭고 정교한 생각을 만들 수 있다. '질문 능력'을 '사고력'이라고 하는 이유가 바로 여기에 있다.

하브루타 강의를 오래도록 해 온 나에게 질문은 매우 특별한 의미로 다가온다. 질문은 새로운 세계를 엿볼 수 있는 단초요, 삶을 살아가는 지혜이며, 자녀들을 성장시키는 교육의 도구이다. 질문은 그 자체로 충분히 가치가 있으며 사람에게 놀라운 가치를 창조하고 향유하도록 한다.

사랑하라
그리고 질문하라

나원종

하나님은 누가 만들었어요?

4차 산업혁명 시대에 "기계는 답을 위해 존재하고, 인간은 질문을 위해 존재한다."는 미래학자 케빈 켈리(Kevin Kelly)의 말이 이제는 익숙하게 들린다. 아마도 평소에 질문을 많이 강조한 탓인 듯하다.

전에는 나도 대부분의 부모가 그러하듯이 자녀에게 질문보다는 지시를, 응시보다는 주시를 주로 했다. 그러던 어느 날 질문에 대하여 눈을 뜨기 시작했다. 그날도 여느 때와 마찬가지로 주일 오전에 온 가족이 하나님께 예배를 드리고, 오후 2시에 주일학교를 마치고 귀가했다.

그날 자녀들에게 저녁식사 후 가정예배를 드릴 테니 TV 보지 말고 거실로 모이라고 했다. 아이들 얼굴 표정이 썩 밝지 않았다. 이윽고 큰딸이 불평을 늘어놓기 시작했다.

66

큰딸 : 아빠, 예배드리실 거예요?

아빠 : 그럼, 예배드려야지. 가정예배를 드리려고 교회에서 일찍 끝났잖아. 로마서 12장 1절 말씀대로 우리 가정은 이 세대를 본받지 말고 우리의 삶을 하나님이 기뻐하시는 산제사로 드려야 돼. 말씀대로 살아야지. 주일 날 드라마 보거나 그러면 하나님께서 기뻐하시지 않을 거야.

큰딸 : 아니, 아빠, 예배는 교회에서 드렸잖아요. 그런데 왜 또 예배를 드려야 해요?

큰딸의 말이 끝나기 무섭게 막내딸과 아들이 자기들도 그렇게 생각한다고 하면서 옆에서 거들었다. 순간 깨달음이 왔다. 아이들은 지금까지 주일 오전예배를 숙제로, 가정예배는 또 하나의 방과 후 숙제로 알고 있었던 건 아니었을까? 교회에서 숙제를 마쳤으니 가정에서는 자유시간을 달라는 것이었다.

예배를 종교적인 과제물로 여기는 이상 더 이상 가정예배는 무의미했다. 우리 집은 가정예배를 드린다는 거룩한 도취감에 빠지기보다는 내 영혼에 질문을 했다.

"참 예배는 무엇일까?"

"어떻게 하면 참 예배를 드릴 수 있을까?"

"참 예배는 예배 횟수와 비례할까?"

"예배를 많이 드리면 내 삶이 과연 변할까?"

"그런데 왜 나는 예전과 크게 다르지 않을까?"

"진정 나 한 사람으로 인하여 눈부신 아침이 되고, 나 한 사람으로 인하여 고요한 저녁이 된다는 시인의 고백은 나에게는 요원한 일인가?"

끊임없이 기도하면서 나 자신과 하브루타를 하기 시작했다. 상대방을 바꾸려고 하기 전에 먼저 나부터 바꿔야 한다는 오래된 외침이 떠올랐다. 용기를 내어 내 영혼을 누르고 있던 무거운 외투를 하나씩 벗기 시작했다.

상대방의 면면을 다 알고 있는 가족 구성원들끼리 예배는 무조건 편하고 즐거워야 지속 가능하다는 결론에 이르렀다. 진정 자자손손 대를 이어 물려줄 '하브루타 문화'를 만들어야겠다는 생각이 들었다.

처음에 하브루타를 시도할 때에는 '하브루타하자.'라는 말도 하지 않았고, 무릎을 꿇고 기도하지도, 눈을 감고 사도신경이나 주기도문을 외우지도 않았다. 자연스럽게 저녁식사 후 디저트를 먹고, 양치질하고, 손 씻고 잠옷차림으로 다들 거실에 모여서 성경책을 읽기 시작했다.

시편을 매일 읽었는데 시간은 30분 정도 걸렸다. 예배 마무리는 가족들이 순차적으로 돌아가면서 기도로 하고, 자기 전에는 서로 꼭 안아 주어 가족들이 짊어져야 했던 하루의 고단함을 씻어 냈다. 며칠이 지나자 가족들의 마음에 가느다란 영성이 흐르기 시작했다.

이젠 때가 찬 것일까. 가정에서 자녀들의 입에서 예배드리자는 말이 절로 나오고, 말하지 않아도 예배시간이 되면 성경책을 준비했다. 그 기회를 놓치지 않고, 그날 읽은 본문으로 질문하고 대화하는 식으로 하브루타를 간헐적으로 도입했다.

보통은 하루에 1시간 정도가 걸렸는데, 어느 날은 저녁 7시에 시작한 하브루타가 밤 10시가 다 되어서야 끝났다. 그날 큰딸이 탄성에 가득 차 "아빠, 하브루타를 3시간이나 했어요."라고 말했다. 가족 누구도 이제 늦었으니 하브루타를 빨리 끝내자고 말하지 않았다. '이게 진짜 신앙 교육이다.'라는 가슴 벅찬 감동이 밀려왔다. 아내도, 자녀들도 모두 놀라워하며 만족했다. 가정예배는 하브루타 형식으로 드려야 한다는 확신이 들었다.

그 후 아내는 하브루타에 더욱 관심을 가지기 시작했고 도서관에서 하브루타 관련 책들을 빌려 왔다. 유대인들의 안식일 식탁에 관한 내용을 읽을 때에는 강한 호기심을 느꼈는지, 우리 가정도 토요일에만 식탁에 내놓는, 구별된 예쁜 접시들을 구입하자고 제안했다. 기쁨으로 아내의 제안을 수용했다.

토요일 가족 하브루타를 좀 더 풍성하게 하려고 여러모로 형식을 더 갖출까도 고민해 보았지만 시간이 갈수록 본질이 아닌 것은 무위로 돌아갔다. 가족 하브루타를 하기 위해 구입했던 예쁜 접시를 평일에도 사용하고 말았다. 결국 예배의 본질인 하나님의 말씀을 붙잡고 하브루타를 할 때 가정예배가 회복되었다. 부모와 자녀들의 애착도 늘어났으며, 자녀들은 성경을 가지고 질문하고 대화하는 것에 즐거워하기 시작했다.

그러던 어느 토요일 저녁, 천지창조를 보여주는 창세기 1장 말씀으로 하브루타를 할 때의 일이다. 처음에는 단어의 뜻을 알고 있는지 물어보았다. 나중에는 각자 한 사람씩 질문을 만들어 보라고 질문의 주도권을 가족들에게 돌려주었다. 둘째 아들이 다소 생각에 잠기더니 "아빠, 하나님은 누가 만들었어요?"라는 질문을 했다. 순간 나는 꿀 먹은 벙어리가 되었다. 하지만 나도 모르게 얼굴에 웃음꽃이 피었다. 이게 바로 교육의 생장점이 터지는 순간이 아닌가?

7살 나이에 누구나 던질 수도 있는 질문이려니 하고 넘어갈 수도 있겠지만, 자녀교육에 심혈을 기울이는 나로서는 아들이 하나님 말씀을 가지고 생각하고 질문할 수 있다는 사실이 마냥 기뻤다.

이처럼 자녀들과 하브루타를 하다 보면 어른들은 잘 생각하지 못하는 창의적 질문들이 아이들의 입에서 톡톡 튀어나올 때가 많다. 자녀들이 계속해서 질문할 때는 자녀들의 머리가 열리는 것이 눈에 보일 정도다.

진실로 교육이란 무엇인가? 우리 아이들의 생각 주머니에서 자신의 생각을 끄집어내는 것이야말로 참교육이라고 말할 수 있다. 남이 만들어 낸 생각과 질문에 갇혀 살지 않고, 자신의 생각과 질문으로 눈앞에 펼쳐지는 수많은 문제를 해결해 가는, 그리하여 자신의 인생을 살아가도록 도와주는 것이 부모로서 최고의 자녀교육이다.

이제야 아들이 질문을 통해서 목사인 아빠의 신앙이 아닌, 자신의 신앙을 찾아가는 첫 걸음을 내디뎠다고 생각하니 마냥 감사할 따름이다. 그날 이후로 아들이 질문할 때 아빠로서 가슴이 설렌다. 자녀들이 질문을 한다는 것은 자신의 생각, 자신의 신앙, 자신의 인생 스토리를 만들어 가는 긴 여정을 시작한 것이기 때문이다.

자녀들이 질문한다는 것은 부모에게 시사하는 바가 참으로 크다. 하브루타는 짝을 이루는 구조이기에, 서로 질문하고 대화하면서 부모와 자녀가 서로 상호 작용을 한다. 지금까지는 부모가 경험, 나이, 신체 조건 등으로 자녀들에게 우월의식을 가지고 가르치는 시간이었다면, 이제는 부모와 자녀가 서로 질문과 대화를 통하여 함께 배우며 성장하는 시간이 된다. 일련의 과정 속에서 부모와 자녀는 상하관계가 아닌 동일한 인격으로 만나게 된다. 진실로 질문한다는 것은 본질을 찾아가는 여정이며, 한계에 도전하는 것이며, 참 인간이 되어가는 가장 강력한 도구이다.

얼굴을 바라보며 질문하는 문화

막내딸이 다니는 학교의 학부모 공개 수업에 참여한 적이 있다. 일반적으로 아이들이 앉는 교실 책상이 선생님이 서 계시는 칠판을 향해 있는데, 이 반은 학생들끼리 서로 마주 볼 수 있도록 배열되어 있었다. 호기심이 발동해서 선생님께 질문을 했다.

"선생님, 왜 책상 배치가 ㄷ자형인가요? 보통 칠판을 향해 있는데."

"ㄷ자형으로 배치한 이유는, 저희 반은 학습공동체라는 것을 강조하기 위해서입니다. 교실에서 배움은 단지 선생님을 통해서만 일어나는 게 아니라, 서로가 서로의 얼굴을 바라보면서 배움이 일어나도록 배치했습니다."

"아, 그런 뜻이 있었군요."

사실 배움이 일어나는 교실, 그 공간을 어떻게 디자인하는가는 매우 중요한 부분이다. 단적인 예로 미국의 명문 고등학교 필립스 아카데미의 수업 방식인 하크니스 테이블(Harkness Table)이 이에 해당한다. 일명 하크니스 테이블이라는 이 토론식 수업은 상대방이 어디에 앉아 있든지 서로의 얼굴을 볼 수 있고, 그렇기에 더 자유롭게 의견을 나눌 수 있다는 장점이 있다.

이것이 나오게 된 배경은 흥미롭다. 어느 날 에드워스 하크니스가 필립스 아카데미에 새로운 교육 방법을 고안한다면 거액을 기부하겠다고 제안했다. 이에 학교는 원탁형 테이블에서 교사와 12명의 학생이 토론식 수업을 하는 방법을 제안했고, 에드워드는 이에 만족하며 거액을 기부했다.

바로 이 부분이 교육이란 무엇인가에 대한 답을 주는 부분이기도 하다. 교육(Education)은 Edu라는 어근에서 알 수 있듯이 생각 주머니에서 아이들의 생각을 밖으로 끄집어내는 것(Output)이다. 결코 일방적으로 지식을 주입하는 것이 아니다.

하크니스 테이블은 이러한 교육의 본질에 가장 적합한 교육 방법이기에 현재 세계 최고의 대학으로 손꼽히는 하버드대학교에서도 이 방식을 채택하고 있다. 교육 방법 하나를 바꾸었을 뿐인데 미국 뉴햄프셔주의 평범한 학교에 지나지 않았던 필립스 아카데미는 명실공히 미국의 수재 중학생들이 앞 다퉈 가고 싶어 하는 명문고가 되었다.

페이스북의 창시자 저커버그도 필립스 아카데미를 졸업했다. 그가 자신의 회사이름을 페이스북이라고 명명한 것도 하크니스 테이블과 무관치 않다. 페이스북은 페이스(Face)와 북(Book)의 합성어이다. 한국말로 얼굴책으로 번역하면 무척 어색하지만 저커버그는 하크니스 테이블에 앉아서 서로의 얼굴을 보면서 대화했던 그 수업 시간을 떠올리면서 회사 이름을 페이스북이라 했다고 한다.

하브루타 교육에서는 '얼굴'이라는 표현보다는 '짝'이라는 표현을 더 선호하지만 사실 짝을 지어 토론한다는 것은 상대방의 얼굴을 바라보며 토론한다는 의미이다. 스마트폰 속 얼굴 없는 카톡방에서 주로 대화하는 이 시대에 짝을 지어 서로의 얼굴을 바라보고 질문하고 대화하고 토론하는 하브루타 교육은 대한민국 교육계에 속히 도입해야 할 중요한 학습법이라고 생각한다.

사랑을 바탕에 둔 질문의 힘

하브루타는 기본적으로 **짝과 대화하기** 때문에 짝의 중요성을 아무리 강조해도 지나치지 않다. 짝들 상호간에 낯설거나, 어색하고 불편한 감정이 존재할 때는 하브루타가 아무리 좋은 교육 방법론이라고 하더라도 소기의 성과를 거두기가 어렵다. 하브루타를 도입하기 전에 적극적으로 친밀감을 형성하든지 아니면 최소한 불편한 감정은 없애고 시작해야 한다.

나는 마음은 있어도 실제로 운동을 하면서 아이들과 잘 놀아 주지 못한다. 자녀들이 좋아하는 게임의 이름도 잘 모른다. 그런 내가 잘하는 게 하나 있다. 안아주기다. 돈들이지 않고도, 크게 노력하지 않고도 가성비 최고의 친밀감을 확보할 수 있는 것은 누가 뭐라 해도 안아 주기다.

우리 가족은 매일 자기 전에 서로 안아 주기를 한다. 안아 주기에는 순서가 있다. 먼저 아빠와 엄마가 안아 준다. 엄마와 아빠가 안아 주고 웃으며 사랑하는 모습을 아이들이 보아야 하기 때문이다. 진실로 교육은 가르침(Teaching)이 아니고 본보기(Modeling)이다. 이어서 세 자녀를 한 아이, 한 아이 순차적으로 엄마와 아빠가 안아 주고, 마지막에 다섯 식구가 함께 안아 주기를 한다. 안아 주기를 할 때에는 반드시 "사랑합니다."라고 고백한다.

가족이 서로 사랑할 때, 특히 부부가 서로 사랑할 때 자녀들은 가장 행복해하고 편안하게 잠이 든다. 그런 날은 하브루타를 하는 것이 참으로 수월하고, 자녀들의 입에서 나온 질문들은 꽃이 되고 별이 된다.

하브루타는 단순히 자녀들에게 말로 상대방을 이기는, 대화 기술을 가르쳐 주는 교육 방법이 아니다. 성숙한 질문과 대화를 나누기 위해서는 상대방의 시

그늘을 잘 이해하고 서로 사랑하고 존경하고 배려하는 하브루타 교육 철학이 선행되어야 한다. 최근에 한국을 방문한, 어릴 때부터 하브루타를 몸에 익혀 온 이스라엘 엘리 홀저 교수의 마지막 말씀에도 사랑과 존중이라는 교육 철학이 잘 드러난다.

"VR(가상현실) 러닝 시대에 시간은 금입니다. 하브루타는 짝을 지어 질문하고 대화하고 토론 및 논쟁하는 과정이 때론 불편하기도 하고 시간도 많이 걸립니다. 그런데 왜 여러분은 굳이 하브루타를 하려고 하십니까? 지금처럼 개인주의와 지나친 경쟁 사회에서 하브루타는 단순히 학습 효과를 높이는 도구가 아닙니다. 경청하면서 상대방을 지지하고 반박도 하면서, 본문이 말하고자 하는 의도를 찾아가며, 상대방을 통해 배우기도 하고 상대방을 더 나은 인간으로 세워 주기도 합니다. 상대방을 추켜세워 주는 이유는 한 인간으로서 존중받을 권리가 그에게 있기 때문입니다."

질문하는 가정이 행복하다

김묘선

정글의 법칙을 좋아하는 아이들

우리 집 두 딸은 인기 TV 프로그램 「정글의 법칙」의 광팬으로 정글에 관심이 많다. 심지어 둘째 딸 아이는 「정글의 법칙」의 족장인 김병만 씨가 자신을 그 프로그램에 꼭 초대해 주기를 바란다며 편지까지 쓰려고 했다. 우리 아이들이 이렇게 열정적으로 「정글의 법칙」을 사랑하게 된 계기가 있다. 바로 호기심을 자극하는 질문을 하면서부터였다. 아이들의 질문은 이러했다.

"엄마, 김병만 족장 키가 얼마나 되는 줄 알아요?"

"김병만 족장은 나보다 조금 더 큰데 어떻게 무엇이든 척척 만들어 낼 수 있지?"

"물고기나 게, 과일 같은 먹을 것이 없으면 진짜 굶을까?"

"혹시 먹을 것을 따로 몰래 주는 것이 아닐까?"

"어떻게 높은 하늘에서 깊은 바닷속까지 다 카메라로 찍는 거지?"

"헬리콥터가 뜨는 것일까?"

"그럼 헬리콥터 뜨는 돈은 누가 주는 거지?

"정글까지 이동하려면 비행기 표 값이 만만치 않았을 텐데?"

"식인 상어 봤어?"

"엄마, 피라냐(식인 물고기) 알아요?

"아빠, 식용 굼벵이 먹어 봤어요?"

아빠가 아이에게 대답했다.

"아빠도 어렸을 때 개구리와 메뚜기는 구워 먹어 봤어. 맛 좋아."

그러자 둘째 아이가 당황스런 표정으로 말했다.

"우리 뺑이(햄스터)가 먹는 밀웜(애완용 먹이로 쓰이는 애벌레)이 미래의 대체 식량이 된다고 하지만 난 절대 애벌레만큼은 안 먹을 거야."

아이의 말에 아빠가 제안했다.

"그럼 네가 미래 식량을 해결할 다른 대체 음식을 찾아보면 되겠네."

이때 큰아이가 질문했다.

"그런데 왜 아프리카에는 아직도 굶어 죽는 사람들이 그렇게 많아요? 비가 오지 않아 먹을거리를 얻지 못하면 우리에게 남아도는 음식을 그들에게 나눠 줘도 되잖아요. 대체 식량으로 고단백 식용 애벌레도 있고요. 진짜 굶어 죽는다는 것이 말이 돼요?"

TV 방송이라고는 유일하게 보는 「정글의 법칙」이 끝날 때마다 아이들은 늦은 시간까지 궁금한 질문을 해결하는 데 골몰했다. 결국 자연 탐구 책이나 과학 잡지를 통해 그 해답을 찾아냈다. 그 내용을 아빠 엄마에게 읽어 주며 설명해 주었다. 그것은 바로 자신의 생각에 지식을 덧붙여 사고를 확장하는 과정이었다. 그때 던진 아이들의 질문은 확장을 거듭해 NGO(Non-Govermental Organization : 비정부기구) 단체와 국제 식량기구에 관한 이야기로 이어졌다.

인간은 질문으로 시작해 그 답을 찾아가면서 세상을 변화, 발전시켜 왔다. 아이들도 질문을 통해 세상을 이해하고 사고를 확장해 간다. 특히 아이들에게는 경험해 보지 못한 이 세상이 크나큰 질문 덩어리일 수밖에 없다. 세상 어느 곳에도 완벽하게 모든 것을 아는 자는 없고 누구에게나 질문은 존재한다.

감사하게도 인간에게는 고등사고력이 있어서 수많은 질문에 대한 답을 찾는다. 아이들이 폭발적으로 질문을 쏟아 놓을 때를 놓치지 말아야 하는 이유가 바로 여기에 있다. 그 많은 질문이 아이들의 고등사고력을 작동시키는 에너지가 되고, 아이들의 단순한 사고를 복잡하고 다양한 사고로 확장시키는 데 중요한 역할을 하기 때문이다.

주어진 질문이 아닌 자발적인 질문은 문제를 해결하고자 하는 학습 동기를 유발한다. 질문은 또 다른 질문으로 이어지고, 그중에 쓸데없는 것은 하나도 없다. 가정에서는 아이들의 질문을 존중해 주고, 더 나아가 질문하는 아이들을 격려해 줘야 한다.

뉴턴은 "왜?"라는 질문에서 만유인력의 법칙을 발견했다. 그 법칙을 기본으로 지구와 우주의 비밀이 계속해서 벗겨지고 있다. 질문에서 시작된 논리적 사고가 창의적인 사고와 만나 세상을 변화시켜 온 것이다.

정글의 법칙 vs. 런닝맨

우리 집 아이들은 요즘 또 다른 TV 예능 프로그램에 푹 빠져 있다. 몇 년간 「정글의 법칙」을 시청하더니 이제는 「런닝맨」을 줄기차게 보고 있다. 엄마가 아이들에게 물어보았다. "왜 정글의 법칙에서 런닝맨으로 바뀐 거야?" 아이들의 대답은 이랬다. "정글의 법칙과 런닝맨이 주는 재미가 많이 달라서요." 그후에 아이들은 두 프로그램을 비교 분석해서 보고서를 내놓았다.

다음은 아이들이 「정글의 법칙」과 「런닝맨」을 비교 분석한 내용이다.

「정글의 법칙」과 「런닝맨」의 비교

정글의 법칙	런닝맨
●고정 인원 : 1명(김병만 족장)	●고정 인원 : 7명(재석, 종국, 석진, 개리, 하하, 지효, 광수)
●매 회 6~7명의 새로운 게스트 등장	●매 회 새로운 게스트 등장(인원 수 다양) *요즘은 고정 인원 중 1명이 빠지고 2명이 충원되었다.
●장소 : 정글, 바다 등(국외) -주변 환경과 날씨의 다양한 변화로 위험을 예측할 수 없는 환경이다.	●장소 : 건물, 운동장 등 다양한 장소(대부분 국내) -안전하다.
●미션 -생존하라, 먹을 것을 찾아라!	●미션 -이겨서 상금이나 금을 받아라!
●리더의 역할 -리더의 역할이 매우 중요하다. -게스트가 등장하는데 그들이 낯선 환경에서 잘 생존할 수 있도록 적극 도와주어야 한다.	●리더의 역할 -리더의 역할이 중요하지 않다. -각자 개인기나 역량으로 프로그램을 진행한다.

●등장인물 역할 -병만 족장 : 사랑, 연합, 포용, 인내, 수고, 고독, 다양한 능력 발휘 -게스트는 고정 캐릭터가 없다. 하지만 새로운 환경과 사람들 사이에서 새로운 캐릭터가 만들 어진다.	●등장인물 역할 -종국 : 힘, 광수 : 배신자, 하하 : 모함꾼, 석진 : 약 골, 지호 : 에이스, 재석 : 지략가, 개리 : 의리 -정해진 캐릭터대로 그 역할을 감당한다. *우리 아이들이 붙인 별명이다.
●사회와 성장 시기 비유 -농경 사회 -청소년기 : 병만족 모두 순수한 동기로 서로 돕 는다. *우리 집 아이들은 스스로 순수하다고 생각한 다.	●사회와 성장 시기 비유 -도시 사회 -성인기 : 경쟁을 통해 상대를 이기는 것이 목적 이다.
●음식 -함께 굶었으므로 콩 한 조각도 함께 나누어 먹 는다.	●음식 -게임에서 이긴 사람만 먹을 수 있다.
●책임 -주어진 일에 책임을 질 필요가 없다. -전체 팀을 위해 자발적으로 무엇이든 하려고 한 다.	●책임 -게임의 승부가 분명하다. -게임 결과에 대해 책임을 져야 한다. -이기면 상금, 지면 벌칙을 받는다.
●보는 재미 -간접적으로나마 넓은 대양과 정글 속에서 다양 한 모험을 즐길 수 있다. -마음이 따뜻해진다.	●보는 재미 -그들의 개인기와 재치 및 순발력을 본다. -웃다가 끝날 정도로 대부분 재미있다. *좋아하는 연예인이 게임에서 질 때는 짜증도 난다.

 나는 생각하지도 못한 아이들의 반응에 놀랐다. 질문을 하지 않았다면 결코 알지 못했을 내용이었다. 덧붙여 아이들은 요즘 학교에서 스트레스를 많이 받으니 웃으면서 스트레스를 날리고 싶다고 했다. 아이들은 「런닝맨」 등장인물에 자신을 투영시켜 게임을 즐기고 쾌감을 누렸던 것이다.

질문은 부모와 자녀를 함께 성장시킨다

부모와 자녀는 질문과 함께 성장한다. 질문을 통해 나는 아이들에게 많은 것을 배운다. 세상을 향한 아이들의 순수한 질문은 어른들의 혼탁한 시각을 깨끗하게 하는 정화제 역할을 한다. 아는 것이 너무 많은 어른은 편견과 고집에 사로잡혀 자신의 주장에만 몰두한다. 아이들은 편견 없이 순수한 시각을 가지고 질문하기에 그들의 생각을 엿보는 행복은 무척 크다.

내게는 계속 맴도는 질문 하나가 있다.

"부모는 아이들을 사랑하는데, 왜 아이들은 행복하지 않을까?"

부모는 아이를 지극정성으로 키운다. 아이의 성공을 위해서라면 무엇이든 하며, 필요하면 생명이라도 내놓을 수 있는 존재다. 그런데 우리나라 아이들은 행복하지 않다. 그 사실을 반증하듯 우리나라 청소년 자살률은 굉장히 높은 편이다. 아이들뿐 아니라 성인의 행복지수도 다른 나라에 비해 현저히 낮다. 평균에도 미치지 못한다. 그렇다면 부모가 행복하지 않기에 자녀도 불행해지는 것일까?

행복한 아이로 양육하기 위해서는 아이들이 지금 무엇에 관심이 있는지 놓치지 말아야 한다. 아이들은 가장 관심 있는 것에 질문을 쏟아 놓으므로 그러한 시각을 갖게 하는 주된 궁금증이 무엇인지 알아야 한다. 도로시 리즈가 쓴 책 『질문의 7가지 힘』에는 질문의 여러 가지 유익이 나오는데, 그중 '질문은 마음을 열게 하고 귀를 기울이게 한다.'라는 점에 주목할 필요가 있다. 아이들은 어른들의 질문을 통해 사랑받는다는 것을 느끼고 마음을 연다. 그렇게 열린 마음으로 자신들의 질문에도 귀를 기울인다.

최근에 폐렴으로 병원에 입원한 적이 있는데, 아이들이 아빠와 함께 밤마다 찾아와 나의 상태를 물었다. 폐렴균에 맞는 항생제를 찾아내지 못해서 치료가 잘되지 않아 다른 원인을 찾기 위해 CT(computed tomograpy : CT 스캐너를 이용한 컴퓨터 단층 촬영법)를 찍었다고 했다. 아이들은 항생제가 무엇인지, 폐렴을 일으키는 균이 무엇인지 물었다. 또 새로운 약은 언제부터 효과가 있는지, CT 촬영이 무엇인지도 물었다. 아이들의 질문은 끝이 없었다. 그 순간 나는 그들의 수많은 질문이 사고력을 높여 주리라 기대했다.

자녀에게 질문을 허락하라

아이들이 행복하게 살기를 바란다면 아이들의 입술을 주시하고 그들의 질문에 귀를 기울여야 한다. 그때 아이들의 마음을 살필 수 있고 그들은 행복해진다. 아이들이 가장 자유롭게 질문할 수 있는 곳은 다름 아닌 가정이다. 가정에서는 다른 사람들의 평가를 의식하지 않고 질문할 수 있기 때문이다. 가정에서는 질문의 내용, 길이, 수준과 상관없이 어떠한 질문도 허용돼야 한다고 주장하고 싶다. 부모는 질문에 대한 관심과 경청하려는 노력만 하면 된다.

우리나라 교실에서는 많은 학업량으로 인해 궁금한 내용이나 질문이 생길 시간이 없다고 하는데, 실제로 아이들은 주어진 질문에 답하기에도 시간이 부족하다고 토로한다. 질문이 살아 있는 교실에서만 진정한 배움이 자란다. 아이들에게 진정한 배움이 일어나기를 바란다면 부모는 가정에서부터 아이들의 입이 열릴 수 있도록 격려해야 한다.

아이들이 어떤 질문을 하든지 무시하지 않고 마음껏 질문을 쏟아낼 수 있도록 허용하는 것만으로도 아이들은 행복해할 것이다. 그러면 부모도 함께 행복해진다. 나도 그런 행복을 느끼고 있다. 그런 부모가 많아지면 우리나라의 행복지수도 높아지고, 우리나라의 미래도 밝아질 것이다. 그런 의미에서 가정, 학교, 기업 등 사회 곳곳에서 질문의 문화가 정착되기를 간절히 바란다.

서로 격려하고 도전하는 건강한 가족

정한나

삶의 거룩한 설계도, 가정

"세상에서 가장 어려운 것이 무엇인가?"라고 누군가 묻는다면 아마도 대부분 자녀를 양육하는 것이라고 대답할 것이다. 그만큼 자녀 양육은 이론으로 배울 수도 없고 연습을 해 볼 수는 더더욱 없다. "피를 흘리며 자녀를 낳지만, 자녀를 키우는 일은 피를 말리는 일"이라는 말이 있을 정도로 어렵고 긴 고행의 시간이 요구되는 일이다.

나는 미국 이민교회 목회자의 아내이며 여섯 아이의 엄마다. 내게는 다른 많은 일이 있지만, 자녀를 키우는 일만큼은 누구에게 맡길 수도 대신할 수도 없는 아주 소중하고 중요한 일이다. 여섯 아이 한 명 한 명을 잉태하는 순간부터 열 달을 뱃속에서 키우며 온 마음을 다해 태교를 했다. 아이를 낳고 아이가 자라 제 발로 걸을 때까지 셀 수 없이 많은 일을 감당해야 했다. 그뿐인가? 아이에게 말을 가르치고, 가정의 규칙과 예절, 밥 먹는 태도, 옷을 입고 벗는 법, 앉고 서는 법 등 아이가 모든 일을 스스로 할 수 있을 때까지 반복하고 또 반복하는 일은 엄청난 인내를 필요로 했다.

스스로 서지도 걷지도 못하던 갓난아이가 어느새 유치원을 다니고, 가방을 메고 학교에 가게 되면 부모는 세상에 자기 아이만 있는 것처럼 기쁘고 자랑스럽다. 그렇게 아이가 자라서 초·중·고를 마친 뒤에는 어엿한 청년이 된다. 하지만 청년기라도 정서적·정신적인 자람은 계속된다. 자녀들이 대학을 졸업하고, 직장에 다니다가 배우자를 만나 가정을 꾸리게 되면 자신들만의 보금자리를 찾아 부모를 떠난다. 나도 이 모든 과정을 거쳤다.

삶의 거룩한 숙제, 자녀

나는 가끔 나에게 주어진 숙제를 생각하곤 한다. 나는 모든 가정에도 숙제가 주어졌다고 생각한다. 모든 사람은 이 땅을 떠날 때 자녀의 인생이 어떠한가에 대한 평가를 바탕으로 그 숙제의 최종 점수를 받게 될 것이라고 생각한다. 다시 말하면 자녀를 가진 모든 부모는 자신이 낳은 자녀가 생을 마칠 때에야 본인이 자녀를 잘 양육했는지를 알 수 있다는 말이다.

이 글에서는 우리 집 6남매가 조금이라도 더 세상을 이롭게 하는 데 쓰임 받을 수 있도록 교육했던 방법에 대해 이야기하려 한다. 6명의 자녀와 고군분투하며 몸부림쳤던 우리 가정의 성장 드라마이기도 하다.

나는 청년 때 건강한 가정에 대한 그림을 자주 그려 보곤 했다. 그 그림들을 마음에 구체화하면서 몇 가지 소원을 가지게 되었다. "결혼하면 적어도 3명(아들 2, 딸 1)은 낳아야지. 그 아이들이 각각 가정을 꾸려 3명 이상의 손자손녀를 낳으면 최소한 20명이 되겠네. 인격이 훌륭한 사람으로 양육해야겠다." 예수를 믿으니 나의 소원은 당연히 자녀들은 '나보다 더 예수 잘 믿는 자녀로 키워 내는 것'이었다.

결과적으로 나는 3명이 아니라 그 곱절인 6명의 아이를 낳았다. 참 이상한 것은 자녀가 여섯이나 되는데도 지금까지 한 번도 많다는 생각을 해 본 적이 없다는 것이다. 셋은 꼭 낳아야겠다고 생각해서인지 힘든 줄 몰랐다.

넷째 아이는 임신 6개월에 자연유산이 되고 말았다. 마음이 얼마나 아팠는지 거의 두 달을 울었다. 자녀는 내 힘으로 낳는 줄 알았는데 그것이 아니라는 것을 그때 처음 알았다. 유산 석 달 후 지금의 넷째가 생겼다. 그 기쁨은 말로 다 표현할 수 없었다. 그때 태교로 성경을 읽었는데 새로 산 성경책이 너덜너덜해지도록 읽고 또 읽었던 기억이 난다.

넷째 아이를 낳고 백일이 채 지나기도 전에 또 다섯째가 생겼다. 세상에 이렇게 귀한 자녀를 또 주시다니 감사했다. 다섯째를 낳고 6개월이 지날 무렵에 다시 여섯째가 생겼다. 다섯째와 여섯째는 19개월 차이다.

유산했을 때 울며 낙심하던 깊은 상심을 내려놓으니 넷째, 다섯째, 여섯째 아이가 연년생으로 태어났고, 그 아이들로 인해 나는 기쁨에 춤추는 마음으로 아이들을 키웠다. 그때 인생은 마음에 달렸다는 것을 깨달았다. 자녀의 수가 부모를 힘들게 하는 것이 아니다. 마음이 힘들면 자녀가 한 명이라도 힘들고, 마음이 기쁘면 6명이라도 전혀 힘들지 않다. 나는 현실을 바라보고 낙심하지 않았다. 오히려 이 귀한 아이들이 훌륭하게 자라나서 만들어 나갈, 더 나아진 세상을 그렸다. 나라에 귀중한 일꾼이 될 거라는 기대와 기쁨으로 키웠더니 아이들은 어느새 훌쩍 자랐다.

"어떻게 하면 아이들을 세상을 이롭게 하는 대들보로 키울까?" 늘 고민하며 책도 많이 보고, 세미나도 들었다. 때로는 유대인 랍비들을 직접 찾아가 묻고 배우며 혼신의 노력을 했다. 아이들 교육을 위해 노력할 때마다 미혼 때 꿈꾸었던 가정에 대한 수많은 그림을 떠올리곤 했다. "하나님, 이 자녀들이 나보다 훨씬 하나님을 잘 믿는 자녀로 자라게 하옵소서!" 이런 기도와 함께 나는 아이들에게 열심히 성경을 읽히고, 암송시키고, 함께 예배를 드리고, 비전을 나누고, 사랑의 식탁을 차리는 등 모든 일에 생각하며 질문하는 일을 일상으로 삼았다.

산과 들로 소풍도 많이 다니고, 어디든 외출 후에는 아이들에게 각자의 소감을 적게 하고, 맛있는 음식을 먹으며, 함께 생각을 나누는 일을 지속했다. 자녀가 많으니 그룹 프로젝트의 효과는 상상 이상이었다. 철이 철을 날카롭게 하듯이, 6명의 서로 다른 나이와 성별, 성격과 재능이 서로 곱해지고 더해지는 효과를 경험할 수 있었다. 과외도 필요 없이 서로 숙제를 도와주는 등 큰 아이들의 경험을 작은 아이들에게 나누게 되면서 지혜가 풍성해졌다.

여덟 식구가 작은 집에서 살면서도 화장실 하나로도 전혀 불편함이 없었다. 서로 배려하고 질서를 지키는 훈련이 절로 되었다. 어떤 상황에서 어떤 태도로 어떻게 말해야 자기 의견이 받아들여지고 잘 소통되는지 스스로 터득하면서 건강한 소통 훈련이 매일 반복되었다. 6남매는 모두 올바른 인성을 함양하고 리더십의 자리에 설 수 있게 성장했다.

첫째부터 셋째까지는 키우면서 시행착오를 많이 했지만, 넷째부터 여섯째는 잔소리 하나 없이 절로 자란 것 같다. 사실은 자녀를 통해 내가 많은 것을 배우고 함께 성숙했다. 내 덕분에 자녀들이 성장한 것이 아니라 6명의 자녀 덕분에 내가 성장했다. 좋은 부모가 되도록 6명의 자녀가 '나의 선생님'이 되어 주었던 것이다.

나는 스스로 어떤 삶을 살아야 할지 잘 모른다. 다만 6남매가 12개의 눈을 동그랗게 뜨고 내가 엄마로서 어떻게 살고 있나 지켜보고 있다고 생각하면 정신 줄을 허투루 놓을 수 없다. 자녀는 늘 부모에게 똑바로 살도록 경각심을 일깨워 주는 존재다. 자녀들의 시선 때문에라도 더욱 바르고 반듯하게 사는 본보기가 되려고 노력한다.

이제 본격적으로 6명의 자녀를 키우면서 적용한 교육 방법에 대해 이야기하고자 한다.

가정 비전 대회

매달 마지막 주말은 '하브루타 밥상교육'을 하는 날로 정했다. 특별한 만찬을 준비할 때는 6남매 모두가 할 수 있는 범위에서 식사 준비에 동참했다. 메뉴를 바꿔 가며 주말 점심식사나 저녁식사를 온 가족이 함께 모여 준비했다. 이 일을 통해 '서로 협력하여 하나'가 되는 시간을 경험할 수 있었다. 온 가족이 정성스레 차린 식탁에서 함께 식사하며 그동안 각자 경험한 일들을 나누고 격려하며 공감하는 시간을 가졌다.

식사를 마치고 나면 온 가족이 한자리에 모여 '비전 대회'를 열었는데, 모일 때마다 주제를 바꿔 가면서 자기 생각을 나누고 정리하여 발표했다. 예를 들면, 각자 종이를 나눠 주고 '5년 후 자기 나이'를 쓰게 한 다음, 그 나이에 몇 학년이며 무엇을 하고 있을 것인지를 상상하고 서로 나누는 시간을 가졌다. 보통 5년 후면 초등학생은 중학생, 중학생은 고등학생, 고등학생은 대학생으로 변해 있을 자신의 위치를 생각하게 된다. 우리 부부는 40대 후반에서 50대 초반으로 옮겨 가기에 미래를 깊이 생각하는 시간이었다.

여덟 식구가 돌아가면서 이야기를 나누다 보면 앞으로의 비전과 목표, 장차하고 싶은 일과 지금 내가 해야 할 일 등 미래의 다양한 전망은 물론 종합적인 분석과 평가도 서로 주고받을 수 있다. 다른 형제의 이야기를 귀담아 듣거나 피드백해 주면서 서로 격려, 조언, 반성, 도전하는 시간을 갖다 보면 건강한 삶의 자세와 결단을 스스로 할 수 있게 된다.

언젠가 아이들의 인생을 "어떻게 하면 의미 있는 삶으로 살아가게 해 줄 수 있을까?"를 깊이 고민할 때였다. 문득 5대양 6대주가 그려진 지구본이 떠오르며 '아, 우리 자녀들에게 지구를 품고 기도하게 해야겠구나!'라는 생각을 하게 되었다. 이후 계속 기도하면서 구체적인 방법과 아이디어를 구상했다.

드디어 비전 대회가 열리는 날, 6남매에게 말했다. "얘들아, 엄마가 오늘은 땅덩어리 하나씩 나눠 줄 거야! 너희들이 6명이니 각자 좋아하는 대륙을 말해 보렴." 아이들은 처음에 어리둥절해하며 조용히 있었다. 계속해서 설명했다. "오늘부터 너희들이 공부하는 목적은 너희들만 잘 먹고 잘사는 '아메리칸 드림'이 아니란다. 너희들에게 주어진 비전과 사명이 무엇인지 찾고 그 일에 헌신하는 것, 다시 말해 '킹덤드림(Kingdom dream, 하나님 나라의 꿈)'을 이루는 것이란다." 엄마로서 품었던 비전과 목표를 아이들 언어로 쉽게 설명하고, 각자가 원하는 대로 6대주를 하나씩 나눠 주었다.

6대주는 아시아, 유럽, 아프리카, 오세아니아, 북아메리카, 남아메리카이다. 어린 자녀들에게 마음에 드는 대륙을 하나씩 나눠 주면서 6남매 마음속에 인생의 목적을 잘 찾아 자신의 삶에서 의미 있는 일을 하도록 기도했다. 다음 날 한쪽 벽면 가득 커다란 세계지도를 붙여 놓고 매일 아침 아이들이 학교에 등교하기 전에 각자의 대륙에 손을 대고, 그 위에 내 손을 얹은 후 그 대륙을 축복하게 했다.

매일 각자의 대륙을 축복하던 아이들은 이제 다 성장했다. 유럽을 맡았던 큰딸은 뉴욕 콜롬비아 대학원을 졸업하여 유엔과 콜롬비아대학교에서 교수로 일하고 있다. 아시아를 맡았던 둘째는 캘리포니아 어바인 주립대학교를 졸업하고 모교에서 연구원으로 일하고 있다. 셋째는 뉴욕대학교를 졸업하고 대학원 진학을 준비 중이다. 넷째는 서던캘리포니아대학교 3학년으로 심장과 전문의의 꿈을 향해 열심히 공부하고 있다. 다섯째는 캘리포니아대학교 리버사이드 주립대학교 2학년으로 영문학을 전공하면서 고등학교 영어교사와 선교사의 비전을 품고 있다. 여섯째는 휘트니고등학교 12학년이다. 6남매는 각자의 미래를 위해 열심히 학업에 열중하고 있다.

비전 대회 때 미래 비전을 두고 나눈 많은 질문은 자녀들의 미래를 세우고 건강하게 성장시킨 자양분이 되었다. 그 질문들을 간략히 소개하자면 다음과 같다.

"네가 평생 하고 싶은 일은 뭐니?"(대학 전공과목을 정하는 데 도움이 됨)

"결혼은 몇 살에 하고 싶지?"(배우자에 대한 그림과 기도 제목을 정하고 배우자를 위한 기도 시작)

"자녀는 몇 명 낳고 싶지? 그 이유는?"

"너는 죽은 뒤 세워질 네 비석에 쓰고 싶은 말이 뭐니? 그렇다면 어떻게 살아야 할까?"

"(특별한 상황을 제시하고) 그 상황에서 어떤 태도를 취하고 어떻게 결정할 거니?"

"너는 인생을 사는 목적이 무엇이라고 생각하니?"(어떻게 살아갈 것인지, 어떻게 살아야 잘 사는 것인지에 대해 깊이 생각하게 함)

감사 연습

불평과 불만은 가르치지 않아도 되지만 감사는 훈련이 반드시 필요하다. 나는 아이들과 매달 감사를 나누며 고백하는 시간을 가졌다. '감사 연습'은 아이들이 행복한 사람이 되는 훈련이다. 감사 연습을 열심히 하면 자신은 물론 다른 사람을 행복하게 할 수 있다고 설명하며 매달 감사 연습을 시켰다. 그중 몇 가지를 소개하면 다음과 같다.

감사 10가지 적고 나누기

처음엔 한 달에 10가지 감사를 찾아 적고 함께 나누었다. 어린 자녀들에게 '감사'의 목록은 '별것, 특별한 것'을 찾는 일이어서 10가지를 찾는 데만도 시간이 꽤나 걸렸다. 함께 나누면서 좋은 일에는 감사가 한 가지뿐인데, 어렵고 힘든 일을 겪고 난 뒤에는 감사의 가지 수가 늘어나는 것을 알게 되었다. 그만큼 많은 것을 깨닫고 배우게 된다.

별것도 아닌 것 감사하기

'어떻게 하면 우리 자녀들이 평생 감사하는 자녀들로 살 수 있을까?' 고민하던 차에 문득 이런 생각이 떠올랐다. '아! 범사에 감사할 수 있으려면 절대감사가 필요하고 아무것도 염려하지 않는 것이구나!' 사실 별일이 아닌데 감사하는 것은 고개를 갸우뚱하게 만드는 일이다. '별것도 아닌데 뭐가 감사하지?'라는 의문이 들기 때문이다. '아무것도 염려하지 않는 것'은 '별것도 아닌 것을 감사하는 것'이라는 깨달음이 왔다.

나는 6남매를 앉혀 놓고 감사 연습을 업그레이드했다. "얘들아, 오늘부터는 감사 연습을 할 때 별것도 아닌 것, 남이 다 가지고 있고 나도 있는 것을 찾아서 감사 제목을 적어 보자. 별것도 아닌 것, 그걸 적어 보는 감사는 쉽겠지? 지금부터는 감사 연습 때 감사 제목을 20가지 이상으로 적어서 서로 발표해 보자." '별것 감사'는 10가지도 힘들었는데, '별것도 아닌 것'을 찾아 감사하라고 하니까 20가지 이상을 금방 적었다.

매달 별것도 아닌 것을 찾아 감사 연습을 하면서 20~50가지 이상으로 감사할 것이 많아지는 것을 보게 되었다. 감사할 것이 많아지는 만큼 아이들의 얼굴도 밝아지고 웃음과 사랑도 풍성해지는 것을 서로 확인할 수 있어서 나는 더욱 감사했다.

1년의 감사 100가지 적기

우리 가정에서는 매년 추수감사절이 되면 1년의 감사를 100가지 이상 적어서 추수감사절 만찬 때 '감사 100선'을 서로 나누는 전통이 있다. 2008년 추수 감사절 저녁에 감사 100가지를 서로 나누었는데 7살 막내가 적어 온 한 해의 감사가 134가지나 되었다. 7살 어린이가 이만큼 많은 감사를 적는 것은 결코 쉬운 일이 아니다. 막내가 감사한 내용 몇 가지를 살펴보면 다음과 같다.

① 손이 2개인 것 감사

② 손가락이 10개인 것 감사

③ 발이 2개인 것 감사

④ 발가락이 10개인 것 감사

⑤ 코가 있는 것 감사

⑥ 입이 있는 것 감사

⑦ 귀가 2개인 것 감사

⑧ 눈이 있어 볼 수 있는 것 감사

⑨ 아빠를 주신 것 감사

⑩ 엄마를 주신 것 감사

⑪ 아빠가 목사님인 것 감사 등등

너무도 평범한 것으로 가득한 134가지의 감사한 내용을 막내가 읽으면서 울먹였다. 특별한 것이 아닌 것이 더욱 중요하고 소중하다는 것을 깨닫게 된 것이다. 막내는 많은 감사 조건을 주셨는데도 매일 감사하지 못하고 불평한 자신이 부끄러워서 하나님께 너무 죄송하고 엄마와 아빠에게 미안하다고 말했다. 이렇게 아빠부터 막내까지 여덟 식구의 감사를 더했더니 무려 2,000가지가 넘었다.

성경 암송

유대인들은 자녀가 태어나면 모세오경을 암송하게 하는 교육을 하는데, 이를 학가다라고 한다. 우리나라 서당에서 천자문 읽기를 하면서 훈장님을 따라 몸을 앞뒤로 흔들며 공부하던 방식이 유대인의 학가다와 비슷하다. 나는 이 방법으로 로마서 8장과 12장, 고린도전서 13장, 시편, 에베소서, 빌립보서, 히브리서 등에 운율과 율동을 붙여서 아이들과 함께 암송했다.

경제 교육

교회에서는 십일조, 즉 재물에 대한 하나님의 소유권을 인정하고 감사하다는 의미로 소득에서 십분의 일을 하나님께 드린다. 교회는 그 돈을 불우한 이웃 구제에 사용한다. 나는 십일조를 넘어 십삼조 교육을 했다. 소득의 십분의 일은 하나님께, 다음 십분의 일은 부모님께 드리는 것을 원칙으로 삼았다. 결혼 전에는 낳으신 부모님께, 결혼 후에는 양가 부모님께 반반씩 드리게 했다. 부모님의 은혜와 사랑을 기억하며 감사하는 사람이 될 것을 강조했다. 나머지 십분의 일은 어려운 이웃을 찾아 반드시 구제헌금으로 사용할 것을 권유했다. 자신의 소득 일부는 반드시 이웃을 위해 써야 할 것을 알게 했다. 함께 구제하는 일을 만들어 자녀들과 나누고 이웃을 섬기도록 했다. 이웃을 향한 나눔은 사회와 자신의 삶에 놀라운 축복임을 누누이 강조했다.

나는 아이들이 대학을 졸업하고 취직을 해서 25살이 되면 결혼을 하거나, 독립해서 혼자 생활을 하거나, 부모님과 함께 산다면 반드시 물질로 생활비를 내도록 교육했다. 자녀들이 독립적이고 책임감 있는 성인으로 자라기를 바라는 마음에서였다. "너희들이 25살까지는 엄마가 공짜로 밥을 먹여 줄게. 하지만 25살이 되면 자기 밥값은 스스로 책임져야 진짜 어른인 거야." 큰딸은 27살에 결혼해서 집을 떠났고, 둘째는 작년부터 매달 우리 부부에게 사랑의 세금(?)을 내면서 함께 살고 있다. 셋째는 아직 21살 대학교 졸업반이라서 언니들을 보며 나름 준비하고 있다. 넷째, 다섯째, 여섯째도 위의 형제들을 보면서 마음의 준비를 단단히 하고 있다.

성품 교육과 효도 교육

부모님에게는 물질로 감사함을 표현하게 했다. 생일날 부모님과 가족에게 감사 편지를 쓰고, 다른 가족들은 축복을 부어 주는 '블레싱 샤워(Blessing shower)'를 지금까지 실천하고 있다. 새해 첫날에는 조부모님과 교회 어른신들, 원로 목사님을 찾아뵙고 세배를 드리도록 하고 있다.

기도 훈련

기독교인들에게는 금식하며 드리는 금식 기도가 있다. 아이들에게 이 금식의 의미를 알려 주고 싶어 자신의 생일날 한 끼 금식을 시켰다. 스스로 먹을 수 있는 음식이 있는 것에 감사하며, 내가 먹을 그 음식을 이웃에게 사랑으로 돌리는 것이 얼마나 아름답고 복된 일인가를 설명하면서 한 끼 밥값을 계산해서 이웃에게 돌리는 생일 금식을 7살 때부터 시작했다.

금식으로 사랑을 실천하는 의미를 깨닫게 된 아이들은 청소년기에는 3일, 길게는 1주일씩 금식하며 학교에 다니곤 했다. 금식 중에 어려운 시험도 보고 또래 친구들을 위해 기도하는 아이들로 성장했다.

"어떤 사람이 될 것인가? 어떻게 살 것인가?" 요즘도 가족들이 모여 자주 나누는 주제이다. 행복한 삶이 어떤 것인지, 어떤 인격이 훌륭하다고 생각하는지, 존경하고 닮고 싶은 사람은 누구인지, 한 번뿐인 인생을 살면서 어떤 성품으로 살고 싶은지를 늘 나누며 서로 격려하고 도전하는 건강한 가족이 되려고 노력하고 있다.

자녀교육의 성패는 보이는 물질과 능력에 있지 않다. 자녀교육은 돈이 많이 들지도, 그렇게 특별한 비법이 요구되지도 않는다. 부부가 서로 아끼고 사랑하는 모습을 자녀에게 보여 주고, 자녀의 말을 귀기울여 듣고 서로 용납하고 세워 주고 아껴 주는 그 마음을 가족들이 함께 손잡고 실천해 가는 삶의 과정 가운데 자연스럽게 자녀교육이 이루어진다.

質문으로
좋은 엄마 되기

최경연

유능한 팀장님 vs. 빵점짜리 엄마

회사에서는 유능한 팀장이지만 집에만 오면 모든 게 서툴렀던 빵점짜리 엄마. 그게 바로 몇 년 전 나의 모습이었다. 시어머니께서 두 아들을 정성으로 키워 주신 덕분에 회사 생활을 열심히 할 수 있었다. 아침 일찍 집을 나서면 저녁 늦게 집에 들어오는 생활이 10년 가까이 이어졌다. 그 사이에 두 아이는 무럭무럭 자라나 어느새 초등 고학년이 되었다. 그땐 그저 그렇게 사는 것이 잘 사는 것인 줄 알았다.

큰아들이 초등 6학년이던 어느 날. 늦은 저녁시간이 되어도 아이가 집에 들어오질 않았다. 어디에서 놀고 있을까 걱정을 하며 동네를 한 바퀴 돌다가 PC방에서 막 나오던 아들과 마주쳤다. 순간 너무 놀라 심장이 벌렁벌렁, 콩닥콩닥 뛰는 걸 자제하느라 혼났다. 지금 생각하면 그리 놀랄 일도 아닌데 그땐 말문

96

이 막혀서 무슨 말을 해야 할지 잘 몰랐다. 오히려 태연한 쪽은 아들이었다. 마음속 잔소리를 애써 누르며 아들에게 물었다.

"어디 갔다 오니?"

"응, 나 PC방 갔다 오는 길이에요."

"아, 그렇구나. 그동안 엄마는 몰랐네. 우리 아들이 PC방에 가는 걸…."

"엄마가 안 물어봤잖아요."

정말 그랬다. 나는 아들이 무엇에 관심이 있는지, 무엇을 하고 싶은지 물어본 적이 없던 엄마였다. 저리도 태연한 걸 보니 제법 PC방을 들락거린 모양이었다. 학교 공부도 잘하고 상도 곧잘 받아오던 아이였기에 게임에 관심이 있을 거라고는 전혀 생각하지 못했다. 나는 겁이 많아 학창시절에 오락실 한 번 변변히 다녀 보지 못했기에 아들의 대범함이 참 낯설었다. 나 혼자 아들과 소통이 잘된다고, 아이를 잘 안다고, 착각을 하며 살아온 것이었다. 더 늦으면 안 될 것 같았다. 나는 아들이 사랑에 빠진 게임이라는 녀석이 궁금해지기 시작했다.

아이들에게서 게임을 배우다

마침 주변에 게임 전문 강사분이 있어서 보드게임 모임에 나갔다. 게임에 문외한이었지만 조금씩 게임과 친해지기 시작했다. 내친 김에 게임놀이지도사 자격증도 따고 운 좋게 초등친구들과 수업을 할 기회도 생겼다.

"엄마가 다음 주 수업할 게임인데 같이 해 볼래?"

"이 게임은 어떤 것 같아?"

"저학년 친구들이 잘할 수 있을까?"

나는 수업에 사용할 게임을 함께하자며 두 아들에게 도움을 요청했다. 게임을 하면서 아들들과 이런저런 이야기도 할 수 있게 되었으니 돌이켜 보면 게임은 나와 아이들 사이에 대화의 물꼬를 터 준 고마운 존재다. 두 아들은 그렇게 나의 게임 스승이 되었다.

"요즘은 무슨 게임이 대세야?"

"넌 요즘 어떤 게임을 많이 하니?"

"그 게임이 왜 좋아?"

아이들과 게임에 관해 이런저런 대화를 나누면서 그동안 몰랐던 취향과 관심 분야도 자연스럽게 알게 되었다. 알고 보니 두 아이는 좋아하는 게임도 다르고, 게임을 하는 이유도 각자 달랐다. 게임을 선택하는 기준도 달랐다. 큰아이는 다른 친구들이 많이 하지 않는 게임을 좋아했는데, 자신만의 개성을 추구하고 싶은 욕구가 많아 보였다. 작은 아이는 친구들과 친해지고 싶어서 게임을 했다. 내가 궁금해하고 물어보지 않았다면 영원히 알 수 없는 부분이었다.

학부모님들은 게임이라는 말에 거부감을 먼저 보이는 경우가 많다. 특히 내가 게임 수업을 한다고 하면 어떻게 하면 아이들이 게임과 멀어지게 할 수 있느냐고 물어보는 분들이 종종 있다. 그럼 나는 이렇게 되묻는다.

"아이들이 게임과 멀어졌으면 하는 이유가 무엇인가요?"

"아이들이 게임을 안 하면 무엇을 할까요?"

"아이가 좋아하는 다른 활동이 있나요?"

"아이들이 게임을 안 하고 무엇을 하길 바라시나요?"

요즘 아이들 특히 남학생들은 초등 고학년이 되면 또래들과의 대화에서 게임이 차지하는 비중이 무척 많아진다. 게임 자체의 재미도 있지만 또래들과 어울리기 위해 게임을 알고 싶어 하는 경우가 많다.

우리가 누군가와 사랑에 빠지면 헤어지기 싫은 것처럼 게임과 사랑에 빠지면 함께 있고 싶고 누가 방해하면 화가 나고 서운하다. 아이들이 게임에 대해 갖는 마음이 바로 이런 마음이다. 이미 게임과 사랑에 빠진 아이들에게 강압적으로 게임을 못하게 막거나 제약을 가하면 부모에 대한 반발심만 커지게 된다. 그러니 아이들과 게임을 소재로 대화를 시도해 보기 바란다. 그럼 아이들은 신나게 많은 이야기를 쏟아 낼 것이다.

"게임은 하루에 얼마나 하는 게 좋을까?"

"게임할 때 지켜야 할 매너는 무엇일까?"

"어떤 게임을 하는 게 좋을까?"

질문을 통해 아이들과 이야기를 나누다 보면 아이 스스로 생각하게 되고 해야 할 것과 하지 말아야 할 것에 대한 판단을 스스로 내리게 된다. 이런 과정들을 겪으면서 아들과 나는 이제는 별도의 규제 사항들을 정하지 않아도 별 탈 없이 잘 지내고 있다.

하브루타로 소통에 날개를 달다

작은 아이가 학교에 들어갈 즈음 다니던 회사를 그만두고 나니 무료하기도 하고 아이들에게 도움이 될까 싶어 이것저것 배우기 시작했다. 학습, 진로, 독서, 수학 등 새로운 것을 배운 날이면 집에 와서 곧장 아이들에게 적용했다. 되돌아보니 아이들은 엄마가 새로운 걸 배우지 않았으면 하는 것 같았다. 그땐 그걸 눈치 채지 못했다. 자아도취였다. 그냥 좋은 엄마가 되고 싶었을 뿐인데 마음만 앞섰지 무엇을 어떻게 해야 할지 잘 몰랐다.

고민 많던 그 시절에 운명처럼 하브루타를 알게 되었다. 똑똑한 유대인들의 학습법이라니 얼마나 대단할까 하고 잔뜩 기대를 했는데 처음에는 실망스러웠다. 그저 둘씩 짝을 지어 대화하는 것이 뭐가 그리 특별한가 싶었다. 그러다가 하브루타가 질문의 대화법이라는 것을 알게 되었다.

"질문은 질문으로 끝나지 않는다. 질문은 대화와 토론의 시작을 알리는 종소리다."
-김정완,『질문 잘하는 유대인 질문 못하는 한국인』중에서

"유레카!"

그 옛날 아르키메데스가 외쳤던 외침이 나도 모르게 나왔다. 두 번 다시 똑같은 실수를 저지를 수는 없었다. 이것저것 많은 것을 배우면서 두 아이에게 섣불리 적용하려다 도리어 멀어졌던 기억을 떠올리며 내 몸에 먼저 배도록 해야겠다고 마음먹었다.

'밖에서 안으로'가 내가 찾은 방법이었다. 먼저 내가 하던 수업에서 질문 연습을 많이 해 보기로 마음먹었다. 고백컨대 그동안은 수업 중에 아이들에게 질문을 하게 되면 엉뚱한 대답을 하는 친구도 많았고 자연히 수업의 흐름이 끊기기 일쑤여서 견디기가 어려웠다. 처음이라 쉽지는 않겠지만, 마음먹은 이상 일단 노력해 보기로 했다. 우선 질문을 하고 대답을 기다리는 시간을 아까워하지

않으려고 노력했다. 아이들이 질문을 할 수 있도록 기꺼이 기다려 주었다.

학생들이 질문을 할 때마다 좋은 질문이라고 '엄지척'을 해 주다 보니 너도 나도 질문을 하느라 시끄러운 수업이 다반사였다. 이제는 조용한 수업이 지루하게 느껴질 정도다. 밖에서 어느 정도 연습을 하고 나니 욕심이 생겼다. 슬슬 용기를 내 보기로 했다.

그 동안은 아이들의 지저분한 방을 보면 "얘들아 방이 이게 뭐니? 좀 치우면 안 될까?" 하고 질문을 가장한 명령을 했다. 이제는 나에게 먼저 물어본다.

"아이들 방이 지저분하면 나는 왜 불편할까?"

"누구의 불편함일까?"

"그럼 어떻게 말하면 좋을까?"

그렇게 한 번 더 생각을 정리하다 보면 그것이 그리 큰 문제가 되지 않는다는 것을 깨닫게 되는 경우가 많다. 아이들에게 말할 때도 화를 내기보다는 내가 원하는 바를 정확하게 이야기하면서 서로 감정이 상하지 않는 대화를 하게 되었다. 나와 아이 모두가 상처받지 않는 대화의 시작이 바로 질문이었다. 질문의 힘은 참으로 크다. 나로부터 시작된 질문이 화를 멈추게 하고 가족들과의 대화를 부드럽게 만들었으니 말이다.

그렇게 하브루타의 매력에 조금씩 빠져들던 무렵 집안에 작은 소동이 벌어졌다. 시아버님과 시어머님은 나이차가 10살이 넘는다. 젊은 시절에 아버님은 잘생긴 외모와 유머로 어머님을 사로잡으셨지만, 세월이 흐르면서 두 분 사이에 소통의 장벽이 생기기 시작했다. 하루는 두 분이 크게 다투시고 급기야 어머님께서 시누이집으로 가출을 감행하셨다. 명절을 앞두고 일어난 이 사건은 집안의 큰 이슈가 되었고, 식구들의 걱정이 이만저만이 아니었다. 두고 볼 수 없는 노릇이었다. 나는 두 분을 모시고 대화를 나눠 보기로 마음먹었다.

"아버님, 어머님, 서로에게 가장 불만이 뭐예요?"

아버님께서는 등산을 좋아하는 어머니가 장거리 산행을 가는 게 싫다고 하셨다. 어머님께서는 평일에 손주들을 보느라 쌓인 스트레스를 그렇게라도 풀고 싶은데 왜 싫어 하냐며 속상해하셨다.

"그럼, 두 분이 서로 원하는 게 뭔지 한 번 적어 보세요."

이렇게 두 분은 서로에게 원하는 것을 적었고 나는 그 이유를 여쭤 봤다.

"서로가 원하는 것을 얻기 위해서 조금씩 양보할 수 있는 것은 무엇일까요?"

구체적으로 약속을 정하고 지키도록 노력하는 것으로 이 사건은 일단락되었다. 물론 지금도 가끔 두 분 사이에 냉랭한 기운이 흐르고 그때마다 나는 이렇게 말씀을 드린다.

"일방적으로 자기가 원하는 것을 강요하지 말고 서로가 원하는 게 무엇인지 좀 물어봐 주세요."

누군가를 사랑하는 방식은 내 방식도 상대의 방식도 아닌 서로가 함께 만족할 수 있는 방법이어야 공허하지 않다. 서로가 만족할 만한 방법은 어떻게 찾아나갈 수 있을까? 바로 대화를 통해 찾아가야 한다. 그 대화의 시작은 질문임을, 이때 질문은 문제를 해결하고 싶고 상대와 잘 지내고 싶다는 마음에서 비롯해야 함을 잊지 말아야 한다.

나와 너 사이를 연결하는 다리 '질문'

하브루타를 알게 되면서, 특히 질문의 중요성을 알게 되면서 일상의 내 모습이 바뀐 것을 알게 된 계기가 있다. 2년 전 남양주 ○○도서관에서 기생충박사로 유명한 서민 교수님의 강연을 듣게 되었다. 강연이 끝난 후 질문이 있냐고 하시기에 주저 없이 손을 번쩍 들었다. 함께 간 지인도 깜짝 놀랐고 나 역시 실은 몹시 놀랐다. 200명이 넘는 청중 속에서 손을 들고 질문을 하다니⋯. 게다가 좋은 질문으로 선정되어 책까지 선물받았다.

그 이후로 어떤 강의나 수업을 가더라도 질문은 나의 필살기가 되었다. 물론 때로는 질문을 불편해하는 시선이 있지만 본인도 궁금했는데 대신 물어봐 줘서 고맙다고 말씀해 주시는 분도 많다.

하브루타가 만병통치약은 아니겠지만, 분명한 것은 질문하는 습관이 내 삶을 바꿀 수 있고, 가족의 대화를 바꿀 수 있고, 더 넓은 세상으로 우리를 안내해 줄 수 있다는 것이다.

모든 사람은 자신의 시야의 한계를 세상의 한계라고 잘못 생각한다.
–쇼펜하우어

굳이 쇼펜하우어의 말을 빌리지 않더라도 아직도 대화를 하다 보면 내가 아는 것이 전부인 것 같은 생각이 들고 그 잣대를 아이들이나 가족들에게 적용하려고 하는 스스로를 발견하곤 한다. 이럴 때 나는 스스로에게 질문을 한다.

"혹시 내가 모르는 상황이 있는 것은 아닐까?"

자기중심적인 생각을 버리고 상대의 입장에서 다시 한 번 상황을 생각해 보는 것, 드러난 현상은 결과일 뿐 그 과정에서 내가 놓친 것은 무엇인지를 생각하는 것이 정말 중요하다.

작은아이가 초등 2학년 때 학교에서 책상을 뒤엎고 교실 밖으로 뛰쳐나간 사건이 일어났다. 사건의 정황만 놓고 보면 폭력적인 아이임이 분명했다. 먼저 아이와 대화를 시도해 보아야겠다는 생각이 들었다.

"○○야, 오늘 무슨 일이 있었어?"

"…"

"엄마는 우리 ○○가 이유 없이 그런 행동을 했을 것 같지는 않은데, 얘기를 해 줘야 엄마도 너를 변호할 수 있을 것 같은데…."

"엄마, 내가 똑같은 상황을 이미 여러 번 참았는데, 오늘은 도저히 참을 수가 없었어요. 나도 모르게 갑자기 화가 너무 많이 나서 그랬어요."

"그랬구나. 그동안 많이 참았구나. 그런데 친구들은 ○○가 여러 번 참았다는 것을 모르는 것 같던데."

"당연하지, 내가 말을 안 했으니까."

"그럼 다음부터는 화가 날 때 정확하게 그 친구에게 화난 이유를 말해 주는 건 어떨까? 그렇게 신호를 보내 줘야 친구들도 알아차리지 않을까?"

곰곰이 생각하던 아이는 그러겠다고 약속했다. 물론 그 이후로도 비슷한 사건이 일어났지만 차츰 나아졌다. 만약 드러난 사건의 결과와 다른 사람들의 말만 듣고 아이를 야단쳤다면 어떻게 됐을까?

"선 하나를 그어 나와 다른 상대의 관점이 있음을 인정하는 것. 선을 그어 상대에게 면을 제공하는 것은 다른 관점을 존중하는 방법이 될 수 있다. 다름을 존중해야 새로운 관점을 취할 수 있는 여지가 생긴다. 나와 너를 나누어 보아야 다름이 드러나 서로 존중할 수 있다."

"나와 너를 연결해 보아야 우리가 될 가능성이 생긴다."

-박영준, 『혁신가의 질문』 중에서

대화는 나와 너를 넘어 우리를 만들어 가는 과정이다. 질문은 바로 나와 너 사이에 있는 다리다. 서로 물어보지 않으면 그 사람의 생각과 감정을 도무지 알 수 없을 뿐더러 자기 식대로 해석하면서 오히려 오해만 쌓이게 된다. 오늘도 나는 질문의 다리를 넘어 아이들, 가족들 그리고 공동체 속으로 뚜벅뚜벅 걸어가 보려 한다. 나의 하브루타는 완성형이 아니라 현재진행형이다.

질문은 성장의 밑거름이다

최은아

성장하는 질문

목회자 가정의 장녀인 나는 어릴 때부터 착하다는 소리를 듣고 자랐다. 콤플렉스일 만큼 착하다는 소리에 목을 매고 살았다. 사춘기 시절 성경을 보다가 문득 성경 한 구절에 시선이 꽂혔다.

"너희는 뱀같이 지혜롭고 비둘기같이 순결하라."(마10:16 후반)

나는 질문했다.

"왜 뱀이지?"

"뱀은 가장 나쁜 동물인데, 왜 뱀이 지혜롭다고 하지?"

뱀의 습성도 찾아보고, 비둘기의 습성도 찾아보고, 성경을 풀어놓은 많은 설명을 찾아봤지만 마음에 딱 드는 설명이 없었다. 몇 년이 흘렀다. 신학교 생활을 하던 어느 날 그 질문들이 불쑥 다시 떠올랐다. 질문이 조금 달라졌다.

"왜 뱀과 비둘기가 나왔을까?"

"지혜로움과 순결함은 양 날개 같은 건가?"

살면서 무슨 일이 생기면 이 질문들이 툭툭 튀어 나왔다.

"보라 내가 너희를 보냄이 양을 이리 가운데로 보냄과 같도다. 그러므로 너희는 뱀같이 지혜롭고 비둘기같이 순결하라."(마10:16)

나는 생각했다.

"이리떼 가운데 보낸 양, 세상에 우리를 보내실 때 당부하신 말씀이구나! 착하기만 하면 안 되는구나! 지혜로움이 있어야 하는구나! 세상의 뱀들보다 더 지혜로우려면 비둘기의 순결함이 같이 있어야 하는구나!"

"지혜로움과 순결함을 잃지 않으려면 어떻게 해야 하지?" 하면서 지금도 답을 찾고 있다. 설명을 듣고 깨닫는 말씀과 오랜 시간 숙성시켜 가며 깨닫는 말씀은 깊이도 다르고 실천도 다르다.

10대에 시작한 질문, 몇 십 년이 지났지만 나는 아직도 스스로에게 묻고 답을 찾아가며 실천하려고 노력하고 있다. 질문도 스스로 성장하는 것 같다.

성장케 하는 질문

큰 아이가 새천년을 맞이하며 태어났다. 아이를 잘 키워 보고자 4살 되던 해에 독서지도사 과정을 이수하고 독서지도를 시작했다. 독서지도를 하다 보면 아이들에게 많은 질문을 하게 된다. 그러다 보니 늘 아이들에게 어떤 질문을 해야 할지가 큰 고민이었다. 질문에 따라 깊이 있는 이야기가 되기도 하고 겉만 돌다가 끝나 버리기도 했기 때문이다. 질문에 대한 것을 깊이 공부하고 싶어 독서학과 대학원에 입학해서 깊이 있게 공부하기도 했다.

한 번은 독서학 교수님께서 관심이 있는 주제를 하나씩 찾아오라고 하셨다. 나는 어린이 전집 한 질을 택해 뒤에 있는 질문들을 분석해 갔다. 질문을 분류하다 보니 아이들 전집에 나온 대부분의 질문은 더 많은 생각을 하게 하는 질문보다는 내용을 파악하는 질문이 많다는 것을 알게 되었다. 그래서 '이것을 어떻게 하면 생각하게 만드는 질문으로 만들 수 있을까?'를 주제로 과제를 해 갔다. 그것을 보신 교수님께서 그것은 출판사에서 고민할 일이라면서 다른 것을 주제로 잡으라고 하셨다. 질문에 꽂혀서 나름 열심히 했다고 생각했는데 돌아오는 건 "다시!"였다. 어떻게 하면 질문에 대한 나의 관심을 교수님께 어필할 수 있을까를 고민했다.

그러던 중에 코칭을 접하게 되었다. 몇 개의 질문을 가지고 사람을 집중시키고 성장을 돕는 코칭 질문들은 무척 매력적이었다. 대학원을 휴학하고 1년간 코칭을 배우며 학습 코치로 일했다. 정석처럼 제시된 많은 질문을 다 외울 수는 없었지만 코칭 기법으로 쓰이는 질문들은 아주 유용했다.

1년 뒤 학교로 돌아가 졸업을 하고, 지금 독서 코칭이라고 이름 붙여 코칭 질문을 응용하여 독서지도를 하고 있다. 아이들은 보통 질문을 받으면 눈을 굴리기 시작한다. 생각하고 있다는 표시다. 생각이 없는 아이들은 바닥을 본다. 코칭 질문은 비문학을 할 때나 위인전을 읽을 때 활용하기 좋다. 독서에 적용하면서 성적이 향상되는 아이들도 생겨나 아이들과 엄마들이 무척 좋아한다.

하브루타 질문

전공이 독서다 보니 이사를 할 때마다 그곳 엄마들을 모아 독서모임을 만들 곤 한다. 7년 전 지금 사는 동네로 이사 와서 몇 명의 엄마와 1년 독서 프로젝 트를 진행했다. 주제는 세계 여러 나라 엄마들의 교육 풍경을 살펴보는 것이었 다. 전세계 여행을 하며 교육을 살펴보면 좋겠지만 그렇게 하지 못하니 책으로 나마 몇몇 나라 엄마들의 교육을 엿보자는 취지였다. 프랑스 엄마, 유대 엄마, 핀란드 엄마, 일본 엄마….

몇 나라를 책으로 여행하며 그 나라 엄마들의 색다른 교육 방법과 교육 철학 을 접했다. 그때 유대인 교육으로 접한 책이 『부모라면 유대인처럼 하브루타로 교육하라』(전성수 저)였다. 이 책과 함께 하브루타에 관한 책을 보던 중에 『생각 의 근육 하브루타』(김금선, 염연경 저)에서 아이들이 썼다는 질문들을 보게 되었 다. 그 질문들을 아이들이 했다니 믿어지지 않았다. 너무 궁금해서 저자 연락처 를 알아낸 뒤 전화해서 물어본 첫 말이 "생각의 근육을 본 독자인데 책에 나와 있는 질문들이 정말 아이들이 한 질문인가요?"였다. 저자는 그렇다고 하셨고, 그 말에 "그럼 어떻게 하면 아이들이 이렇게 질문을 잘하게 할 수 있나요?" 하 니 하브루타를 배우면 된다고 하셨다.

나의 하브루타는 이렇게 우연한 기회에 시작됐다. 하브루타를 배우며 참 많 은 사람을 만났다. 하브루타라고 붙어 있는 곳은 모두 찾아다니며 하브루타를 공부했다. 하브루타한다고 바쁘게 돌아다니는 나를 보고 "집에서 책 보고 하면 되지 왜 그리 열심히 쫓아다니느냐?" 하는 사람도 있었다. 그러나 하브루타는 어떤 사람들을 만나 하느냐에 따라 그 맛이 달라지기에 앉아서 책만 볼 수는 없었다. 신기하게도 사람마다 하는 질문이 많이 달랐기 때문이다.

이렇게 하브루타에 푹 빠져 있던 어느 날, 아들이 "엄마 오늘은 뭐해?" 하고 항상 하는 질문을 했다. "엄만 오늘도 하브루타하지!" 하고 대답했더니 "엄마는 하브루타에 너무 빠져 있는 것 같아."라고 했다. "무언가의 전문가가 되려면 한곳에 흠뻑 빠져야 하는데 엄마가 그래 보여?" 했더니 "응, 엄마 성공했네."라고 말했다. 나는 아들의 말에 신이 나서 하브루타가 왜 좋은지, 책을 보고 사람을 만나면 왜 신나는지를 아들과 이야기했다. 이야기 끝에 아들은 "엄마는 공부가 그렇게 좋아?"라고 물었다. 이 말에 공부에 대한 나의 생각과 아들의 생각도 나누며 즐거운 시간을 가졌다.

아이들의 놀라운 질문

나는 하브루타를 접하고 나서 맡고 있던 교회학교의 아동부 말씀교육을 하브루타로 바꿨다. 아이들이 자꾸 줄면서 아동부가 해체될 위기에 처했다. 이 위기를 극복해 볼 요량으로 하브루타를 적용하기로 한 것이다. 하브루타를 접한 선생님들은 말씀을 깊이 깨닫고 실천할 수 있고 재미도 있다며 내 권유를 잘 받아들였다.

그 당시 교회학교에 어떻게 적용해야 할지를 알려 주는 사람이 없어서 배운 대로 질문 만들기부터 하고 아이들과 함께 질문을 나눴다. '아이들이 할 수 있을까?' 하는 걱정은 아이들이 만든 질문을 보고 기우였음을 깨달았다. 선생님들은 아이들의 질문을 읽고 나누며 은혜를 받기 시작했다.

다음은 처음 창세기로 하브루타 하며 아이들이 만든 질문이다.

"아담과 하와는 왜 죄를 짓고 어둠속으로 멀어졌을까?"

"왜 우리가 죄를 지었는데 죄를 용서하시고 피를 흘리셨을까?"

"왜 사람은 자기 뜻대로 할까?"

"하나님은 왜 죄와 같이 있을 수 없을까?"

"죄를 지은 우리의 표정은 어떻게 달라졌을까?"

"우리는 죄인이어서 죽을 수밖에 없지만 어떻게 하나님의 도움으로 죽음의 문제를 해결할 수 있을까?"

"뱀은 왜 많은 동물 중에서 사람을 꼬드겼을까?"

난 창세기를 읽으며 한 번도 이런 질문을 해 본 적이 없다. 이 질문들을 처음 접한 선생님들 역시 놀랐다. 질문을 해도 제대로 집중하지 않고 대답도 하지 않던 아이들이 이렇게 멋진 질문을 하다니…. 장난꾸러기로만 보이던 아이들이 달라 보였다. 갑자기 껑충 성장한 듯했다. 아이들 속에 하나님의 은혜가 있는 것을 교사들이 몰랐구나 싶었다. 하브루타를 통해 아이들 속의 은혜를 접하고 아이들을 존중하게 되었다.

하브루타를 한 지 1년이 넘어갈 때쯤 선생님들의 말투가 바뀌기 시작했다. 예전에는 "이렇게 해야지, 저렇게 해."라는 명령형 말투였다면 하브루타 이후로는 "어떻게 하고 싶은데? 이렇게 하면 어떨까? 너는 어떻게 생각해?" 하는 식의 질문형 말투로 바뀐 것이다. 하브루타를 하며 선생님들의 변화가 먼저 일어났다.

그림책으로 질문하기

딸과 『딴 생각하지 말고 귀 기울여 들어요』(서보현 글, 손정현 그림)라는 그림책을 읽고 하브루타할 때였다. 겉표지에 귀가 긴 토끼가 막대기로 별을 그리는 그림이 있었다. 토끼 옆에는 바구니 같은 것이 있었다.

엄마 : (그림을 보며) 이 토끼가 뭐하는 거 같아?

딸 : 바닷가에서 그림을 그리고 있는 것 같아.

엄마 : 왜 바닷가라고 생각했어?

딸 : 토끼가 막대기로 바닥에 그림을 그리고 있잖아. 바닥에 그림을 그리려면 모래가 있어야 하니까 모래가 있는 바닷가 같아. 우리 집 근처에는 모래가 없잖아.

그러고 보니 지금 아이들이 노는 곳엔 모래가 없었다. 내가 어린 시절에는 흙이 많아 그림도 그리고 선을 그려 놓고 뛰어놀기도 했는데 지금 아이들은 콘크리트 위를 뛰어다니고 고무바닥으로 만들어진 놀이터에서 뛰어논다. 흙과 모래는 놀이터 옆 꽃이나 나무를 심어 놓은 곳에만 있다. 그곳엔 아무나 들어가지 못하게 한다. 요즘 아이들은 흙 놀이도 인위로 할 수 있게 만든 곳으로 찾아가서 돈을 내고 해야 한다. 참 안타까운 현실이다.

탈무드 이야기 질문

아들과 탈무드를 읽고 질문을 만들어 하브루타를 했다. 아는 것이 많은 어른이 질문을 더 잘할 것 같지만 톡톡 튀는 질문은 아이들이 더 잘 만든다. 아이들의 질문을 보면 감탄이 절로 나온다.

『탈무드의 지혜』(마빈 토케이어 저)라는 책에 나오는 '일곱 번째 사람'을 읽고 아들이 뽑은 질문이다.

"문제를 해결하기로 했는데 왜 일곱 사람이 모였을까?"

"내일 아침 해결해야 하는 문제는 무엇이었을까?"

"유능한 사람은 왜 밖으로 나갔을까?"

"초대받지 않은 사람은 왜 왔을까?"

"잘못 온 사람이 굴욕감을 느꼈을 때 어떤 행동을 했을까?"

"잘못 온 사람은 어떻게 알고 왔을까?"

"잘못 온 사람은 어떤 사람일까?"

"랍비가 왜 굳이 한 사람을 가려내려고 했을까?"

"어떤 사람이 유능한 사람일까?"

"나는 어떤 분야에서 유능한 사람이 되고 싶은가?"

이 질문들에 답을 하다 보면 시간 가는 줄 모른다. 아들과 이야기를 나누다 보니 아이가 더 잘 보인다. 유능한 사람이 리더가 되는 것 같다는 아이는, 리더를 사람들과 서로 배울 수 있는 관계를 맺는 사람이라고 한다. 사람을 좋아하기에 무엇이든 그들과 함께하고 싶어 하고, 그들을 이끌기보다 그들 속에 있기를 원하며 친구들과 서로 배움의 관계를 유지하려는 아들의 모습을 보니 친구들이 아들을 편안하게 여기는 이유를 알 수 있었다. 아이는 스스로 리더 훈련을 받는 듯했다.

배우는 사람의 질문이 중요하다

이성준

　내가 맡고 있는 교회 청년부에는 담임목사님 아들이 포함되어 있다. 선천적인 기질이 조용하고 말이 없는 친구다. 하루는 평범한 일상에서 이 청년이 목사인 아버지께 뜬금없는 질문을 했다고 한다.

　"출애굽기 유월절 사건에서 왜 문지방에는 어린 양의 피를 안 발랐어요?"

　아들의 뜬금없는 질문에 목사님은 "너는 그런 것도 다 궁금하냐?"고 핀잔 투로 말씀하셨는데, 순간 '이러면 안 되지.' 하며 생각을 바꿔 되물으셨다고 한다.

　"왜 그것이 궁금하지?"

　"너의 생각은 무엇이니?"

　돌아온 주일날 담당 교역자인 내게 평소에 말이 전혀 없던 아들이 일상에서 성경에 관한 질문을 했다고 하시며 내내 자랑하셨다.

　나는 이 이야기를 듣고 질문이 얼마나 소중하고 특별한지 깨닫는 계기가 되었다. 질문의 수준이나 질문의 내용 측면에서 하는 말이 아니다. 이 질문은 정말 궁금한 나머지 학습자가 스스로 만든 질문이기 때문이다.

질문은 크게 나누면 2가지 유형이 있다. 학습자 입장에서 만든 질문과 교사가 학생들에게 하는 질문이다. 이때 교사가 핵심 메시지를 전달하기 위해 하는 질문을 보통 '발문'이라고 한다. 하브루타에서는 교사의 발문보다 한 단계 진보된 개념인 '학습자 중심 질문'을 매우 중요하게 생각한다. "네 생각은 뭐니?"보다 "네 질문은 뭐니?"라고 물어야 한다는 것이다. 학습자가 적극적으로 질문할 수 있도록 독려하기 위함이다.

왜 이토록 학습자 중심의 질문이 중요할까? 우리는 그동안 교사의 질문 또는 문제에 답을 하는 수동적 공부만 해 왔다. 내 질문이 없었다. 내가 만든 질문이 아니다 보니 학습에 있어 동기부여가 잘되지 않았다. 하브루타 수업에서는 처음부터 학생이 질문을 만들다 보니 바로 수업에 몰입할 수 있게 된다. 내가 정말 궁금한 내용을 가지고 수업하기 때문이다.

인간의 뇌는 창고형이 아닌 퍼즐식이라고 한다. 창고형으로 지식을 주입하는 교육에서는 교사가 아무리 많이 가르쳐도 배움의 효과가 미미한 경우가 많다. 하브루타 수업에서는 그 반대다. 내가 궁금한 질문을 가지고 수업을 하고 그 과정에서 새로운 지식이 퍼즐식으로 결합되기 때문에 배움이 폭발한다.

서로에게 배움이 일어나는 하브루타 수업

학습자가 만든 질문으로 시작하는 하브루타 수업에서는 학생에게만 배움이 일어나는 것이 결코 아니다. 가르치는 교사에게도 배움이 일어난다. 그야말로

'교학상장(가르치고 배우면서 성장함 : 스승은 학생에게 가르침으로써 성장하고, 제자는 배움으로써 진보한다.)'인 것이다. 하브루타는 과정의 공부다. 단순히 답을 알려 주는 정답주의 교육과는 다르게 서로가 만든 질문을 공유하고 함께 해답을 찾아가는 짝공부다. 21세기 인재들에게 필요한 핵심 4C(비판·소통·창의·협력) 역량을 하브루타를 통해 함양할 수 있는 이유이다.

하브루타의 핵심인 질문은 생각하지 못한 새로운 관점을 열어 주는 비밀을 간직하고 있다. 앞서 질문했던 청년의 질문은 내게 너무나도 소중했다. 나는 그 질문에 최대한 성의를 다해 답해 주고 함께 하브루타를 해 보고 싶었다. 청년의 질문에 답을 찾기 위해 나도 이 질문을 갖고 자료들을 뒤지기 시작했다.

"왜 하나님은 문설주와 인방에는 어린 양의 피를 바르라고 했는데, 문지방에는 바르라는 지시를 하지 않았을까?"

솔직히 처음엔 이 질문이 특별히 대단하다고 생각하지 않았다. 다만 말이 없던 청년이 스스로 궁금하여 어렵게 꺼낸 질문에 대해 뭐라도 멋진 답을 해 줄 요량으로 열심히 연구했다. 마침내 이 질문에 대한 답이 될 만한 성경 구절을 찾을 수 있었다.

"하물며 하나님의 아들을 짓밟고 자기를 거룩하게 한 언약의 피를 부정한 것으로 여기고 은혜의 성령을 욕되게 하는 자가 당연히 받을 형벌은 얼마나 더 무겁겠느냐 너희는 생각하라."(히브리서 10:9)

이 구절에 따라 해석해 보면 문지방에 피를 바르라고 하지 않은 이유는 대속의 피를 짓밟아서는 안 되기 때문이다. 여러 주석과 참고서적 등을 샅샅이 뒤지다가 이 답을 찾았을 때 온몸에 전율이 일 정도의 감동이 있었다.

"이럴 수가! 이렇게 깊은 뜻이 있었다니!"

나는 유월절에 대해 수없이 많이 설교하면서도 이 부분을 궁금해한 적이 한 번도 없었는데 청년이 건넨 질문에 답해 주려고 연구하는 과정에서 이렇게 깊은 뜻이 있다는 걸 깨닫게 된 것이다. 만약 청년의 질문이 없었다면 내게 그런 깨달음의 기회가 주어졌을까 싶은 생각이 들었다.

이처럼 하브루타 수업은 학습자가 직접 만든 질문으로 수업을 하다 보니 교사만 일방적으로 가르치는 수업이 아닌, 서로에게 배움이 일어나는 교학상장의 수업이 된다. 이것이 하브루타 수업의 가장 큰 매력이다.

이야기가 쌓이면 자연스레 질문이 나온다

어떻게 이런 일이 일어난 걸까? 나는 이것이 축적된 말씀의 힘이라고 생각한다. 말씀이 내 안에 들어오고 축적되면 자연스레 질문이 생긴다. 하브루타를 처음 시작할 때에는 질문이 좋은 것은 알겠는데 어떻게 해야 할지 너무도 막막했다. 또한 청년들도 질문하는 것을 많이 힘들어했다. 누구나 처음 하브루타를 할 때 이런 경험들을 하게 된다. 성경 하브루타에서는 이러한 현상이 더욱 두드러지게 나타난다. 왜 그럴까? 그것은 유대인들에 비해 한국 기독교인들은 축적된 말씀이 턱없이 부족하기 때문이다.

유대인들은 하브루타를 하기 전에 먼저 하나님의 말씀을 13세까지 '하야'한다. '하야'는 '존재 가득 흘러넘치게 한다.'는 뜻이다. 말씀을 단순히 암기하는 정도가 아니라 이미 존재 가득 흘러넘치는 사람들에게 질문은 억지로 만들어 짜 내야 하는 것이 아니다. 자연스럽게 드는 의문이므로 이 의문을 질문으로

117

바꿀 수 있는 능력만 갖추게 되면 질문은 가히 폭발적이 된다.

나는 이것을 극복하기 위해 질문 중심 하브루타 전에 반드시 먼저 서로 설명하기, 친구 가르치기 수업 모형을 적극 활용한다. 성경을 함께 큰 목소리로 읽고(미크라) 그 후에 친구에게 서로 설명해 보게 한다. 서로 설명하기를 몇 번 하다 보면 그 본문이 내게 들어온다. 이렇게 본문이 내 것이 되면 비로소 자연스레 질문이 생긴다.

또한 성경을 어느 부분만이 아닌 전체를 보도록 하려고 각 권별로 구조도를 가르쳤다. 일종의 로드맵을 주는 것이다. 예를 들어, 출애굽기라면 출애굽기의 주제가 무엇인지, 각 장은 어떻게 분류할 수 있는지, 각 장에서 말하는 중심 주제 곧 핵심 단어가 무엇인지를 가르쳐 주고, 단순히 듣기만 하는 것이 아니라 매주 한 사람씩 '출애굽기 구조도'를 그려 보게 하였다. 놀라운 것은 이러한 과정을 통해 청년부 거의 대부분이 출애굽기에 관해 30분 이상 자신의 말로 설명할 수 있게 되었다는 것이다. 말씀이 자연스레 축적된 것이다.

설명할 수 없으면 모르는 것이다

미국 유대인 학교를 다닐 때 유대인들의 교과서를 실제로 보고 깜짝 놀란 적이 있다. 책에 '유월절 이야기의 연대표'가 있는데 "당신의 말로 설명해 보세요."라고 적혀 있었다. 더욱 놀라운 것은 모든 유대인이 너무나 신나게 자신의 언어로 유월절 이야기를 하는 것이었다. 유대인들은 "설명할 수 없으면 모르는 것이다."라는 말을 자주 한다. 내가 아무리 알고 있어도 설명할 수 없으면 정말 아는 것이라 할 수 없다는 의미다.

하브루타가 질문의 공부법이란 별명으로 한국에 소개되다 보니 질문이 강조되는데, 특별히 성경 하브루타에서는 질문 이전에 축적된 이야기와 말씀이 절대적으로 중요하다. 이것은 '기독교는 계시의 종교'라는 신학적 명제와도 일맥상통한다. 바른 신앙을 위한 인간의 질문 이전에 하나님께서 우리에게 주신 말씀(이야기)이 먼저인 이유가 바로 여기에 있다.

하브루타는 실천이 답이다

하브루타 관련 지식을 많이 갖는 것보다 더 중요한 것은 하브루타를 바로 실천하는 것이다. 마치 수영에 관한 지식은 많이 알고 있어서 책을 쓸 수 있다 한들 수영장에 직접 들어가 수영하지 않으면 물에 빠지는 원리와 같다.

처음 하브루타를 할 때는 수없이 많은 시행착오를 겪는다. 난관을 만날지라도 두려워하지 말고 일단 질문과 대화, 토론, 논쟁을 시작하라고 권면하고 싶다. "그냥 해 보세요." 하브루타를 하다 보면 오히려 왜 하브루타를 해야 하는지, 왜 하브루타가 놀라운 힘이 있는지를 직접 체험하게 된다.

중요한 것은 교사가 먼저 말씀의 바다에 들어가서 물속으로 들어오도록 유도해야 한다는 점이다. 교사는 실천하지 않으면서 이래라 저래라 명령과 지시만 한다면 제대로 된 하브루타가 이루어질 수 없다. 그런 의미에서 교사와 부모가 먼저 성경의 바다에 푹 빠져 보길 조언한다.

세계관 교육이 중요하다

교사들이 가장 많이 하는 질문 중 하나가 "진도는 어떻게 하는가?"이다. 이 질문에 대해서는 먼저 교육의 근본 목적을 생각해 볼 필요가 있다. 교육의 목적은 단순히 지식을 주입하여 많은 지식을 축적하는 데 있지 않다. 5G시대에는 영화 한 편을 전송하는 데 1초밖에 걸리지 않는다고 한다. 이제 지식은 얼마든지 넘쳐나는 시대다. 이때 필요한 인재상은 단순히 많은 지식을 가진 사람이 아니라 여러 상황에 맞춰 지식을 활용할 수 있는 능력을 가진 사람이다. 이러한 능력을 갖추기 위해 가장 중요한 것은 생각하는 힘, 즉 사고력이다.

이것은 교회 교육에도 동일하게 적용된다. 기독교 교육을 통해 우리가 길러내야 할 목표는 단순히 성경 지식을 많이 아는 사람이 아니라, 성경적 사고 다시 말해 기독교적 세계관을 가진 다음 세대를 길러내는 것이다. 기독교적 세계관을 형성하여 성경적 세계관으로 세상을 살아가게 할 수 있게 하는 교육이 성경적 지식을 증가시키는 것보다 훨씬 더 중요한 교육이다. 그렇기에 진도는 더 이상 중요한 이슈가 될 수 없다.

설교에서 질문을 적극 활용하다

설교(케리그마)의 말씀 선포는 기독교 예전에서 매우 중요하고 반드시 필요하다. 한 번은 하브루타 세미나에서 "하브루타가 설교 무용론을 주장하는 것이냐?"고 질문하신 목사님이 계셨다. 결단코 그렇지 않다. 설교는 절대적으로 필요하며 유익하다. 나의 주장은 듣는 공부는 하루가 지나면 5%만 남는 공부이기에, 설교 이후에 강론하는 하브루타를 하자는 것이다. 더욱이 설교 시에도 하브루타의 요소를 적용하면 보다 더 효과적인 메시지를 전달할 수 있다.

청중이 설교자에게 온전히 집중할 수 있는 시간은 그리 길지 않다. 청소년들이나 초등부 아이들은 더욱 그렇다. 이런 상황 속에서 어떻게 청중에게 주위를 환기시켜 설교에 집중할 수 있게 할까? 바로 질문의 활용이다.

질문은 청중을 생각에 잠기게끔 하는 놀라운 힘이 있다. 듣기만 하는 설교에서는 듣고는 있지만 딴생각을 하기가 쉽다. 때때로 적절한 질문을 사용하면 청중이 순간적으로 집중하게 된다. 질문은 생각을 강제하기 때문이다. 이러한 질문의 힘을 설교에 적절히 사용하게 되면, 청중에게 호기심을 불러일으켜 더욱 효과적인 설교 커뮤니케이션을 할 수 있게 된다.

하브루타 설교의 예

1. 오늘 본문의 배경은 무엇입니까?(민16:1-11)

2. 오늘 본문의 내용은 무엇입니까?

1) 각 지팡이는 몇 개씩을 취해야 했습니까?(17:2)

2) 지팡이는 모두 몇 개인가요?(17:2)

3) 지팡이는 누구의 이름을 기록했나요?(17:2-3)

4) 지팡이의 위치는 어디인가요?(17:4)

5) 살구열매가 맺힌 지팡이는 누구의 지팡이였나요?(17:8)

6) 이 일은 어떤 의미가 있나요?(17:10)

7) 백성들의 반응은 어떠했나요?(17:12-13)

3. 하나님은 무엇을 말씀하시려는 것일까요?

1) 왜 하나님은 지팡이를 가져 오라고 하셨나요?

요즘은 포스트모더니즘의 영향으로 절대성이 사라졌다. 가정에서 가장의 권위, 사회에서 어른의 권위가 많이 무너졌다. 권위에 대한 이해를 명확히 갖지 못하면 큰 어려움에 빠진다. 지팡이를 가져 오라는 하나님의 명령에는 혼란에 빠진 권위에 대하여 근원을 해결하시려는 하나님의 숨은 의도가 담겨 있다. 그 문제를 하나님 앞으로 가져 오라는 의미이다.

2) 왜 지팡이를 각 조상의 가문에서 하나씩 취하도록 하셨을까요?

지휘관들은 그들이 바로 지파의 리더로서 권위를 가지고 있다고 여겼을 것이다. 다른 사람들의 지팡이를 가져 올 엄두를 내지 않았다. 여기에 모순이 있다. 스스로는 자신의 권위에 대한 도전을 허락하지 않으면서 아론의 권위에 대해서는 도전하는 것이다. 우리 또한 이런 모순 속에 살고 있지는 않은가? 우리는 이 속에서 우리의 모순을 지적하시는 하나님의 음성을 들을 수 있어야 한다. 이미 마음이 닫히고 모순 속에 빠진 이들에게는 이 소리가 전혀 들리지 않을 것이다.

3) 증거궤 앞에 두라고 하신 이유는 무엇일까요? 다른 곳에 두지 않은 특별한 이유가 있을까요?

공동체의 문제가 생길 때에는 하나님 앞에서 판단을 받아야 한다. 우리는 공동체에서 생긴 문제를 어떻게 해결하고 있는가?

4) 지팡이에서 꽃만이 아닌, 살구열매가 맺게 하신 것은 어떤 의미가 있을까요?

이것은 부활신앙을 의미한다. 하나님께서 세우신 리더는 부족함이 있을지라도 하나님께서 일을 감당하게 하신다는 것이다.

4. 나는 이 말씀을 내 삶에 어떻게 적용할 수 있을까요?

1) 신앙공동체 안에서 하나님께서 세우신 영적 권위에 나는 어떻게 반응하고 있나요?

2) 공동체 안에서 권위에 대한 문제가 생겼을 때 어떻게 해결해 나가야 할까요?

5. 민수기 17장의 말씀에서 우리는 무엇을 우리 삶에 적용할 수 있을까요?

이렇게 질문을 활용한 설교를 하게 되면 성도들로 하여금 끊임없이 깊이 있는 생각에 잠기도록 이끌 수 있다. 또한 질문을 자꾸 하다 보면 질문에 또 다른 질문을 하게 된다는 것을 발견할 수 있다. 생각이 확장되는 것이다. 이렇게 함께 생각하며 마지막 결론에 이르게 되면 설교자가 내린 결론이 아닌, 내가 스스로 사고의 과정을 통해 내린 결론이므로 설교의 메시지가 더욱 마음에 새겨지는 효과가 있다.

하브루타를 통한 변화

질문받는 것이 두렵지 않다

하브루타를 하며 내게 일어난 가장 큰 변화는 강의나 설교 시에 질문을 받는 것이 더 이상 두렵지 않다는 것이다. 단 나는 미리 전제를 한다. "제가 모든 것을 답해 줄 수는 없습니다. 다만 제가 가진 소견으로 방향을 제시해 주거나 혹 답하지 못하는 질문은 후에 찾아서 답을 드리겠습니다."라고 말이다. 이렇게 Q&A 시간을 가지며 발견한 놀라운 사실은 생각보다 청중이 완벽한 답을 원하지는 않는다는 것이다. 그저 자신들의 질문을 수용해 주는 것만으로도 충분히 기뻐하는 모습을 여러 번 보았다.

초등부 교육이 두렵지 않다

처음 목회 사역을 시작할 때부터 청소년 사역으로 시작해서 청·장년부를 주로 맡다 보니 유·초등부 사역을 경험해 보지 못한 콤플렉스가 있었다. 유·초등부 사역을 하는 동기들은 어떻게 청·장년부 사역을 하느냐고 묻지만 나는 진심으로 유·초등부 사역자들을 존경했다. 이 존경에는 나는 할 수 없다는 전제가 깔려 있었다.

하브루타를 적용하면서 나는 더 이상 유·초등부 사역을 두려워하지 않게 되었다. 아니, 두렵지 않은 정도가 아니라 유·초등부 아이들과의 하브루타가 더욱 기대된다. 그 이유는 간단하다. 청·장년부 사역을 할 때에는 내가 무엇인가 수준 높은 진리를 가르쳐야 한다는 생각이 나를 지배했다. '이런 수준은 유·초등부 아이들은 소화해 내지 못할 거야.'라는 일종의 편견이 있었다.

하브루타는 학습자가 만든 질문을 중심으로 하는 수업이다 보니 수업의 주도권이 교사가 아닌 학습자에게 넘어간다. 유·초등부 하브루타 수업에서 훨씬 더 창의적이고 기발한 질문이 많이 나온다. 때로는 웃음이 날 만큼 우스꽝스러운 질문인데도 질문에 질문을 하다 보면 그 안에서 놀라운 진리들을 발견할 때가 많다.

그동안 왜 질문을 놓쳤는가?

그렇다면 교회는 왜 그동안 이토록 좋은 질문의 교육, 하브루타를 놓쳤는가? 그동안 한국 교회는 질문하는 것은 금기시해 왔다. 그 이유가 무엇일까? 여러 가지 이유가 있겠지만, 질문한다는 것을 마치 믿음 없음으로 간주했기 때문은 아닐까?

무조건 믿는 맹신은 제대로 된 믿음이 아니다. 바른 신앙을 위해서는 반드시 질문이 필요하다. 물론 모든 질문이 좋다는 것은 아니다. 질문은 양날의 검이기 때문이다. 의심하고 불신하는 질문은 지양해야겠지만 신앙의 여정과 실천적 배움의 과정에서 만들어지는 질문은 필수라 할 수 있다.

5천년 유대 교육의 가장 큰 비밀이 있다면, 그것은 바로 질문이다. 그만큼 어느 민족보다 질문을 잘하는 민족이 유대민족이다. 한국의 부모들은 학교에서 돌아오는 자녀에게 "오늘 무엇을 배웠니?"라고 묻지만, 유대인 어머니들은 "선생님께 무슨 질문을 했니?"라고 묻는다고 한다. 유대인 교육은 질문이 가장 핵심적인 DNA라고 할 수 있다.

하브루타가 한국에 활발히 소개되는 가운데 가장 획기적인 교육 분야에서의 변화는 이러한 질문의 재발견이라고 생각한다. 현재 하브루타를 통해 질문의 문화가 우리 사회 곳곳에 퍼져 나가고 있다. 아마도 하브루타가 가장 늦게 전파된 곳이 교회인 것 같다. 이제는 교회도 유대인의 하브루타를 뛰어넘는 복음의 하브루타를 실천할 수 있게 되길 간절히 소망한다.

제2장

학교에서
하브루타하기 1
－ 유·초등 편

아이의 질문에
날개를 달다

채명희

"유아들도 질문을 잘 만드나요?"

"얼마나 질문을 만들 수 있나요?"

"어느 수준까지 질문을 만들 수 있나요?"

유아 하브루타 강의를 하다 보면 종종 이런 질문을 받곤 한다.

"저보다 아이들이 더 좋은 질문을 만드는 걸요."

대부분 내 대답은 뒤로 한 채 고개를 갸우뚱한다.

"유아는 질문 만들기 어려울 것 같은데요."

왜 유아기에는 질문 만들기가 어렵다고 생각할까? 연수를 통해 직접 질문을
만들어 보면 결코 쉽지 않기 때문이다. 한 번은 학부모 연수를 하면서 아이들
이 만든 질문을 보여 준다.

"정말 아이들이 만든 질문 맞아요?"

"우리보다 잘 만드네요."

"매일 신나게 놀고 온 이야기만 했어요. 아니, 언제 공부를 했어요?"

학부모들은 깜짝 놀라면서 흐뭇해한다.

나도 하브루타 연수를 받을 때 처음으로 질문을 만들었다. 평생 주입식 교육을 받으며 주어진 시험 문제에 정해진 답만을 적어 왔던 내가 질문을 직접 만들려고 하니 너무나 막막하고 어려웠다. 꼭 시험 출제자가 되는 기분이었다. '아! 다시 공부가 시작되는구나!' 하브루타 수업 모형에 따른 질문의 종류와 예시를 보면서 한숨을 쉬었다. 생각과 달리 질문을 만들면서 새로운 경험을 하게 되었다. 스스로 만든 질문은 주어진 질문에 답을 찾는 과정과는 차원이 달랐다. 그 질문에 대해 더 궁금해지고 몰입하여 생각하게 되었다. 질문 만들기가 점점 재미있어졌다.

하브루타에 점점 빠져들면서 계속 고민했다. '유아 수업에 하브루타 수업 모형을 어떻게 적용할 수 있을까? 체계적인 질문 수업은 가능할까? 아이들이 질문을 만드는 수업은 어렵겠지?' 연수 중 질문 만들기는 대부분 주어진 텍스트를 읽고 질문을 써 보는 과정이었다. 질문 만들기를 하려면 한글을 읽고 쓸 수 있어야 했다. 한글을 읽고 쓰는 과정은 초등학교 교육과정이다. 유아기는 한글에 관심을 갖는 시기다. 자연스럽게 질문 만들기 수업은 내 생각에서 멀어져 갔다.

그러던 어느 날이었다. 『백조의 왕자』라는 그림책으로 하브루타 수업을 하고 있었다.

갑자기 한 아이가 질문을 했다.

"선생님! 근데 왜 마녀는 오빠들을 백조로 만들었어요?"

"응?"

아이의 갑작스러운 질문에 나는 적잖이 당황했다.

"그러게. 왜 하필 백조로 만들었을까? 다른 동물도 많은데…, 너는 왜 백조로 만들었다고 생각하니?"

"마녀가 백조를 싫어했어요."

"백조가 왕자랑 닮았어요."

"백조를 많이 본 거 아니에요?"

"만약 너희가 마녀라면 오빠들을 무엇으로 만들고 싶니?"

"강아지요."

"고양이요."

"장수풍뎅이요."

"잠자리요."

아이들은 자유롭게 자신의 생각을 이야기했다. 나는 깨달았다. '아! 아이들도 궁금한 게 있구나. 그동안 내가 궁금한 것만 물어보았네.' 갑자기 미안한 마음이 들었다.

"얘들아! 또 궁금한 게 있니?"

"왜 마녀는 공주를 가두었어요?"

"왜 오빠들은 밤이 되면 사람으로 변해요?"

"왜 말로 표현하면 안 돼요?"

"말을 못해서 얼마나 힘들까요?"

"남은 쐐기풀로 뭘 만들었어요?"

아이들이 쏟아내는 질문들에 머리를 한 대 얻어맞은 듯했다. 아이들은 궁금이랑 살고 있었던 것이다. 궁금이를 꼭꼭 가두었던 것은 바로 교사인 나였다.

하브루타 수업이 끝난 후에도 한 아이가 만든 마지막 질문은 많은 생각을 하게 했다.

"남은 쐐기풀로 뭘 만들었어요?"

『백조의 왕자』를 여러 번 읽으면서 다양한 질문을 만들었다. 그러나 그 아이의 질문은 단 한 번도 생각해 본 적이 없는 특별하고 창의적인 질문이었다.

'남은 쐐기풀로 뭘 만들까?'

생각해 보니 참 재미있었다.

'조끼에 어울리는 멋진 모자를 만들까?'

질문해 보는 것 자체가 즐거웠다.

'창의적이고 재밌는 질문을 아이들이 더 잘 만드는구나.'

유아기에는 질문 만들기가 어려울 거라고 생각했다. 아이들은 내가 잘못된 선입견을 갖고 있었음을 질문으로 깨우쳐 주었다. 그 뒤로 질문 만들기를 다양한 놀이 활동으로 전개하기 시작했다. 자유롭게 놀이하며 궁금한 것을 물어볼 수 있는 질문놀이터를 만들고 싶었다.

매주 월요일은 '궁금이의 날'이다. 그날에는 2가지 활동을 한다. 첫 번째는 '하브루타 편지'이다. 아이들에게 궁금이가 보낸 하브루타 편지가 전해진다. 비가 오는 날, '비는 왜 올까?'라고 쓰인 질문 편지가 도착했다.

"얘들아! 궁금이가 편지를 보냈네."

"비는 왜 올까? 너희들이 궁금이에게 알려 줄 수 있겠니?"

아이들이 궁금이에게 답장을 쓰기 위해 이야기하기 시작했다.

"태풍 때문이야."

"따뜻한 수증기 때문이야."

"먹구름 때문이야."

"구름이 울어서 그래."

"하나님이 나무 쑥쑥 자라라고 물 주시는 거야."

"구름이랑 구름이 만나서 그래."

아이들의 이야기를 커다란 편지지에 직접 적어 준다. 그림도 자유롭게 그려본다.

"고마워! 은솔반 친구들! 선생님이 궁금이에게 편지로 보내줄게."

아이들의 생각을 모아 답장을 보낸다. 다음날에 궁금이의 '고마워' 답장 편지와 함께 '비'와 관련된 그림책을 읽어 준다. 이 그림책으로 놀이 하브루타 수업을 확장해도 좋다.

놀이 하브루타 수업은 하브루타 수업 모형을 유아 발달에 적합하게 응용·확장한 놀이 하브루타 수업 모형으로 계획하는 수업이다.

하브루타 수업 모형(전성수)

놀이 하브루타 수업 모형(채명희)

두 번째는 '궁금이의 비밀 상자'이다. 비밀 상자에 궁금이를 담아 온다. 궁금이에 대해 자유롭고 다양하게 질문을 만들어 보는 놀이 활동이다.

"오늘 우리 반에 궁금이가 왔네."

"소리를 들어 볼까?"

비밀 상자를 아래위로 흔든다.

"어떤 소리인 거 같니? 소리 크기가 어떠니?"

"누가 한 번 나와서 만져 볼래?"

"무엇인 거 같니?"

오늘의 주인공은 '알사탕'이었다.

보지 않고 촉감으로 아이들이 맞추었을까? 아이들은 사탕에게 무엇이 궁금할까?

〈사탕에게 궁금해요〉

-비밀 상자에 사탕이 몇 개 들어 있을까?

-왜 비밀 상자에 사탕이 들어 있을까?

-사탕을 어디서 샀을까?

-왜 사탕이 껍질에 쌓여 있을까?

-사탕 껍질은 무엇으로 만들었을까?

-사탕은 무슨 색일까?

-사탕은 무슨 모양일까?

-사탕은 무슨 맛일까?

-사탕으로 무엇을 할까?

최고의 질문으로 "사탕을 어디에서 샀을까?"가 선택되었다.

"얘들아! 선생님이 어디서 사 왔을까?"

아이들은 알고 있는 주변의 마트 이름을 다 말했다.

'궁금이의 날'을 통해 아이들이 질문을 놀이로 즐겁게 해 보는 경험을 하게 한다.

또한 유아교실에서 재미있게 시작할 수 있는 질문 만들기 수업은 인터뷰이다. 인터뷰는 누군가에게 궁금한 것을 질문으로 적어서 물어보는 것이다.

경찰관 또는 소방관이 교통안전교육 또는 소방교육 등으로 유아교실을 방문할 때가 있다. 지역 인사가 방문할 때면 평소에 궁금했던 것을 질문으로 만들어 직접 물어보는 활동이다.

"얘들아! 우리 교실에 소방관께서 소방안전교육을 하러 오신단다. 소방관께서 어떤 일을 하시는지 이야기 나누기를 한 후 궁금한 것을 질문으로 만들어 보자."

먼저, 소방관이 하는 일에 대해 알아본 후 궁금한 것을 질문으로 만들었다.

〈소방관님! 궁금해요!〉

-어떻게 불에 들어가세요?

-소방관 아저씨 몇 명 순직하셨어요?

-여자소방관이랑 남자소방관이랑 같은 차 타고 다니세요?

-불은 어떻게 나요?

-불장난하면 어떻게 돼요?

-소방차가 가다가 사고 나면 어떡해요?

-물에 빠진 사람을 어떻게 구해요?

-불이 났을 때 옷에 불이 붙으면 어떻게 해야 해요?

-장난전화하면 어떻게 돼요?

-불이 나면 소방관 몇 명이 출동하세요?

소방관께서는 아이들의 질문 하나하나에 성심성의껏 답해 주셨다. 나도 아이들 덕분에 새로운 것을 알게 되었다. 큰 소방차 한 대에 4~5명이 출동하고 큰 불일 경우에는 소방차가 50대까지 출동한다고 한다. 1년에 1~2명이 순직하고 많을 때는 5~6명이 될 때도 있다고 한다. 화재를 진압하기 위해 목숨을 거는 소방관분들을 생각하니 갑자기 숙연해졌다. 아이들은 절대로 불장난과 장난전화를 하지 않기로 약속했다.

인터뷰를 하다 보면 아이들의 질문이 하나도 버릴 것이 없음을 알게 된다. 아이들의 호기심을 바탕으로 한 '궁금이 날'과 '인터뷰'를 시작으로 그림책 하브루타를 하면 좋다. 그림책은 그림과 이야기가 함께 있기에 유아기 하브루타 수업에 매우 유익하다.

나는 누리과정 생활 주제별로 그림책을 선정해서 유아 발달에 적합한 놀이 하브루타 수업을 한다. 예를 들어, 『백조의 왕자』처럼 그림책을 감상한 후 아이들에게 궁금한 것을 물어본다. 아이들이 만든 질문과 교사의 질문을 적절하게 활용하여 놀이 하브루타 수업 모형으로 계획해서 하브루타 수업을 한다.

뿐만 아니라 동·식물, 현장학습, 명화, 동시, 사진 등으로 놀이 하브루타 수업을 다양하게 전개한다. '동시로도 질문을 만들 수 있을까? 조금은 어렵지 않을까?' 이 또한 나의 선입견이었다.

〈그런 게 친구야〉

　　　　　허미애

친구 때문에 재미있고
친구 때문에 심심하고
그런 게 친구야.

친구 때문에 깔깔 웃고
친구 때문에 잉잉 울고
그런 게 친구야.

친구니까 싸우고
친구니까 용서하고
그래서 친구야.

그런 게 친구야.

〈「그런 게 친구야」 동시로 질문 만들기〉
-친구가 안 놀아 주면 기분이 어떨까?
-친구가 나보다 더 웃기면 어떨까?
-화나면 기분이 어떨까?
-친구랑 싸운 게 꿈일까? 진짜일까? 미래일까?

-진짜 친구랑 아주 심하게 싸우면 기분이 어떨까?

-친구가 용서를 안 해 주면 기분이 어떨까?

아이들이 짝 하브루타로 나누고 싶은 최고의 질문으로 '친구랑 싸운 게 꿈일까? 진짜일까? 미래일까?'로 선정했다.

"선생님! 저는 꿈인 거 같아요. 꿈에서 친구가 잡기놀이를 안 시켜 줬어요."

"저도요! 어제 꿈에서 친구가 제 블록을 뺏었어요."

꿈이란 무의식에 가깝다. 꿈에서까지 친구랑 싸우는 꿈을 꾸는 이유는 무엇일까? 유아기는 또래관계가 형성되는 시기이다. 친구에 대한 관심도 높다. 태어나서 혼자놀이를 많이 하다가 3세 정도가 되면 동일한 공간에서 같은 놀이로 함께 노는 병행놀이를 한다. 4~5세가 되면 서로가 역할을 정해서 같은 목표가 있는 협동놀이를 한다.

혼자놀이 또는 병행놀이에서 협동놀이를 하다 보면 갈등 상황이 일어나기 마련이다. 자기중심적 사고를 하는 유아들은 협동놀이를 하면서 수많은 갈등 상황에 직면한다. 나는 블록을 쌓고 싶은데 친구는 블록을 무너뜨리고 싶다. 내 마음대로 놀이가 되지 않으면 화가 난다. 함께 놀고 싶지만 서로의 생각이 달라서 결국은 싸우게 되는 것이다.

아이들은 갈등 상황에서 분노를 경험하며 스트레스를 받게 된다. 갈등이 나쁜 것만은 아니다. 갈등을 통해 서로의 생각과 감정의 다름을 이해하는 효과가 있기 때문이다. 갈등을 해결하는 과정에서 공감능력과 사회성이 길러진다. 친구니까 싸우고 용서하고 또 다시 놀이를 해야 하는 이유이다.

이렇게 질문 만들기 수업을 통해 아이들이 어떤 것에 진짜 관심이 있는지 알게 된다. 관심 있는 것을 질문으로 만들기 때문이다. 그 질문에 대해 하브루타를 하다 보면 깊이 있는 생각과 마음을 나누게 된다.

아이들은 세상에 태어나면 모든 것이 처음이다. 세상은 호기심 천국이다. 처음에는 눈과 귀, 손 등을 통해 세상을 탐색한다. 기고 걷기 시작하면서 손과 발에 닿는 모든 것이 신기한 놀잇감이다. 만 3~5세가 되면 언어능력이 폭발적으로 발달한다. 자신의 생각을 문장으로 표현할 수 있다. 언어능력에 따라 더 구체적인 질문이 많아지기 시작한다.

"오늘은 장화를 신어야 해."

"왜 장화를 신어야 해요?"

"어젯밤에 비가 왔어."

"왜 비가 왔어요?"

"먹구름 때문이지."

"먹구름은 왜 생겨요?"

한 가지 질문에 꼬리에 꼬리를 무는 질문도 하게 된다. 아이들은 놀기 위해 세상에 오고 질문하기 위해 말을 시작한다. 그동안 말로 표현하지 못했던 세상에 대한 호기심을 채우기 위해 끊임없이 질문한다. 아이의 질문은 세상에 대한 관심이다. 아이가 질문을 잃어버리지 않도록 도와야 한다.

"우와! 멋진 질문이네."

"왜 그게 궁금해?"

"어떻게 하면 알 수 있을까?"

"함께 알아볼까?"

질문에 대한 긍정적인 반응은 아이의 질문에 날개를 달아 준다. 정답보다 질

138

문에 관심을 기울이고 함께 정답을 찾아가는 과정이 중요하다. 작은 질문에 귀 기울여 준다면 아이의 호기심은 더 깊어질 것이다. 아인슈타인처럼 스스로 생각하고 탐구하는 아이로 성장할 것이다.

나는 특별한 재능이 없습니다.
단지, 나는 항상 궁금해했습니다.
-아인슈타인

교실에 하브루타를 심다

양경윤

질문과 대화가 교실 하브루타의 시작일까?

하브루타를 만나다

일방적인 교사의 판서와 수동적으로 학습 내용을 적는 학생, 자문자답하는 교사, 질문하지 않는 학생들, 수업이 지루하여 먼 산을 바라보는 학생. 이것이 일반적인 교실의 모습이다. 교사는 당연히 가르치고 학생들은 질문 없이 받아들이는 것에 익숙하다. 하브루타 교실은 전혀 다른 풍경이 펼쳐진다. 학생들이 스스로 질문하고 대화하면서 행복한 배움으로 나아간다. 좀 과하게 말하면 대단히 혁명적이다.

'스스로 질문한다.'

'학생 상호간 학습 대화가 이루어진다.'

일방적인 교사 중심 가르침의 교실에서는 상상할 수 없었던 수업 방식이다.

하브루타를 만난 교실은 단순히 수업 형태 변화만을 의미하지 않는다. 학생의 자율성이 강화되고, 타인의 말에 귀기울이고, 텍스트 해석에 대한 다양한 관점을 가지게 해 주며 학습에 대한 반성적 사고에까지 이르게 하면서 메타인지 향상에 도움을 준다. 뿐만 아니라 교사의 성장을 가져오게 하는 거대한 힘을 가지고 있다.

질문으로 이루어지는 수업에서 교사는 성취 기준과 관련된 핵심질문을 준비해야 하고 학생들의 질문을 다시 질문으로 이끌어야 한다. 자연스럽게 교사 역시 성장할 수밖에 없는 구조다. 질문과 대화로 교사와 학생이 함께 성장하는 교학상장 수업이 바로 하브루타 수업인 것이다.

하브루타로 열광하고 좌절하다

질문하는 교실, 학생 상호간 대화하는 교실, 학습 대화가 모든 학생의 배움과 성장을 돕는 것에 교사도 학생도 열광했다. 그런데 얼마 지나지 않아 기대와 달리 좌절하는 교사들이 생겨났고, 부정적 시각도 나타났다. 무엇이 문제인가?

하브루타를 만난 사람들은 질문과 대화의 중요성을 먼저 인식한다. 연수를 통해서 만나는 하브루타는 지금까지의 교수법과는 차원이 다르다. 교사들은 학습자 중심의 교수법에 놀라워하고, 하고 싶은 열망에 사로잡히게 된다. 교실 현장으로 돌아오면 그런 열망이 신기루처럼 사라진다. 학교 교육과정과 교사 교육과정에다 질문과 대화를 녹여서 수업을 해 나가야 하는 막막함이 앞서는 것이다. 좋다는 건 알지만 '어떻게 할 것인가?'의 지점에서 좌절하기 일쑤다. 게다가 어느 정도 질문과 대화 수업 방식에 익숙해진 교사들조차 고민에 빠지곤 한다.

-질문이 낯선 아이들이 수업에 몰입하지 못하는데 어떻게 하나?

-짝 대화를 통해서 학습이 이루어져야 하는데 학생 간 수준차는 어떻게 극복할 수 있을까?

-학습 대화를 열심히 했지만 학생들의 배움은 왜 증진되지 않는가?

-똑같은 수업 흐름도를 적용하지만 학년 또는 학급 간 차이가 나는 이유는 무엇일까?

-지금까지 수업 패턴에 질문과 대화만 넣는다고 되는 것일까?

-학년 교육과정을 질문과 대화의 형태로 수업할 때 그 많은 분량을 과연 다 익힐 수 있는가?

협력적 학습 문화 구축의 필요성

성인과 달리 초등학생은 한참 발달이 이루어지는 단계에 있다. 초1과 초6은 수업 방식에서 차이가 많이 난다. 학생들의 사회적 관계도 차이가 많이 난다. 똑같은 방식이라도 수업 시량을 조절해야 하고 활동 영역도 조절해야 한다.

어느 학년이든, 학급이든 상관없이 꼭 필요한 작업이 있다. 관계와 소통을 위한 활동이다. 학생 상호간의 관계가 좋지 않은 곳에서는 하브루타가 이루어지지 않는다. 학교 사회에서 학생들 간 관계 형성은 교실 내 구조에서만 만들어지는 것이 아니라 학교 밖 외부 사회에서도 만들어져 영향을 주고받는다. 소통하는 관계를 만들기 위한 교사의 의도적 활동이 필요한 이유다.

지금까지의 교실에서 행하던 수업 패턴과 다른 방법을 강구해야 한다. 1:1 상호 작용의 학습법, 짝 이동 활동을 통한 다양한 공유, 짝과 함께하는 질문놀이 등을 통해 자신도 모르게 상호 협력하여 배움 속에 몰입할 수 있도록 하는 수업 전략이 필요하다.

하브루타를 위한 교실 환경 구조

마제형 배치의 교실 구조

하브루타 수업을 실시하기 전에 먼저 교실 환경의 물리적 자리 배치를 소통의 구조로 하는 것이 중요하다. 수업 형태에 따라 일자형 배치, 모둠형 배치, 마제형 배치 등으로 이루어질 수 있다. 하브루타 수업의 핵심은 소통이다. 소통이 될 수 있는 물리적 환경을 만들어 주는 것이 우선이다. 교실의 전체 학생이 상호 소통하기 용이하며 서로의 얼굴을 바라볼 수 있는 구조로 이루어져야 한다.

마제형의 구조에서는 교사뿐만 아니라 학생들끼리 쉽게 시선을 주고받을 수 있다. 지식 전달만 하는 수업에서는 일자형 배치가 좋을 수도 있다. 교실은 지식만 외우는 장소가 아니고 더불어 살고, 사람을 알기 위해 소통하는 공간이다.

마제형 배치

사람의 뒤통수를 보고 앉는 자리 배치로는 이 같은 목적을 달성하기가 어렵다. 사람의 얼굴을 보고 앉아서 함께 공부하는 물리적 장소는 마음을 움직여 주는 공간이 되어야 한다. 마제형 배치는 이러한 소통의 공간 조성에 적합하다.

교실의 물리적 환경은 학생들의 잠재적 교육과정으로 연결된다. 학생들이 얼굴을 바라보는 공간적 배치는 단절적 공간이 아니라 유동적이며, 관계적 공간으로 학생 스스로 참여하고 협력할 수 있는 환경을 제공해 주는 것이다.

2인 1조 구조의 짝 활동

하브루타 질문 수업에서는 기본적으로 짝과 함께 이루어지는 활동이 주를 이룬다. 짝은 학교에서 만나는 가장 작은 단위의 사회다. 최소 단위의 사회에서 소통하고 협력하는 환경을 만드는 것이 아주 중요하다. 최소 단위에서 점차 단위를 넓혀 나갈 때 학생들은 협력과 소통으로 사회를 살아가게 된다.

짝은 질문과 대화 수업에서 가장 중요한 요소이다. 말하고 듣는 1:1 대응 관계로 개인과 개인의 관계 구조를 신뢰·소통 구조로 먼저 구축할 때 학습의 효율과 효과가 극대화될 수 있다. 학습 대화를 하기 위해서는 대화 짝을 구성하는 일이 무엇보다 중요하다. 여기서 '대화 짝'에 대한 정의를 새롭게 할 필요가 있다. 옆 자리에 앉은 이를 짝이라고 부르는 개념에서 벗어나야 한다. 대화 짝은 언제 어디서나 생각과 학습 대화를 주고받는 친구이다. 하브루타에서 대화 짝은 정말 중요하다. 질문에 대한 깊이 있는 대화가 수업의 관건이기 때문이다.

짝 이동 학습으로 공유 극대화

단 둘의 짝이라는 개념에서는 다양한 사고로 넘어가기가 어렵다. '짝'의 개

넘이 '반 전체 친구'라는 의미로 확대되면 상황이 달라진다. '대화 짝'의 짝 이동 학습은 다양한 생각을 공유하고 학습의 효율과 효과를 최대로 끌어올리는 데 도움을 준다. 짝 이동 학습을 통해서 다양한 생각과 서로 다른 관점을 만날 수 있도록 회전식, 징검다리식, 임의식 등의 다양한 방법으로 학생들의 짝을 바꿔 주고 사고의 확장을 도와주어야 한다. 단순해 보이는 짝 이동 활동은 학습적 측면만이 아니라 인성적 측면에서도 아주 중요한 요소를 가지고 있다.

-다양한 친구와 만나게 된다.

-짝의 변화를 통해 틀렸다가 아니라 서로 다르다는 것을 인식하게 된다.

-자신의 좌석에서만이 아니라 타인의 좌석에 앉아 공부함으로써 교실 전체 공간을 함께하는 공간으로 인식한다.

-시선의 변화로 관점의 다양화가 자연스럽게 이루어진다.

-교실 친구들의 이름을 익히고 자신의 이름에 책임감을 가지게 된다.

-깊이 있는 학습 대화를 할 수 있는 기틀을 마련한다.

-학습이 지루하지 않고 놀이처럼 여겨져 몰입도가 올라간다.

소통하는 질문과 학습 대화 방법

텍스트를 이해하고 상황을 깊이 있게 들여다보기 위한 가장 좋은 방법은 학생들 스스로 책을 읽고 질문을 만들어 내는 것이다. 질문의 위력은 여기서 논하지 않기로 한다. 다만 문제는 수업의 시작인 질문을 학생들이 만들려고 하지 않는다는 데 있다. 아이들은 질문을 불편하게 받아들인다. 학생에 따라서는 혼자서 질문을 만드는 것을 시험으로 받아들이는 경우도 많다.

질문을 '짝과 함께 대화하면서 만들기'를 통해서 질문이 부담스럽지 않고 즐겁고 행복한 과정이라는 것을 느낄 수 있도록 만들어 주는 것이 중요하다. 질문이 스스로 학습할 수 있는 도구이기도 하지만 사회적 관계에서 만들어 가도록 하는 것이다. 질문 만들기가 단일의 주체로서 독백적 언어가 아니라 다양한 주체의 목소리가 상호 작용하는 대화적 언어 속에 있을 때 더 많은 효과를 가져오고 사회적 관계에서 행복감을 느끼게 된다. 질문은 즐거워지고 수업의 시작점에서 협력과 수업 참여의 의지가 생기게 된다.

교실 하브루타의 6가지 원칙

원칙 1. 수업은 재미있어야 한다

재미는 몰입 상태에서 느끼는 즐거움이다. 즉 수업이 놀이가 되면 학생들은 배움 속으로 들어가게 된다. 아무리 좋은 것을 주더라도 재미가 없다면 지속하기 어렵다.

짝과 함께 한다

짝과 함께 익히고 배울 때 관계가 형성되고, 그 관계 속에서 재미를 가지게 되는 것이 바로 배움의 재미를 만드는 첫 번째 단계이다. 혼자서보다 함께의 즐거움을 배우는 곳이어야 한다.

움직임을 준다

움직임은 놀이가 가지는 특성 중의 하나이다. 이것은 지루함을 덜어 주고 재미를 주는 효과를 지닌다. 한자리에 앉아서 수업을 듣게 되면 당연히 지루함이 생기는 것은 어쩔 수 없다. 수업 시간에 학생들이 움직일 수 있는 상황을 만들어 주어야 한다. 1:1 학생 대화로 얼굴 근육, 입, 손을 사용할 수 있다. 짝 이동 활동을 통해서 발의 움직임을 만들어 줄 수 있다.

짝 이동 활동은 단순한 자리 이동을 의미하는 것은 아니다. 바로 공간의 이동이 수반된다. 자리 이동은 타인의 공간 속으로 들어가는 효과를 얻는다. 나의 공간이 존중받기를 원하는 만큼 타인의 공간도 존중하게 된다. 공간의 움직임은 공간의 공유로 인식이 바뀌게 된다. 나만의 자리가 아니라 우리 모두의 자리가 되는 것이다.

질문과 대화는 놀이처럼 한다

질문을 쉽게 한다고 해서 배움의 깊이가 얕은 것은 결코 아니다. 학생들의 입장에서 쓴 질문들은 자신의 경험과 삶이 녹아 있기 때문에 상호 작용하기가 쉽다. 일단 대화가 시작되면 그 다음으로 꼬리에 꼬리를 무는 질문을 만들어 생각을 깊이 있게 할 수 있도록 해야 한다. 까바놀이, 까만놀이, 까주놀이 등의 질문놀이를 통해서 학생들의 대화를 즐겁지만 깊이 있게 진행할 수 있도록 도움을 주어야 한다.

까바놀이는 평서문을 까로 바꾸는 놀이, 질문으로 바꾸는 놀이다. '학교에 왔습니다.'를 말하면 상대가 '학교에 왔습니까?'처럼 1:1로 주고받는 놀이다. 까만놀이는 까만들기의 줄임말로 질문만 만드는 놀이다. 일상에서 질문이 어렵지 않고 재미있음을 느끼게 하는 것이다. 굳이 답을 찾는 것이 아니기에 학생들이 부담 없이 질문에 빠져 들게 할 수 있다. 까주놀이는 질문을 주고받는 놀이다. 까바놀이와 까만놀이에서 이제 대화로 이어지는 단계다.

1:1의 학습 대화, 짝 이동 학습이 놀이처럼 되기 위해서는 학습 대화의 시간 조절을 잘해야 한다. 학습 대화의 내용이 짧을 수밖에 없는데도 시간을 길게 주면 학생들이 학습 대화를 지루해하는 부작용이 발생한다.

원칙 2. 아는지 모르는지 스스로 확인하게 한다

가르치지 말고 짝 대화로 생각할 틈을 준다

교사들의 즉각적인 설명이나 지시를 없애는 것이다. 질문으로 학생들에게 생각할 틈을 주어야 한다. 이때 혼자만의 생각이 아니라 짝 대화로 생각할 틈을 주어야 한다. 학생들이 생각을 열 수 있도록 대화할 시간을 주면 된다. 질문의 내용에 따라 다르겠지만 10~30초 정도의 시간만으로도 충분한 경우가 있다. 교사가 설명하기 전에 안다 또는 모른다를 인식할 수 있을 정도의 시간을 주는 것이다. 교사가 바로 설명을 하면 자신이 그 문제에 대하여 어떤 생각을 가지고 있었는지조차 알 수 없게 되어 버린다.

학생 스스로 질문하게 한다

질문은 단순히 아는지 모르는지만을 알려 주는 것이 아니다. 아무 생각 없이 받아들이기만 하던 아이들이 '그냥'이라는 말로 지나치던 일상을 눈여겨보게 만든다. 관찰하고 다르게 보는 힘을 길러 준다. 다르게 생각한다는 것은 다르게 본다는 것이다. 의문이 생겨야 그것이 다르게 보이는 것이다. 선생님이 시키니까 외우고, 남들이 하니까 그냥 따라 하던 일들이, 질문을 하게 되면 자신 안에 새로운 물음표로 남아 '자기 선택권'을 되찾는 데 도움을 준다.

자신의 언어로 설명하게 한다

진정한 앎은 스스로 설명할 수 있을 때 가능한 것이다. 알다시피 '설명하기'는 매우 어려운 수준의 사고 활동이다. 하나의 개념(문제, 학습 과제)를 완전히 이해하고 해결했을 때에야 비로소 설명할 수 있고 타인에게 가르칠 수 있게 된다. 설명하기를 통해서 메타인지를 활성화시킬 수 있다. 당연하다고 생각한 것에 의심을 품게 된 것이 질문이라면, 그 질문에 설명할 수 있는 것은 자신이 어디까지 알고 있는가를 스스로 확인하는 길이다. 학생들이 설명을 잘할 수 있게 수업설계가 이루어져야 한다. 그랬을 때 학생들은 자신의 언어로 설명하고 배움의 깊이를 더할 수 있게 된다.

원칙 3. 스스로 선택하게 한다

수업이 YES가 되도록 만드는 말

"이번 시간의 짝 이동 활동은 회전 또는 징검다리, 무엇으로 할까요?" 하고 짝 이동 활동 전에 어떤 형태로 이동할 것인지 선택할 수 있도록 교사가 질문한다. 그러면 학생들의 의견은 분분하다. 대부분 다수결의 원칙에 의해서 결정이 이루어진다. 학생들이 결정한 방식대로 짝 이동 활동이 시작된다. 학생들은 반 전체에서 결정된 것이지만 대부분 활동에 열심히 참여한다. 교사가 "징검다리로 짝 이동하세요."라고 지시한 것이 아니고 본인들이 선택했기 때문에 적극적으로 참여한다. 여기서 잠깐, 정말 학생들은 선택을 한 것일까?

교사가 사용한 질문은 이미 짝 이동 활동은 기정사실이 된 후를 물어보고 있다. 학생들은 짝 이동 활동을 할 것인가, 하지 않을 것인가를 고민하는 것이 아니라 어떤 형태를 결정할 것인가를 고민한다. '짝 이동 활동은 하지 않겠다.' 즉 No는 사라진 상태에서 선택을 부여한 것으로 교사는 짝 이동 활동을 하겠다고 마음먹은 후 제시한 발문이다.

만약 "여러분 짝 이동 활동을 할까요?"라고 교사가 질문했다면 어떤 반응이 나올까? "네, 좋아요.", "움직이기 싫어요. 그냥 그 자리에서 해요."처럼 Yes와 No를 선택하는 형태가 나오게 된다. 누군가의 입에서 부정적인 No가 나오면 그 수업 분위기는 흐트러지고, 수업을 진행하는 교사의 입장에서는 No를 다시 Yes로 바꾸기 위해서 불필요한 에너지를 써야 한다. No를 선택한 친구는 짝 이동 활동을 하는 내내 불편한 기분으로 활동에 임하게 되니 여러 모로 손해다. 일단 '아니오' 모드에 들어가면 좀처럼 마음을 되돌리기가 어렵다. 그러므로 교사가 수업에서 꼭 필요하다고 생각하는 부분에서는 '이중구속' 또는 '더블마인드' 기법을 활용하여 제시할 수 있어야 한다.

질문은 각자가 선택하게 한다

학생들이 질문을 1명당 3개만 만들어도 20명이면 60개의 질문이다. 이것을 모두 활용할 수는 없다. 단위 수업의 특성상 시간 제약, 배워야 할 학습 목표 등 여러 가지 복합적으로 다루어야 할 사안이 많다. 이런 사정상 모둠학생끼리 또는 짝끼리 하나만 뽑아서 활용하는 경우가 많은데 이것은 학생들의 탐구 의욕을 꺾는 부작용이 있을 수 있으니 가급적 피해야 한다. 평소에 자신감이 부족한 학생이나 짝이 나보다 말을 잘하고 좀 더 강자라고 느끼는 경우 그냥 짝의 질문 중에서 하나를 선택하고 말기도 한다.

수업 시간의 효율성 측면에서도 학생이 자신의 질문을 고르는 것이 좋다. 여러 질문 중에서 고르게 되면 어떤 것이 적합한지 찾는 대화를 또 해야 하기 때문에 시간적 여유가 필요하다. 여러 가지 질문을 탐구하는 과정의 학습이 아니라면 각자의 질문을 선택하는 것이 더 효율적이다.

원칙 4. 생각과 배움을 공유시킨다
짝 이동 활동으로 공유를 극대화한다

학습의 효율과 효과를 극대화하기 위해 질문 수업에서 가장 중요하게 여기는 것이 '짝 활동'이다. 학습 대화에서 짝이 변한다는 것은 생각이 다양해진다는 의미다. 다양한 짝을 만나는 활동은 세상 밖의 나를 만나는 과정으로, 친구들의 생각들을 배움으로써 지식이나 사고의 지평을 넓혀 가는 길이다. 생각이 다양해진다는 것은 수업의 재미를 더한다는 것이다.

왜 공유의 극대화가 중요할까? 우리의 수업은 제한된 시간 속에서 움직인다. 그 시간에 즐겁고 행복하게 충분히 학습할 필요가 있다. 1:1 형태의 짝을 바꿔 가면서 대화하는 것은 그런 목표를 가능케 한다. 단위 수업 시간의 효율 또는 효과를 극대화화하기 위해서는 짝 이동 활동의 공유가 절대적으로 필요하다.

학습 대화는 단순히 학습 내용만으로 이루어지는 것은 아니다. 개인적인 가치나 자신의 삶의 방식이 드러나게 마련이다. 서로 다른 학생들이 만나 서로의 다양한 생각을 주고받기 때문이다. 학습 대화는 학습만을 교류하는 것이 아니라 문화를 교류하고 서로 관계를 만들어 가는 아주 중요한 도구이다.

짝을 바꾸는 일은 단순한 일이지만 효과는 정말 대단하다. 짝 이동 활동은 사회적인 존재로서 성숙하는 데 꼭 필요한 인간관계를 배울 수 있도록 도와준다. 대화를 하지 않는다면 인간관계의 미묘한 뉘앙스를 배우지 못할 것이다. 학습 대화를 통해서 서로 상호 작용하면서 협상도 하고 새로운 이야기를 제시하기도 한다. 이러한 상호 작용이 여러 짝과 1:1로 이루어진다. 앞의 짝과 뒤의 짝은 대화 내용만이 아니라 대화의 태도에서도 차이가 난다. 어떤 친구는 차분하고 어떤 친구는 활달하다. 또 어떤 친구는 소심하다. 이러한 친구들의 태도를 통해서 자신의 태도를 확립해 나가기도 한다.

1:1로 대화하다 보면 자신의 말을 친구에게 인정받게 되는 순간을 무수히 만난다. 1:1 학습 대화이기에 가능하다. 듣다 보면 자신도 모르게 고개를 끄덕이게 되고 친구의 아이디어에 '엄지척'을 보낸다. 이런 대화 속에서 학생들은 스스로 자긍심과 자존감을 쌓아가게 된다. 나를 인정해 준 친구에 대해 관대해지며 공감력이 커지는 것은 덤이다.

공책 공유로 사고를 확산한다

학생과 학생들만의 상호 작용 중에 공책을 공유하는 것은 학습을 한 단계 올려 준다. 수업 도중에 학생들의 생각을 빠르게 공유하고 확장하기 위해 공책을 공유하는 방법은 여러 가지 측면에서 매우 유용하다. 공책에 적혀 있는 기록들은 학습 대화의 방식, 청각적인 활동만이 아니라 눈으로 보는 시각적인 활동으로도 활용할 수 있다.

원칙 5. 핵심질문과 이끎 질문 그리고 평가를 일체화한다

수업이 학생들의 질문과 대화로만 진행될 경우 방향을 잃기 쉽다. 그 방향을 잡아 주는 것이 바로 핵심질문이다. 성취 기준과 관련된 핵심질문을 가지고 있을 때 학생들의 배움도 증진된다. 핵심질문으로 나아가기 위한 것이 수업 중에 교사가 제시하는 이끎 질문이다. 이끎 질문은 말 그대로 이끌어 주는 질문이다. 즉 핵심질문에 다가가기 위한 구체적이고 본질적인 질문이어야 한다.

이끎 질문은 평가의 단계와 함께 설정하게 되면 핵심질문을 해결하는 데 많은 도움이 된다. 평가는 수업 시간 마지막에 도달해야 할 목적지, 즉 교사가 학생들에게 바라는 결과를 먼저 설정하고 그것을 위한 단계를 설정하는 것이다. 이끎 질문에 의해 가장 하위 단계부터 차근차근 학습을 단계별로 밟아 갈 때 수업이 피드백하는 구조로 이루어진다. 핵심질문에 도달하기 위한 이끎 질문을 1·2·3차의 순서로 수업을 함께 해 나가다 보면 친구와의 상호 작용을 통해 학습을 보충받고 피드백받는 것을 볼 수 있다.

물론 어떤 학생은 1차만 완료하기도 하고, 또 어떤 학생은 2, 3차에만 머무를 수도 있다. 이때는 학생들 상호 작용 과정에 대한 교사의 피드백을 통해 다음 단계를 향해 나아갈 수 있도록 개별화된 지도가 필요하다.

원칙 6. 에세이 쓰기로 배움을 내면화한다

질문을 하고 친구들과 대화를 하면서 아이들의 머릿속은 혼란의 널뛰기를 한다. 발견의 기쁨으로 점프하기도 하고, 자신의 생각을 다시 한 번 더 확인하기도 한다. 그러한 과정을 그냥 흘려 버려서는 안 된다. 학생들의 생각을 붙잡아서 내면화시키는 과정이 바로 글쓰기이다. 글쓰기는 자신과의 대화이다.

글을 쓸 때는 어떠한 형식에도 구애받지 않고 작성하게 해야 한다. 줄글이든 시적 표현이든 상관없다. 아이들이 원하는 방식으로 쓸 수 있게 도와주어야 한다. 처음에는 아이들이 대화 후에 어떻게 써야 할지 모르겠다고 말하는 경우가 종종 있다. 이러한 글을 써 보지 않았기 때문이다. 그냥 일기 쓰듯이, 에세이를 쓰면 된다고 알려 주어야 한다. 친구들이 했던 말을 그대로 적어도 좋고, 자신이 만든 질문을 적어도 좋으며, 친구의 말을 재해석해 작성해도 무방하다는 점을 알려 준다. 일단 아이들의 생각을 지면으로 끌고 나오는 것이 중요하다.

왜 배움을 글쓰기로 마무리해야 할까? 자신이 안다고 생각하고 말했던 것을 막상 글로 작성하려면 안 되는 경우가 있다. 글로 표현해 보면 자신이 제대로 알고 있는지 모르고 있는지를 안다. 학습이 학생들의 배움으로 자리 잡게 하려면 개인의 학습 정리가 필요하다. 사람마다 사물을 보는 각자의 이해도가 다르다. 그 이해도를 글로 표현하게 되었을 때 배움이 정리된다. 배움 정리 글쓰기를 에세이 쓰기라고 해도 괜찮다. 학습과 배움에도 결국 개인의 삶과 일상이 녹아들 수밖에 없기 때문이다.

질문하고 대화하면서 순차적인 공유의 기록이 일어난다. 공유를 통한 다양한 사고를 받아들이고 학습이 이루어지는 것이다. 학습의 최종 단계에서는 자신의 배움을 스스로 정리해야만 하는데 그 정리가 바로 '쓰기'다.

교과서를 읽고, 학습 자료를 보고, 질문을 하고, 친구들의 여러 의견을 듣는 것이 바로 '지식과 정보 습득의 과정'이다. 자신의 생각을 말하는 것은 '정보 공유의 과정'이라고 할 수 있다. 그렇다면 쓰기는 '배움의 정리 과정'인 셈이다. 글을 쓰면서 자신의 생각, 타인의 의견을 총체적으로 분석하고 종합하게 된다. 그 과정에서 학습을 정리하고 자신만의 가치관을 만들어 가는 법을 배운다.

상호 작용이 일어나는 교실 만들기

행복을 정의하는 데는 여러 요소가 있다. 그중 마틴 셀리그만은 『진정한 행복』에서 행복한 삶은 '즐거운 삶, 몰입, 의미 있는 삶'으로 설명한다. 학교 수업 시간의 배움이 즐겁고 몰입 상태에 있을 때 학생들은 공부가 즐겁고 공부로 인해 행복감을 느끼게 된다. 질문과 대화의 수업은 상호 협력적 관계에서 긍정적인 피드백을 받고 학습의 몰입 상태에 이르게 해 준다.

실제 수업 시간에 지식의 습득만이 아니라 '친구로부터 인정받았다.' 또는 '공감받았다.' 등 긍정적 관계에서 나타나는 현상들이 생겨난다. 또한 '수업 시간이 번개처럼 지나갔다.' '선생님께서 오시고 잠시 공부했는데 수업 마치는 종이 쳤다.' 등 학습의 몰입 현상이 나타난다. 이렇게 되면 교실에서 배움과 행복감도 넘치게 된다.

교실에서 행복감을 느낄 수 있도록 하는 데에는 질문과 대화라는 2가지 요소가 중요한 역할을 한다. 질문과 대화는 관계에서 시작한다. 상호 작용이 일어나는 교실을 만들기 위해서는 교사의 역할이 아주 중요하다. 소통이 되는 좌석 배치, 상호 작용할 수 있는 물리적 환경을 만들어야 한다. 학생들이 협력적 학습이 이루어질 수밖에 없는 구조를 교사가 먼저 인식하고 바꾸어 나가는 것이 무엇보다 중요하다.

질문이
성장하는 교실

정옥희

"선생님 잠깐만요. 저 질문이 하나 떠올랐는데요!"

아이들과 질문이 있는 교실을 만들기 위해 1년을 꾸준히 노력하다 보면 학년을 마칠 때쯤 수업 중에 이런 말을 곧잘 들을 수 있다. 질문이 우리 교실의 문화가 된 것이다. 이렇게 질문이 생활화되기까지 그 길이 결코 순탄하지는 않다. 아이들이 질문에 익숙해질 때까지 안내하고 지도하는 과정은 교사로서 상당한 인내와 노력을 필요로 한다.

질문하고 생각하는 교실을 어떻게 만들어 갈 수 있을까? 지금부터 교실에서 학생들이 마음껏 질문할 수 있는 분위기와 문화를 만들어 내기까지의 과정을 소개하고자 한다. 또한 학생들의 생각과 습관의 변화도 함께 살펴볼 것이다. 구체적으로는 어떻게 학생들이 질문과 친구가 되어 가는지, 질문하는 것이 지루하고 힘들어질 때 교사는 어떻게 하면 좋을지, 질문이 좋아짐에 따라 어떻게 교사와 학생의 삶도 성장하는지를 초등 저학년 교실 이야기를 중심으로 나누어 보고자 한다.

교사와 학생이 함께 질문에 익숙해지기

"노랗고 선명한 물감이 섞인 물을 보니 어떤 생각과 느낌이 드니?"

한 친구가 나와서 투명한 물컵에 노랑 물감을 넣어 섞고 난 후 교사가 아이들에게 질문한다. 아이들은 자유롭게 말한다.

"깨끗해요!"

"예뻐요!"

"개나리 같아요!"

"기분이 좋아요!"

또 다른 친구가 나와 아까 그 노랑 물감에 진한 갈색 물감을 넣어 섞고 난 후 교사가 아이들에게 또 질문한다.

"얘들아, 아까의 그 예쁜 노란색에 갈색이 섞이니 어떤 느낌이 들어?"

아이들은 또 자신만의 생각들을 이야기한다.

"지저분해요!"

"흙탕물 같아요!"

"별로 안 예뻐요!"

또 다른 친구가 나와서 거기에 다시 노랑 물감을 섞고 난 후 교사가 또 질문한다.

"다시 노랑 물감을 넣었는데 어때? 아까처럼 예쁜 노랑 느낌이 나니?"

다시 노랑을 넣기는 했지만 처음의 노랑과는 다른 느낌의 색깔을 보며 아이들은 각자의 언어로 달라진 느낌을 표현한다.

우리 반 창의적 체험 활동 시간에 학교폭력예방교육을 시작하면서 수업의 도입 부분에서 내가 던진 질문들이다. 이렇게 물감을 섞어 가는 과정을 보여 주며 질문한 후, 우리의 마음도 비슷하다고 말해 주었다. 누군가의 순수하고 예쁜 마음에 다른 친구가 나쁜 말을 던지면 그 말을 들은 친구의 마음도 흙탕물이 된 것처럼 아프다고 말이다. 다시 좋은 말을 해 준다고 해도 아픈 마음이 그 말을 듣기 전과 아주 똑같은 상태가 되기는 힘들 수 있다는 말도 덧붙였다.

우리 반에서는 다른 수업들도 이렇게 질문으로 시작한다. 수업뿐만 아니라 교실에서 이루어지는 다양한 상황에서도 질문들이 자주 오간다. 질문이 일상화되고 우리 반 아이들 또한 질문에 익숙해질 수 있도록 학기 초부터 부단한 노력이 이루어진다. 질문이 본격적으로 시작되는 때는 아침 독서 시간이다. 그냥 책만 읽고 마는 것이 아니라 아침 독서가 끝난 뒤에는 늘 아이들이 서로에게, 또는 교사가 아이들에게 읽은 책과 관련된 질문을 한다.

"넌 어떤 책을 읽었니?"

"어떤 내용이었니?"

"그 책을 읽고 어떤 생각을 했니?"

"어떤 장면이 재미있었니?"

"기억에 남는 말은 무엇이니?"

"네가 주인공이라면 어떻게 했겠니?"

"그 책을 읽고 앞으로 어떻게 해야겠다고 결심했니?"

"책을 읽고 어떤 질문이 생겼니?"

그 밖에도 많은 질문이 오간다. 이 질문들은 내가 1학년 친구들을 가르쳤을 때 의견을 모아 직접 만든 것들이다. 책의 내용을 떠올려 보고, 자신의 생각을 잘 표현하기 위해 어떤 질문을 하면 좋을지를 생각하면서 함께 고민하여 만들었다. 우리 반 벽에는 이 질문들이 늘 게시되어 있다. 이렇게 '질문'은 학기 초부터 우리 반의 아침 주인공으로 자리 잡아 간다.

질문을 핵심으로 하는 대화 학습법인 하브루타를 하면서 친구들이 서로 묻기도 하고, 교사가 한두 질문을 묻고 학생들이 다양한 생각을 발표하기도 한다. 처음에는 대답하기 어려워하는 아이들도 한두 달 연습하다 보면 질문과 생각 나누기에 익숙해진다.

때로는 짝과 함께 질문하며 대화하는 것에 익숙하지 않은 아이들을 위해 교사가 직접 질문에 익숙해진 친구와 함께 시범을 보여 주기도 한다.

교사 : ○○야, 넌 오늘 읽은 책 중에서 어떤 장면이 가장 기억에 남니?

학생 : 저는 무지개 물고기가 친구들에게 은빛비늘을 나누어 준 장면이 기억에 남아요.

교사 : 그래? 무지개 물고기는 비늘을 왜 나누어 주었을까?

학생 : 친구를 갖고 싶어서 그런 것 같아요.

교사 : 왜 친구를 갖고 싶었을까?

학생 : 친구들이 떠나가서 외로웠던 것 같아요.

교사 : 왜 친구들이 떠나갔다고 생각하니?

학생 : 무지개 물고기가 욕심을 부려서 떠났다는 생각이 들어요.

교사 : 왜 욕심을 부렸을까?

학생 : 자기만 은빛 비늘을 가져서 멋지게 보이려고 그런 것 같아요. 잘난 척

하고 싶었나 봐요.

여기서 교사가 던진 질문들을 보면 단지 앞에서 학생이 한 말을 이어받아 '왜'만 붙여 준 것뿐이다. 아이들에게 질문을 하는 것이 결코 어렵지 않다는 것을 직접 보여 주고 싶어서 단순히 '왜'만을 붙인 것이다. 아이들은 이렇게 '왜'만 붙여서 질문해도 참 즐거워한다. 마치 놀이처럼 느껴지는 모양인지 몇 번이고 계속 이어지는 '왜'에 웃음을 크게 터뜨리기도 한다. 때로는 3Why, 5Why를 넘어서 10Why까지 가기도 한다.

특히 월요일 아침에는 주말에 있었던 일에 대해 이렇게 꼬리에 꼬리를 물고 '왜'를 붙여 가며 이야기를 나누는 것을 원칙으로 삼고 있다. 아이들이 질문하는 삶에 익숙해지도록 하기 위함이다.

학생 A : 넌 주말에 뭐했니?

학생 B : 난 엄마가 김밥을 싸 주셔서 진짜 맛있게 먹었어.

학생 A : 엄마가 왜 김밥을 싸 주셨니?

학생 B : 너무 오랫동안 김밥을 못 먹었다고 싸 주셨어.

학생 A : 왜 너무 오랫동안 김밥을 못 먹었니?

학생 B : 엄마가 그동안 안 싸 주셨으니까 못 먹었지.

학생 A : 엄마는 왜 그동안 김밥을 안 싸 주셨니?

학생 B : 바쁘다고 안 싸 주셨어.

학생 A : 너희 엄마는 왜 바쁘셨니?

아이들의 '왜'를 사용한 질문은 풍차 돌 듯 빙빙 돌며 놀이처럼 계속 된다. 비록 짧은 질문들이지만 이것이 바로 대화로 나아가는 출발점이다. 이른 아침부터 시작되는 질문과 대화 풍경은 곧바로 수업으로 이어진다.

수업에서는 아이들이 질문을 직접 만들어 볼 수 있는 기회가 계획적이고도 의도적으로 주어진다. 아침 독서 시간에도 1주일에 한 번씩은 탈무드 이야기를 읽고 질문을 만든다. 아직 질문에 익숙하지 않은 친구들이 대다수이기에 그런 시간을 자주 만드는 것이다.

아이들과 질문 만들기를 시작하는 초기 단계에서는 형식에 상관없이 마음껏 질문을 만들어 보는 과정이 필요하다. 떠오르는 대로 만든 아이들의 질문을 보면 교사는 각 아이가 지닌 생각의 수준을 가늠할 수 있다. 아이들에게 어떻게 질문을 지도해야 할지 교사 스스로 방향을 잡아 가는 데 힌트가 된다.

아이들이 만들어 내는 질문은 하나도 버릴 것 없는 보물과 같다. 그 질문들을 질문 노트를 활용해 기록해 두면 아이들의 소중한 자산이 된다. 학기 초에 질문 노트를 만들어 주면 학년 말에는 그것이 자신만의 질문이 가득 담긴 보물 노트가 된다. 고학년에게는 일반 노트도 좋지만, 저학년들에게는 알림장 노트를 활용하면 날짜에 맞춰 쓸 수 있어 편리하다. 아이들은 1년이 지나 자신이 기록해 놓은 질문들을 보며 그 많은 질문을 만들어 낸 자신의 노력에 대해 뿌듯해한다. 학부모들도 아이가 만든 질문들을 보며 놀란다.

학생들의 마음에 귀기울이기

질문이 문화가 된 교실 안에서 아이들이 하루하루 보여 주는 모습들은 참으로 놀랍고 때로는 가슴이 뛰기도 한다. 다만 늘 새롭고 재미있는 무언가를 기대하는 아이들에게 질문이 주는 재미와 신선함이 그리 오래가지 못한다는 것이 문제다. '질문 만들기'라는 활동을 처음 접한 아이들은 자신의 머리에 떠오르는 다양한 질문을 자유자재로 표현할 때 마냥 즐겁다.

그렇지만 맛있는 음식도 자꾸 먹다 보면 질리게 되듯이, 교사가 질문 만들기만 계속한다면 아이들은 얼마 가지 않아 '질문'이라는 것을 귀찮은 것으로 생각할 수 있다. "선생님, 또 질문 만들어야 돼요?"라는 말이 나올 수 있는 것이다. 더군다나 질문을 만들고 때때로 그것을 쓰는 과정은 저학년 학생들에게는 고역이 될 수 있다. 이때 교사가 포기해서는 안 된다. 오히려 다양한 방법을 활용해 아이들을 질문의 세계에 계속 머물도록 해야 한다. 결국 질문을 통해 상대방과 대화하는 즐거움을 느끼게 할 수 있어야 하기 때문이다.

교사는 학생들의 마음상태에 늘 귀기울여야 한다. 아이들이 질문에 대해 어떻게 생각하는지, 질문을 어떻게 던지는지를 끊임없이 살피고 엿보아야 한다. 어떻게 하면 아이들이 지속적으로 질문에 대해 관심을 가지게 할 수 있을지를 연구해야 한다. 질문을 통해 상대방과 대화를 계속 이어 갈 수 있다는 것, 그 대화 속에서 서로가 배워 갈 수 있다는 것을 학생들로 하여금 느끼게 하는 것이 중요하다.

처음 하브루타를 시작할 때 가장 쉽게 접근할 수 있는 방법 중 하나가 질문 만들기이지만, 질문에 익숙해지고 아이들이 질문을 통해 서로 대화와 토론을 해 나갈 수 있다면 질문 만들기를 하지 않아도 아이들 스스로 질문을 떠올리는 것이 가능해진다. 교사가 질문이 있는 교실에 대한 뚜렷한 철학과 질문의 교육적 가치를 확신하고 지도한다면, 아이들은 결국 질문하는 습관을 갖게 된다.

질문을 잘할 수 있기 위해 꼭 질문 노트에다 질문 만들기를 해야 하는 것은 아니다. 우리 반에서는 '하브루타 질문놀이 컵'을 만들어 질문놀이를 하기도 한다. 교사가 미리 준비하거나 아이들이 만든 질문 카드들을 접어 통에 담은 후 짝과 함께 번갈아 뽑아 가면서 질문에 답하는 것이다. 마치 게임처럼 진행되기에 아이들이 질문과 가까워질 수 있는 또 하나의 방법이 된다.

'질문 이어 가기' 게임도 추천할 만하다. 어떤 질문이든 좋으니 반 전체 친구들이 함께 질문을 계속 이어 가는 것이다. 그날 배운 내용을 가지고 이어 가도 좋고, 앞 친구가 했던 내용과 비슷해도 상관이 없다. 자신의 언어로 표현하면 된다.

'질문 많이 만들기' 콘테스트를 할 수도 있다. 포스트잇에 수업 시간의 읽기 자료와 관련하여 최대한 생각나는 대로 질문을 많이 만들어 보드에 붙이는 것이다.

학생들에게 질문과 익숙해지는 환경을 조성해 주면 도움이 된다. 질문게시판을 만들어 아이들의 질문들을 지속적으로 게시해 주는 것도 좋다. 물리적 환경 조성을 넘어 교사 스스로 아이들에게 질문의 모범을 끊임없이 보여 주는 것이 중요하다. 교사가 교실에서 아이들에게 계속적으로 질문하고, 아이들의 질문에 질문으로 답하며 생각할 수 있는 기회를 주고자 노력하다 보면 학생들도 점차 질문하는 습관을 갖게 된다.

때로는 '질문'이라는 것에 대해 좀 더 구체적으로 설명해 주는 시간도 필요하다. 질문 만들기가 힘들어질 때쯤 질문의 다양한 종류에 대해서 세세하게 알려 주면 학생들이 질문을 새롭게 바라볼 수 있는 계기가 된다. 우리 반에서는 글 안에 답이 있는 '사실 질문', 글 안에 답이 없는 '생각 질문', 우리의 삶에 적용하여 만들어 볼 수 있는 '적용 질문'의 예를 제시하여 만든 질문 카드를 활용한다. 질문과 좀 더 깊이 있게 친해질 수 있는 시간을 갖는 것이다.

때로 질문 만드는 것이 힘들어질 때 아이들에게 주어지는 질문 카드는 질문 만들기에 대한 새로운 관심과 자신감을 가질 수 있게 해 주는 활력소와 같다. 물론 질문 카드만을 의지하면 곤란하다. 간헐적으로 활용할 때 오히려 학생들의 질문에 날개를 달아 주는 역할을 한다.

교실 속 질문이 살아나고 성장하는 것도 중요하지만, 우리 아이들이 '질문을 통한 배움'에 대해 얼마나 관심을 가지고 있는지, 혹여나 질문에 대한 강조나 집착이 학생들의 배움을 오히려 방해하지는 않는지 교사는 늘 관심을 기울이고 고민해야 한다. 결국 우리가 질문하는 것도 질문 그 자체가 목적이 아닌, 지금 이 순간 더 의미 있고 행복한 삶을 살아가기 위한 것이기 때문이다.

1년을 꾸준히 노력하기

한 해 동안 내가 맡은 아이들과 공부하고 생활하며 질문에 대한 관심의 끈을 놓지 않는다면, 1년의 후반부에 이르러서는 질문하는 것이 아이들의 생활과 삶이 된다. 아이들에 따라 그 차이는 있지만 대부분의 아이는 아침 독서를 하고 난 후 질문을 하는 것, 수업 시간에 공부한 내용과 관련하여 자신만의 질문을 만들어 내는 것에 두려움을 느끼지 않게 된다. 공부하다 보면 마음에 질문이 저절로 생겨난다는 아이들도 많아진다.

아이들이 생활하면서 부딪치는 다양한 갈등과 관련하여 생활 지도를 할 때에도 나는 다음과 같은 질문들을 활용한다. 아이들도 어느새 자기들끼리 질문하며 문제를 해결하기도 한다.

"어떤 일이 있었는지 설명해 줄래?"

"지금 어떤 기분이니?"

"왜 그렇게 생각하니?"

"네가 그 입장이라면 어떨 것 같아?"

"앞으로 네가 어떻게 하면 좋을까?"

"억울한 것은 없니?"

교사가 제시하는 어떤 활동도 하기 싫어하는 아이도 종종 있다. 그런 학생들도 교사가 포기하지 않고 조금씩 꾸준히 지속하다 보면 어느덧 교실에서의 활동에 익숙해지고 참여하게 된다. 질문도 마찬가지다. 질문을 하거나 질문 만들기를 귀찮아했던 아이들도 교사가 끝까지 인내하면 어느새 질문과 친구가 된다. 어떤 아이는 일기장이 질문으로 가득 찰 때도 있다. 질문하는 즐거움, 생각하는 즐거움을 알게 된 것이다.

실제로 아이들의 이야기를 듣다 보면 1년 동안 질문을 가까이 하고 그에 대한 답을 생각해 내는 노력을 하면서 글쓰기가 무척 쉬워졌다는 말을 한다. 자신의 생각을 풀어내는 그대로 글을 쓰는 것이니 훨씬 부담이 덜 느껴지는 것이다. 어떤 아이는 생각을 거듭하고 이야깃거리가 풍성해지다 보니 학급에서 친하지 않았던 친구들과도 이야기를 잘 할 수 있게 되었다고 표현한다. 짝을 바꾸어 가면서 질문을 하고 하브루타를 하다 보면 교실 안의 모든 아이와 다양한 이야기를 하게 되니 당연한 일이다. 서로 더욱 친해질 수밖에 없고, 대화를 통해 상대방을 이해하게 되는 것이다.

질문이 성장하기 위해서는 1년 내내 꾸준한 노력이 필요하다. 힘든 순간이 찾아와도 아이들의 마음과 반응을 관찰하고 다양한 방법을 시도하며 질문의 습관을 이어 나가려는 교사의 노력은 매우 중요하다. 교사의 일관된 노력은 '질문이 성장하는 교실'이라는 결실로 나타날 뿐만 아니라 교사의 삶 또한 질문으로 채워지는 기쁨을 선사할 것이다.

미술과에 하브루타를 적용하다

황경숙

질문의 대명사, 하브루타를 만나다

지금 우리 교육의 현주소는 어디일까? 21세기 지식정보화 시대를 주도해 나
갈 미래세대에게 요구되는 역량은 한 개인 또는 집단의 '창의성'과 집단 지성
을 통한 새로운 가치 창출에 필수적인 상호 협력, 존중, 배려, 정직 등의 '인성'
이다. 그래서 2009년 개정 교육과정에 이어 2015년 개정 교육과정에서도 바른
인성을 갖춘 창의·융합형 인재를 기르기 위해 교육과정과 수업 혁신, 평가 방
법 개선 등을 연구 개발하고 또 적용하는 중이다. 따라서 공교육 및 사교육 현
장에는 미래인재 핵심 역량인 창의성 신장과 인성 교육을 위한 수많은 교수 이
론과 방법들이 난무하고 있다.

2015년 2월 당시 광주광역시교육청의 슬로건은 '질문이 있는 교실, 행복한
학교'였다. 이 슬로건은 지금도 계속되고 있는데, 이는 질문 수업의 중요성을

가늠하게 하는 문구이다. '질문이 있는 교실, 행복한 학교'를 학교 현장에서 실현하기 위해 나는 초등 미술교사이면서 수석교사로서 어떻게 지원할 수 있을까를 심각하게 고심하던 중 '하브루타로 질문하는 수업'이라는 연수명에서 '질문'이란 단어에 꽂혔고 즉시 연수를 신청했다.

이 연수에서 하브루타 학습 방법에 대해 알게 되었고 이처럼 매력적인 교수 방법에 대해 더 자세히 알고자 하브루타 교육사 과정을 이수하였다. 이후로는 더 이상 교수 학습 방법을 찾느라 여러 연수를 쫓아다니는 일을 그만두었다. 모든 교수 이론 및 방법은 결국 자기주도적 학습력 신장이었고 하브루타 학습은 그 방법들 중에서도 단연 으뜸이라는 생각이 들었기 때문이다.

하브루타 교육사 과정을 마침과 동시에 '지금, 나부터, 할 수 있는 것부터'를 가슴에 안고 학교 현장에서 실천 적용하기로 작정했고, 이후 오로지 하브루타의 실천 및 현장 적용을 위한 연구에 매진하고 있다.

미술과에 어떻게 하브루타를 적용할 것인가?

미술이란 무엇인가? 미술은 느낌과 생각을 시각적으로 표현하고, 시각 이미지를 통하여 다른 사람과 소통하고, 자신과 세계를 이해하는 예술의 한 영역이다. 왜 미술 수업에 하브루타를 적용해 보고자 하는가? 미술은 창의성과 인성을 신장할 수 있는 핵심 교과이기 때문이다. 미술과가 추구하는 목표인 전인적 인간 육성을 위해 미술 교육의 각 영역인 체험, 표현, 감상을 위한 다양한 활동을 유기적으로 연계하여 미적 감수성, 창의적 표현 능력, 비평 능력을 기르고,

미술 문화를 향유할 수 있는 능력과 태도를 기름으로써 창의인성 교육이 가능하다. 특히 타 교과에 비해 학생들이 자기 방어와 자기 통제를 줄이고 자기 주도적으로 자신을 표현할 수 있다. 학생 내면의 비판적·수용적인 자아를 미술 작품으로 표현하는 과정 중에 감정 정화가 가능하며, 혼자 또는 협동 작품을 만들면서 성취감이나 희열감도 갖게 된다.

그렇다면 미술과에서는 하브루타를 어떻게 적용할 수 있으며, 어떤 수업 모형이 적절할까? 이 부분은 수업을 진행하는 교사의 의지와 상황에 따라 달라질 것이나 대체로 체험 영역, 감상 영역에서 하브루타를 적용하기가 비교적 쉽다. 물론 하브루타 수업 방식에 잘 적응된 상황이라면 표현 영역에서도 부분적으로 적용할 수 있다.

미술 하브루타 실천 사례

하브루타 질문 수업을 막상 현장에서 적용하려 하니 이론과 실제 학교 현장에서의 실천 및 적용의 괴리가 한계로 다가왔다. 시작이 반이라는 속담을 생각하며 미술 수업에서 적용·실천하기 위해 먼저 5~6년 미술 교과서에서 핵심 성취 기준과 교과서에 제시된 학습 목표를 보며 하브루타가 적용 가능한 영역과 차시를 분석하였다. 이어서 주로 각 단원의 도입·정리 부분에서 하브루타를 적용했다.

각 단원의 도입 부분인 1~2차시에 먼저 교과서, 보충 자료지, 참고 도서, 스마트폰의 검색 기능 등을 활용하여 그 단원에서 공부할 내용, 관련 핵심 용어

등을 알아봄으로써 배경 지식을 활성화했다. 그렇게 알게 된 것을 마인드맵으로 정리하며 지식을 구조화시켜 봄으로써 미술 지식 기반과 어휘 확충을 꾀하는 한편, 그러한 과정 중에서 짝 또는 모둠끼리 묻고 답하는 활동을 통해 하브루타를 부분 적용하였다. 또 단원 정리 부분인 마지막 차시에서는 작품과 작가에 대한 감상 활동을 통해 감성을 강화시킬 수 있는 다양한 방법으로 감성 하브루타 수업을 적용함으로써 미래 핵심 역량의 주가 되는 창의성과 인성을 기를 수 있도록 하였다.

- 지도 대상 및 기간(시간)

6학년 : 1학기(주 1회, 2시간/회), 5학년 : 2학기(주 1회, 2시간/회)

- 교과서 및 교사용 지도서 분석

핵심 성취 기준 및 단원과 각 차시별 학습 목표

- 단원별 적용 영역

체험, 감상 영역

교재 분석

초등학교 미술 5, 6학년 1학기(안금희 외 5명, 천재교육)

내상	단원(영역)	소단원	배울 내용	하브루타 수업
	오리엔테이션	하브루타	하브루타 공부의 필요성을 알고, 교과서 내용 살펴보기	● 하브루타 필요성과 마인드 맵 그리는 법 알기 ● 미술 교과서를 보며 배울 내용 살펴보기 ● 오리엔테이션 하브루타:하브루타 공부의 필요성을 알고, 교과서 내용 살펴보기, 하브루타 공부방법 맛보기(강화도 펜션 화재 사건)

6학년	1. 미술로 만나는 새로운 세계(체험)	나에 대한 느낌과 생각	자신의 특징을 찾아보고, 다양한 방법으로 나타내 본다.	-프리다 칼로의 자화상을 감상하면서 미술 작품에서 내면의 모습을 어떻게 표현했는지 친구와 토의하기 (질문 하브루타) -기억 속에 떠오르는 사건에 대해 짝과 대화를 나누어 보고 다양한 시각이미지로 표현하기(질문 하브루타)
	2. 조형의 나라로(표현)	주변을 둘러싼 색과 만나요	색의 성질과 대비를 이해하고, 목적을 생각하며 표현해 본다.	색이 주는 느낌을 알아보고, 색의 성질과 대비에 대하여 짝과 토의하기(질문 하브루타)
	3. 상상의 세계로(표현)	새로운 표현 방법으로	추상 표현의 방법을 이해하고, 대상을 창의적으로 표현해 본다.	-칸딘스키와 그의 작품「무제」를 감상한 후 추상 표현의 방법에 대해 알아 보기(질문 하브루타) -마티스의「이카로스」, 몬드리안의「브로드 웨이 부기우기」, 마크 로스코의「화이트 센터」를 감상하고 어떤 추상 표현 방법이 사용되었는지 찾아보기(비교 하브루타)
	4. 표현의 나라로(표현)	흥미로운 판화의 세계로	여러 가지 판화의 특징과 표현 방법을 이해하고, 효과적으로 표현한다.	판화의 종류에 따른 표현 원리와 특징, 표현 과정에 대해 알아보고, 마인드맵으로 나타내기(친구 가르치기 하브루타)
	5. 전통 미술의 세계로(표현)	우리도 서예 가예요	한글 글씨체의 특징을 이해하고, 글자가 어울리게 정성껏 써 본다.	판본체와 궁체의 특징을 비교해 보고, 각 글씨체의 자형과 운필 방법에 대해 알아보기(비교 하브루타)
	6. 미술 작품과 친구가 되어요(감상)	미술관으로 떠나는 여행	전시회를 관람하고, 미술 작품에 대한 생각과 느낌을 말과 글로 나타내본다.	영상 자료로 마크 로스코와 그의 작품을 둘러보고 그가 왜 추상표현의 거장이라 불리는지 알아보기(질문 하브루타)
	정리	1학기 수업 되돌아보기	하브루타 공부를 하고 달라진 점을 알아본다.	하브루타 공부를 하고 달라진 점 알기(짝 활동)

마인드 맵

매학기 첫 시간에 교과서를 보며 배울 내용을 마인드 맵으로 표현하며 공부할 내용을 미리 알게 함으로써 주변 사물에 관심 두기 및 관찰을 통한 예습 효과를 얻게 하였다.

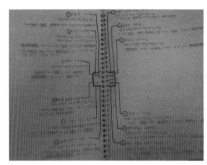 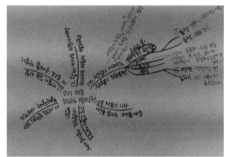

Q&E 노트

하브루타 수업은 고무줄 수업과 같다. 질문의 개수나 활동 시간의 조절로 수업 시간 조절이 가능하나 몰입하다 보면 항상 시간이 부족하다. 그러나 최소한 정규 교과에서는 교과 본연의 목적인 핵심 성취 기준에 도달하기 위한 학습 목표 달성을 염두에 두어야 한다. 따라서 학습 목표에 도달하기 위한 최선의 방법을 고민하며 차시별, 학기별로 계속해서 수정 보완하며 수업을 진행했다.

특히 2학기부터는 Q&E 학습연구회의 허락을 받고 자체 제작한 Q&E 노트를 활용하였다. Q는 질문(Question), E는 설명하다(Explain)의 약자이다. Q&E는 학습 목표 도달을 위한 수업 활동 중에 생긴 의문점을 스스로 해결할 수 있도록 끊임없이 생각하고 찾아보며 알아내는 과정과 알게 된 것을 누군가에게 설명해 줌으로써 지적 희열감과 성취감, 자신감 등을 갖게 하여 질문하기와 설명하기에 익숙해지게 하는 것이다. 그렇게 하려면 질문을 만드는 법, 말하는 법도 알게 되기 때문이다.

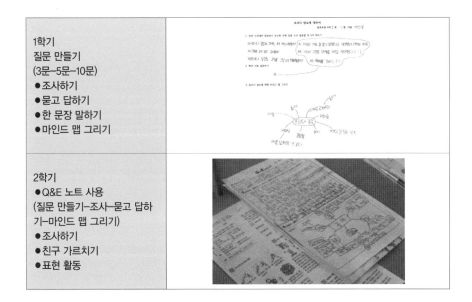

1학기 질문 만들기 (3문–5문–10문) ●조사하기 ●묻고 답하기 ●한 문장 말하기 ●마인드 맵 그리기	
2학기 ●Q&E 노트 사용 (질문 만들기–조사–묻고 답하기–마인드 맵 그리기) ●조사하기 ●친구 가르치기 ●표현 활동	

질문 만들기

하브루타가 익숙하지 않은 상황에서 곧장 질문을 많이 만들라고 하면 학생 입장에서는 매우 부담스러워한다. 그래서 차츰 질문 개수를 늘려 가거나, 보충하거나 또는 예시된 문제를 자기만의 문제로 바꾸어 써 보는 식으로 활동하며 질문을 만드는 부담감을 줄여 주었다. 자칫하면 미술 작품 감상에서 질문 내용의 고착화라는 틀을 만들 수 있어서 매우 조심스러웠다.

다음은 내가 사용한 질문지 양식의 예인데 차시의 성격이나 학생들의 수용 정도에 따라 내용을 조절하였다.

미술
1. 미술로 만나는 새로운 세계-(심화) 나에 대한 느낌과 생각/프리다 칼로에 대하여 1/4(16쪽)
○○초등학교 6의   반   번 이름

1. 먼저 소리 내어 읽으면서 궁금한 것에 밑줄 긋고 질문할 것 3개 정하기

   Q1

   Q2

   Q3

2. 짝과 서로 질문하기

3. 프리다 칼로에 대해 마인드 맵 그리기

4. 다른 짝에게 '프리다 칼로'에 대해 설명해 주기

1. 작품을 감상하며, 짝과 질문하고 대화하면서 빈 칸에 답을 써 보세요.
   7)-11)에는 더 알고 싶은 질문을 만들어 적어 보세요.

질문	답
1) 누가 그렸나요?(작가)	
2) 어떤 재료를 사용하였나요?	
3) 작가는 무엇을 나타내고 싶었을까?(주제)	
4) 작품 제목은?	
5) 내가 제목을 붙인다면?	
6) 처음 보았을 때 떠올랐던 생각은?	
7)	
8)	
9)	
10)	
11)	

2. 알게 된 것을 마인드 맵으로 그려 보세요.(뒷면 이용 가능)

바실리 칸딘스키

3. 오늘 수업에서 꼭 알아야 할 핵심 단어를 2개 이상 적어 봅시다.

미술 작품에 대한 생각을 이끌어 내기 위한 예시 질문입니다.
비슷한 내용의 말로 바꾸어 보세요.

1) 누구의 작품인가요?

2) 어떤 내상이 그려져 있나요?

3) 어떤 선, 형을 사용하였나요?

4) 어떤 색들이 눈에 띄나요?

5) 작가는 어떤 내용을 표현하고자 하였나요?

6) 어떤 재료로 그렸나요?

7) 작품의 어느 부분을 먼저 보았나요?

8) 작품의 특징은 무엇이라고 생각되나요?

9) 작품의 첫 느낌은 어떠하였나요?

10) 작품의 전체적인 분위기는 어떠한가요?

11) 시대적인 배경은 언제인가요?

12) 작품 속 인물은 무엇을 하고 있나요?

13) 작품의 제목은 무엇인가요?

14) 나라면 어떤 제목을 붙이고 싶은가요?

15) 이 작품에 보충을 한다면 무엇을 더 그려 넣고 싶은가요?

16) 이 작품의 미적 가치는?

1. (   )을 관찰하고 색이 주는 느낌과 그 이유를 적어 보세요.

관찰 내용	느낌
1)	
2)	
3)	이유
4)	
5)	

2. 색이 주는 느낌을 표현하는 낱말에는 어떤 것들이 있을까요? (짝 활동)

3. 교과서 24쪽 1번의 표지판을 보고 질문 5개를 만들어 보세요.

1)

2)

3)

4)

5)

4. 위 3의 문제를 짝과 이야기 나눠 보고 알게 된 것을 마인드 맵으로 그려 보세요. (뒷면 이용 가능)

5. 알게 된 점을 한 문장으로 적은 후, 짝에게 설명해 봅시다.

단원 첫 시간

단원 첫 시간(체험 영역-지각, 소통)에는 단원명을 가지고 하브루타 수업을 한 다. 단원에서 꼭 알아야 할 미술 용어와 표현 방법, 참고 작품과 작가 등에 대한 Q&E 학습을 통해 배경 지식을 갖추고 다음 차시 표현 활동을 위한 준비 및 활 동 계획 등을 세운다.

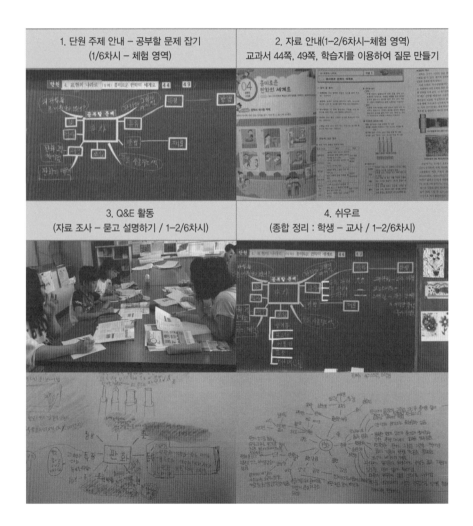

작품 감상

작품 감상 시에는 작품을 제시한 후 주로 2가지 방법을 활용해 감상하게 했다. 2가지 방법 모두 작품에 대한 관찰을 기본으로 한다. 깊은 관찰을 통해 작품 또는 작가와 교감할 수 있기 때문이다. 질문 만드는 법은 학기 초에 학습 기본 훈련 시 지도해야 한다.

질문 만들기도 중요하나 그 질문을 해결하려는 의지와 과정도 학습 훈련에서 중요하므로 가능한 시간을 많이 주어 충분히 탐색하도록 함으로써 배경 지식을 활성화시켰다. '아는 만큼 보인다.'라는 말이 있듯이 궁금점을 충분히 알아낸 다음 설명 또는 발표할 때에는 그 단원에서 꼭 알아야 할 핵심 용어나 미술 용어를 사용하여 말하게 함으로써 개념 이해와 어휘 확충을 꾀하였다.

감상 방법 1

직관과 분석에 의한 질문 만들기가 이루어지는 감상법이다. 질문을 많이 만들수록 사고의 폭과 깊이가 더해지며 짝 활동을 통해 다양한 생각을 나눌 수 있어 하브루타의 참맛을 알기에 좋은 감상법이다. 다만 시간이 많이 소요되며, 질문 만들기가 익숙해졌을 때 사용하면 더 효과적이다.

질문 만들기를 통한 작품 감상
○○초등학교 6의   반   번 이름

1. (   )을 감상하고 질문을 10개 만들어 봅시다.

1)

2)

3)

4)

5)

6)

7)

8)

9)

10)

2. 위의 문제 중 가장 잘 만든 질문을 골라서 짝과 토의해서 적어 봅시다.(짝 활동)

1)

2)

3. 모둠원 친구들의 대표 질문은?(모둠 활동)

1)

2)

3)

4)

4. 우리 모둠 대표 질문 1개 뽑기

5. 우리 모둠 대표 질문으로 전체 토의하기

6. 알게 된 내용을 마인드 맵으로 그려 보기(뒷면 이용)

질문 하브루타 감상 수업 학습지

장점	단점
1. 질문을 많이 만들수록 사고의 폭과 깊이가 더해짐 2. 학생의 수업 참여도 및 개인차에 따라 질문의 개수 및 내용이 다름 3. 분석적 작품 감상으로 접근해 갈 수 있음 4. 관찰력이 생김	1. 질문 만들고 질문 해결하는 데 시간이 많이 걸림(3개 이상, 5개 이상으로 조절하여 제시 가능함) 2. 질문 만들기의 훈련이 되지 않으면 몹시 부담스러워함 3. 질문 및 자료 조사 내용을 글씨로 쓰고 찾는 작업 자체를 귀찮아 함

활동 순서(학습지)

1. 질문 만들기(작가와 작품)

2. 비슷한 질문 찾기

3. 서로 묻고 대답하기

4. 모둠 대표 질문 정하기

5. 모둠 대표 질문으로 이야기 나누기(발표자 및 의견 나누기)

6. 발표 및 의견 나누기

7. 쉬우르(전체 정리)

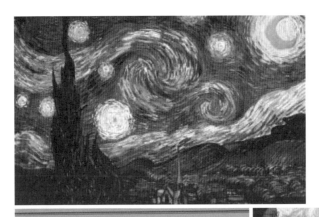

☆ Q 어두운 색을 사용한 이유는?

- 자신의 마음속에 담긴 거울이 어두워서!
- 자신의 고향이 그립고, 자신이 요양원에 있다... 힘들고 괴로워서!
- 자신의 생각이 담긴 그림을 그리고 싶어서!
- 자신의 기분이 담긴 그림을 그리고 싶어서!
- 자신의 그림을 그리고 싶어서!
- 그 당시 사회(정신병원)이 어두워서...

모둠 (강태현, 국현영, 강다희, 김수현, 김여빈, 김태희)

별이 빛나는 밤 처럼 생긴 곳이 실제로 있을까?
고흐가 정신병원에 있을 때 병실밖으로
이는 풍경을 기억과 상상을 결합해 그렸다.
배경에 있는 검정색 ... 비슷한 나무가 있음.

Q 저 검은색 긴 그림은 무엇인가? (초현 통통)

작가
힌트-반고흐
청탑
별이 빛나는 밤
밝한 달
켄퍼스유리
기법
고개과 다듬이
자신의 귀를 자른여
상-레미의 요양원에서 그림것

모둠 이름-듀승콩 기모께~
우리 모둠 최고의 질문:
소용돌이를 왜 그렸을까?

질문의 답: 1868년 말 고흐는 상 레미의 정신병원
에서 정신중아로 인한 고통을 소용돌이로 표현했다.
최은서: 자기 마음이 있는 요란도 표현, 직접 보여주다.
최연구: 색이게 보내주려고, 지입 고린 내색깔 색깔 보여서다.
최현태: 직접 보여서다.

Q 고흐가 이 그림을 그릴 때 무슨 생각이었을까?

혜미- 죽음을 생각하며 자신의 밝은 눈물 돌아보며 더멀한 마음으로 그렸을 것 같다.
열우- 자신의 불행하고 복잡한 마음을 반짝이는 별빛의 풍경으로 표현한 것 같다.
다현- 그 전에 그린 그림들에서도 밤의 경험을 다뤄들이 정신병원에 혼자 있어 외로운 마음을 밤의 마음으로 표현한 것 같다.
진녕- 정신병원에서의 고통을 표현했으리까 슬펐을것 같다.

빈센트 반 고흐의 「별이 빛나는 밤」을 감상하며 --

182

감상 방법 2

직관에 의한 감상법으로 학습자도 교사도 부담 없이 접근할 수 있다. 따라서 하브루타 수업을 처음 도입할 경우, 또는 질문 만들기를 부담스러워하는 경우, 시간이 부족할 경우 사용하면 더 효과적이다.

미술 작품에 대하여 이야기를 나눌 때
○○초등학교 6의   반   번 이름
1. 작품을 천천히 자세히 관찰하면서 보이는 것이나 떠오르는 생각을 10개 이상 적어 보세요.(많을수록 좋음)
2. 위 1번의 단어들로 문장을 만들어 보세요.(많을수록 좋음)
3. 위 작품에 제목을 붙이고 그 이유까지 생각해 보세요.
4. 짝과 함께 이야기를 나눠 보세요.
5. 궁금해지는 것은 무엇인가요?
6. 알게 된 것, 더 알고 싶은 것에 대해 마인드 맵으로 정리해 봅시다.(옆면)

1, 2번 활동

관찰 결과 보이는 것, 직관에 의해 떠오르는 생각 등을 부담 없이 낱말로 적고, 그 낱말들을 사용하여 문장을 만들게 함으로써 그림을 읽게(독화) 한다.

3, 4번 활동

제목을 붙이고 그 이유까지 생각하여 말해 보는 활동은 나름대로의 작품 해석을 통해 작가 의도를 알아 가는 과정이며 짝 활동, 모둠 활동을 통해 생각의 다름을 알아 가는 과정이다. 이는 미술 비평으로 연계될 수 있다.

5, 6번 활동

질문을 만들고 그 질문을 해결하며 알게 된 것을 마인드 맵으로 엮어 냄으로써 배경 지식을 구조화시킬 수 있다. 직관에 의해 순간에 작품을 읽어 내는 이 방법은 학습자도 교사도 부담 없이 감상 수업을 할 수 있으므로 하브루타 감상 초기에 질문 만들기에 대한 부담을 줄이고 시간이 없을 때 사용하면 좋다.

직관에 의한 감상 학습지

장점	단점
1. 질문 만들기에 대한 압박감, 부담감을 덜어줌 2. 시간 조절이 가능함(낱말의 개수, 문장의 개수를 조절하여 제시 가능) 3. 직관에 의한 작품 감상으로 첫눈에 작품을 읽어 내는 습관이 길러짐 4. 관찰력이 생김	1. 질문을 많이 만들지 않으므로 분석적인 작품 이해력이 미흡함

활동 순서(학습지)

1. 질문 만들기(보이는 것, 떠오르는 생각 등)

2. 비슷한 질문 찾고 이야기 나누기

3. 가장 잘 만든 질문으로 짝과 토의

4. 모둠 대표 질문 1개 뽑고 모둠 토의

5. 알게 된 내용 마인드 맵 정리

-이야기 나누기(이유까지, 네 생각은?)

-정리 및 배경 지식 구조화하기

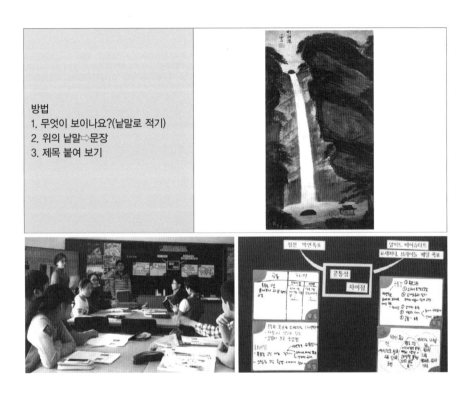

방법
1. 무엇이 보이나요?(낱말로 적기)
2. 위의 낱말➪문장
3. 제목 붙여 보기

하브루타 수업 결과 및 제언

　1학기 동안 6학년 미술과의 체험 영역과 감상 영역에서 하브루타를 적용해 본 결과, 학생들로부터 얻은 긍정적인 반응은 하브루타 수업을 통해서 질문을 만들고 질문에 대한 답을 스스로 또는 짝과 찾아본 후 서로 설명해 주고 가르치는 과정을 통해 미술과 관련된 전문적인 지식을 많이 알게 되었다는 것이다. 질문을 만들기 위해 관찰과 작가의 내면을 들여다볼 수 있게 되었으며 이는 작품 감상으로 연결되었다고 한다. 특히 짝 활동을 통해 친구를 이해하는 계기가 되고, 스스로 만든 질문에 대한 답을 찾으면서 앎의 재미를 실감했다는 평도 있었다. 남과 다른 나만의 작품에 가치를 두었기에 즐겁게 참여할 수 있었다고도 한다.

부정적인 반응으로는 종래의 미술 시간처럼 그리고 만드는 활동 중심 수업이 줄어든 것에 대해 아쉬움이 컸고 질문 만드는 법, 마인드 맵 그리는 법 등 기초적인 활동 지도 시간을 귀찮아했으며, 교사 역시 진도 조절, 자료 준비, 인내하며 적용하는 것이 힘들었다는 점 등이 꼽혔다.

하브루타 학습은 매일 지속적으로 했을 때 효과가 가장 크다. 가장 좋은 매체로는 교과서를 들 수 있다. 어제와 오늘 수업이 연계된 것이므로 아이들이 다음 차시에 할 것을 살펴보고 미리 질문을 만들어 오면 예습 효과가 크다. 주제 통합 수업의 경우 교과서로 질문을 하고 그와 관련된 교과서 외의 분야까지 지속적으로 더 깊이 질문을 하며 알아보고 공부를 할 수 있게 되므로 교과 하브루타 수업은 다른 교재를 사용해서 하는 수업보다 훨씬 효과적이다.

스스로 만드는 질문 속에 답을 찾아가는 과정이 포함되니, 꼬리에 꼬리를 무는 질문들은 창의성을 전제로 하게 된다. 뿐만 아니라 질문을 해결해 나가는 과정에서 얻어진 배경 지식과 핵심 어휘들은 확실한 개념으로 자리를 잡으며, 말로 표현하는 토론 수업은 인성 교육에도 탁월하다. 말로 표현하기 때문에 자신이 선택한 어휘, 말의 강약, 크기, 속도, 눈빛, 제스처 등이 상대방에게 어떤 영향을 주는지 쉽게 파악할 수 있기 때문에 당연히 어휘력이 늘고 발표력도 향상되어 토론과 글쓰기가 크게 향상된다. 결국 21세기를 주도해 나갈 창의융합형 인재의 기본 핵심 역량인 창의성과 인성이 하브루타 학습 방법으로 길러지게 되는 것이다.

하브루타 수업의 한계

하브루타 수업이 필요하다는 것은 익히 알고 있음에도 불구하고 실제 학교 현장에서의 하브루타 수업은 한계가 있다. 왜냐하면 질문하고 경청하고 스스로 생각하고 찾아보는 것이 익숙하지 않은 아이들은 수업 중에 교사가 답을 줄 것이라는 기대가 이미 습관이 되어 있기 때문이다. 숙제를 내어주더라도 자신이 자료를 찾아보거나 고민하지 않고 생각 없이 대충 적어 올 확률이 높다. 뿐만 아니라 컴퓨터 자판에 익숙해진 아이들은 말과 글로 표현하고, 글씨를 쓰는 것을 무척 귀찮아한다.

그런 아이들을 대상으로 생각하게 하고 질문하게 하고 다른 친구의 생각을 경청하게 하고 토론하고 정리하는 것이 쉽지는 않다. 게다가 다인수 학급에서 아이 개개인에게 일일이 반응해 주거나 칭찬과 격려를 해 주는 시간도 부족하고 내용에 충실하지 못할 수도 있다. 한두 사람만의 발표를 위주로 해 나가거나 잘하는 아이들 위주로 하는 수업이 아니라 전원이 질문을 만들고 각자가 만든 질문들을 친구들에게 던지면서 답을 만들어 나가는 과정이기 때문에 준비가 안 된 아이들에게는 다소 시간이 걸릴 수 있다.

교과목에 대한 인식과 개정 교육과정에 대한 이해 부족에서 오는 어려움도 있다. 예를 들면, 미술 과목은 노작 활동이 주가 되어 그리기, 만들기 등의 표현 활동 수업만 하는 줄 알고 있다가 체험, 감상 영역에 비중을 두고 하브루타 수업(질문 만들기, 궁금점을 해결하기 위한 여러 가지 활동, 묻고 대답하고 설명하기 등)을 하면 '왜 미술 시간에 공부를 해요?'라고 불만을 터뜨리는 학생들도 있다는 점이다.

또한 짝 구성도 잘해야 한다. 잘하는 아이들끼리 짝을 하면 더 많은 효과를 보겠지만 거의 참여하지 않는 아이와 함께 짝을 이룬 아이들은 많이 힘들어 한다. 그럴 때는 교사가 그런 아이들의 짝이 되어서 질문을 만들어 주고 답을 하고 전혀 다른 이야기들을 질문으로 만들어서 아이들의 호기심을 유발하는 방법을 써야 한다.

하브루타 수업을 도입하려면 몇 주 아니면 몇 개월 동안 인내심을 갖고 계속해 나간다는 각오가 필요하다. 일단 하브루타 수업의 맛을 알게 될 때 놀라울 만큼 달라지는 모습을 볼 수 있을 것이다.

하브루타 활용 수업을 위한 준비

학교 교육 현장에서의 하브루타 수업의 실제 적용은 이제 유아기와 같다고 볼 수 있다. 공개 수업 참관이나 수업 컨설팅을 하다 보면 하브루타 용어를 설혹 모른다 하더라도 질문 수업의 중요성을 알고 온전한 배움이 일어나게 하는 수업, 적극적 학생 참여가 이루어지는 짝 활동을 통한 질문 수업이 수업 현장에 녹아들고 있다. 이는 그동안 실시해 왔던 하브루타 관련 교육과 연수, 학교 및 사회 곳곳의 현장에서 과목별 실천·적용에 앞장섰던 여러 선생님의 실천 노력이 파생·정착되어 온 결과로 보인다.

다만 아직도 우리의 교육 현실은 학생들이 학습 목표에 쉽게 빨리 도달할 수 있도록 교사도, 교재도 매우 친절하게 안내해 주고 궁금한 것에 대해서도 즉시 답을 해 주고 있으며, 학생들 역시 주는 대로 받기만 하는 데 아주 익숙해져 있다. 이 상태에서 하브루타 활용 수업을 하기 위해서는 다음과 같은 준비가 필요하다.

-교사는 학생들의 눈높이에 맞는 수업을 디자인해야 한다.
-학생들이 수업에 몰입할 수 있는 설득의 과정이 필요하다. 아무리 좋은 수업 방법이라도 학생들이 수용하지 않으면 효과가 없으므로 하브루타 첫 수업에서 하브루타 수업의 필요성과 효과에 대해 다양한 방법으로 설득할 필요가 있다.
-하브루타 수업을 위한 기초 훈련이 필요하다. 말하는 법, 경청하는 자세, 질문 만드는 법, 질문하는 법, 자료 조사하고 정리하는 법 등을 알고 익힘으로써 생각 근육, 질문 근육 등을 길러야 효과가 크다.
-하브루타 수업 중에는 교사 자신의 생각을 주입시키지 말고 개입을 최소화하면서 학생들의 창의력과 잠재력을 이끌어 내어주는 태도를 지녀야 한다.
-학생들과 함께 미리 여러 가지 질문(내용, 상상, 적용, 메타 질문법) 만들기와 질문하기 방법을 익히고 활용하게 해야 하며 그렇게 할 수 있는 환경을 만들어 주는 것이 중요하다.
-질문에 대한 학생들의 답이 다름을 이해하면서 존중해야 한다.
-교육당국의 적극적인 행정·재정적 지원이 필요하다(테블릿 PC 준비, 평가 방법의 변화 등)
-하브루타 수업은 가정, 학교, 사회에서 같이 해야 한다. 사회에서 하브루타

가 문화로 자리 잡을 때 자기주도적인 학습력이 생기게 되고 더불어 잠자는 교실이나 학교폭력 등도 사라질 것이다.

하브루타 수업이 현장에 정착되기 위해서는 앞으로도 수업 모형 개발과 수업 적용 사례, 평가 방법 등에 더 많이 연구해야 하는 과제가 남아 있다. 나는 하브루타가 미래의 창의인재 육성에 꼭 필요한 교육 방법임을 확신한다. 하브루타 질문 수업은 대한민국에 하브루타 문화가 정착되어 한국형 하브루타로 재정립되어 세계 속에 퍼져 나갈 때까지 계속되어야 한다고 생각한다.

· 제3장 ·

학교에서
하브루타하기 2
– 중등 편

내가 서 있는 이곳에서 질문하고 답하다

이윤정

『작은 새』를 만나다

하브루타교육 세미나에서 깜짝 놀랄 만한 질문을 하나 받았다.

"사과는 어떻게 생겼나요?"

처음에는 그리 놀랄 만한 질문도 아니었다. 사과가 어떻게 생겼는지 그려 보라는 요구에 아무 의심 없이 그렸다. 동그랗게 원을 그리고 홈을 파고 꼭지를 길게 빼내어 꼭지 끝부분에 예쁜 나뭇잎을 하나 달았다. 마지막으로 빛의 반짝임을 나타내는 느낌표를 자신 있게 그렸다. 같은 질문을 받았던 주변 사람들도 별반 다르지 않게 그린 것을 보고 조금은 마음이 편했다. 다음 순간, 실제 사과 사진을 보고 이어진 질문은 내 인생을 통째로 바꾸어 놓았다.

첫 번째 질문

"그런 그림에는 사과에 꼭지가 있네요. 그런데 보세요. 실제 사과에는 꼭지가 없습니다. 꼭지가 있는 것도 있는데 아주 작게 있지요. 실제 사과에는 왜 꼭지가 거의 없을까요?"

"만약 꼭지가 길게 달린 채로 포장을 하게 되면 어떤 일이 일어나게 될까요?"

"사과들이 흠집이 나면 어떻게 될까요?"

"사과들은 대부분 꼭지가 없는데 왜 우리는 굳이 꼭지를 그릴까요?"

두 번째 질문

"잎사귀가 달린 사과를 직접 본 적이 있나요?"

"잎사귀가 달린 사과를 직접 보려면 과수원에 가서 잎사귀가 달린 채로 사과를 따야 합니다. 잎사귀를 어디에 그렸나요?"

"꼭지에서 사과 잎이 나올 수 있나요? 과학적으로 나뭇잎은 어디에서 나오나요?"

"과학적으로 나뭇잎은 가지에서 나옵니다. 왜 우리는 사과 잎을 꼭지에 붙여 그리거나 사과 속에서 나오는 것처럼 그릴까요?"

세 번째 질문

"왜 사과의 반짝임을 표현하는 데 한결같이 '느낌표'를 그리나요?"

이런 질문들을 듣자 모두 말문이 완전히 막혀 버렸다. 아주 작은 관심에서 시작된 질문이기에 더 할 말을 잃었다. 지금까지 살면서 "왜?"라는 질문을 해 본 적이 없었기 때문이다. 고정관념에 완전히 사로잡힌 나의 모습을 직면하는 순간이었다. 나는 작은 것에 관심이 없었고, 우리 문화 속의 나는 질문하지 않았다.

2012년 『뉴욕타임스』에서 올해의 가장 좋은 어린이 그림책으로 선정된 『작은 새』(제르마노 쥘로 글, 제르마노 알베르틴 그림)를 보다가 문득 사과 그림으로 하브루타에 첫 발을 내딛게 된 그날이 떠올랐다. 『작은 새』에서는 모든 것은 발견되기 위해 태어났고, 그것을 발견하는 순간부터 우리가 상상치 못한 놀라운 일이 벌어진다고 말한다. 작지만 보물 같은 존재여서 차츰 빛나며 의미를 지니게 되고 그 빛으로 세상은 조금씩 바뀐다는 것이다.

그런데 현실에서는 발견하기 위한 시도를 전혀 하지 않는 것 같다. 특히 우리 아이들이 그렇다. 아니, 그럴 여유가 없다. 매년 수능이 끝나고 학교 정문 위에 붙는 유명 대학 입시 합격의 내용을 담은 현수막을 볼 때마다 씁쓸함을 감출 수 없다.

우리의 교육은 공정하지 못하다. 한 가지 기준으로 학생들을 평가하고 줄을 세운다. 다른 능력을 가진 수많은 학생이 학교 안에서 배제되는 결과를 낳고 있는데도 변화는 아직 먼 나라의 이야기다. 우리 학생들은 자신에게 있는 능력을 발견하지 못한 채 평생 그저 그러려니 하며 살아간다. 다른 사람과 공감하는 능력도 갈수록 메말라 간다. 때로는 부모에게 복수하며 갖가지 사회 문제를 일으키는 문제아가 되고 만다.

학생들 각자가 가지고 태어났을 소중한 재능을 부모가 찾아주거나 스스로 찾지 못한다면 교사가 전심으로 도와주어야 한다. 그 가치를 발견하고 소중히 여기면서 살아간다면 세상은 지금보다 조금 더 아름답게 변하지 않을까? "저 아이는 어떤 달란트를 가지고 태어났을까?"라는 질문은 그래서 무엇보다 중요하다.

질문, 변화를 위한 준비

내가 찾은 대안은 질문의 힘을 가진 '하브루타'이다. 하브루타는 자신의 생각을 자유롭게 이야기하고, 관심 있는 부분에 끊임없이 질문하며, 지금보다 더 아름다운 세상을 위해 자기가 해야 할 일과 참된 가치를 찾아가는 과정이다.

하브루타는 '문화'다. 자유롭게 자신의 생각을 이야기하고 질문하고 토론하는 하브루타 문화는 말보다 사유를 강조하는 우리 문화와 대비된다. 말을 되도록 아끼고 생각의 깊이를 더하는 것이 중요한 문화에서는 어른이 생각하고 판단하고 결정한 일을 우리 학생들은 "왜?"라고 물을 기회조차 없이 따라야 한다. 이런 상황에서 하루아침에 자유롭게 자신의 생각을 말하라고 한다면 어느 학생이 입을 열 수 있을까?

최근에 하브루타가 확산되고 공교육에도 변화가 절실히 필요하다는 요구에 따라 많은 교사가 관련 책을 읽고 온·오프라인으로 연수를 들으며 학생들에게 적용하기 시작했다. 하지만 매번 돌아오는 불평은 "어렵다."는 것이다.

몇 번의 질문 만들기로 교사 중심 수업에서 학생 중심 수업으로 바뀔 수는 없다. 교실에서 학생들은 짝을 정하는 것부터 말하는 것까지 모두 부담스러워한다. 학생뿐만 아니라 교사도 마찬가지다. 하브루타를 시도하노라면 시끄러운 분위기에 옆 반 수업을 방해하는 것이 아닌지 걱정하고, 칠판에 무엇인가를 열심히 쓰고 가르치는 막중한 책임을 다하지 못했다는 불안감과, 떠드는지 토론을 하는지 끊임없이 학생들을 의심해야 하는 아이러니한 상황에 놓이고 만다. 교사와 학생 모두 혼자 하는 것에 익숙해 있고, 일방적으로 듣고 말하는 문화에 오랫동안 노출되었기에 그렇다.

교사는 자신의 수업에 변화가 필요하다는 사실을 인정하는 것이 먼저다. 하브루타가 필요한 이유를 학생들에게 이야기해야 한다. 공감이 가도록 충분히 설명해야 한다. 더 나아가 작은 것부터 훈련해야 한다. 어떤 상황에도 자신 있게 말할 수 있고, 혼자가 아니라 둘이 함께하는 것을 당연시하며, 작은 것도 지나치지 않고 궁금한 것을 끊임없이 질문하고 탐구하도록 해야 한다. 학교에서뿐만 아니라 가정에서, 사회 곳곳에서 이런 변화가 일어나야 한다.

용기는 질문을 낳는다

여전히 우리 학생들은 수업 시간에 말할 기회가 별로 없다. 특히 학년이 올라갈수록 선생님의 수업을 듣고 열심히 받아 적는 데 익숙해진다. 학생들은 수업 내용에 대해 질문하고 자신의 생각을 표현하는 것을 경험해 본 적이 없다. 무엇인가를 말하려고 하면 혹시 답이 틀리지 않을까, 선생님께 면박당하지 않을까, 친구들이 뭐라고 하지 않을까 등 수많은 내면의 갈등을 겪고는 결국 속으로 삼키는 경우가 많다. 학생들이 일단 말을 하게 해야 한다. 학생들이 말을 할 수 있는 기회가 많아야 한다.

반면에 교사는 한 걸음 뒤로 물러나 학생들의 말을 들어야 한다. 학생은 말하는 즐거움을, 교사는 듣는 즐거움을 느낄 수 있어야 한다.

모두가 하루에 한 번은 말해야 하는 '하루 한 입 수업'이 이러한 이유로 탄생했다. 한 번 이상을 말할 수밖에 없는 이유는 다음과 같다. 용기를 내어 말하는 것이 목적인 이 수업은 정확한 글의 내용을 파악하는, 바로 '내용 확인 질문을 활용한 질문 전투 수업'이다. 특히 학기 초에 반드시 이 수업을 여러 번 진행해서 말하는 분위기를 형성하는 것이 중요하다.

방법은 아주 간단하다. 글의 내용이 바로 답이 되는 질문을 만드는 것이다. 이는 학습 능력이 뛰어나지 않은 학생들도 쉽게 할 수 있다. 각각 내용 확인 질문을 만들고 짝과 함께 1차적으로 서로 묻고 답하며 풀고 그중에서 하나를 골라 2차적으로 짝과 한 팀을 이루어 전체 학생이 함께 푼다. 이 질문 전투의 시간이 꽃이다.

"이 글의 제목은 무엇이지?"
"당시 사람들은 어떤 어려움을 겪고 있었는가?"
"이 글에서 천지왕은 아들들에게 어떤 징표를 주었는가?"
"아버지를 어떻게 찾아갔나?"
"이승과 저승을 다스리는 사람을 정하기 위한 방법은?"
"그 결과 이승과 저승에서 어떤 일이 생겼나?"
(「소별왕 대별왕」을 읽고 학생들이 만든 내용 확인 질문)

학생들이 만든 질문에 학생들이 답한다. 발표를 할 때 짝과 손을 같이 들어야 하는 조건이 있는데 손을 잡아야 한다는 말은 하지 않았지만 발표하기 위해 자기도 모르게 짝의 손을 잡아든다. 왜? 자신 있게 답할 수 있는 내용이기 때문이다. 교과서에서 주어진 질문이 아니라 내가, 친구가 쓴 질문이라 안도감과 자신감으로 답한다. 우리 학생들이 생각을, 질문을, 답을 할 줄 모르는 것이 아니다. 그저 말할 용기가 없었던 것뿐이다.

말할 용기는 처음에는 어렵지만 계속 반복하다 보면 자연스럽게 낼 수 있게 된다. 단, 시간이 걸린다. 몇 차시 수업으로 해결되는 문제가 아니다. 교사가 간단한 질문을 했을 때 다수의 학생이 자신의 말로 목소리를 내어 자유롭게 이야기하는 순간이 오면 이런 분위기가 조금씩 만들어지고 있다는 것을 확인할 수 있다.

자기 자신에게 묻다

자신 있게 질문하고 대답하며 짝과 함께 공부하는 훈련을 계속하다 보면 자신에게 질문하는 시간이 온다. 주로 문학 수업에서 이루어진다. 어머니에 대한 그리움을 주제로 한 「호박꽃 바라보며」라는 시를 함께 공부할 때였다. 솔라리움이라는 사진 카드를 가지고 '나에게 엄마란?'이라는 질문에 카드를 이용하여 짝과 함께 나누게 한 후 발표를 하기로 했다. 여러 학생이 발표를 하고 난 뒤 조금 있다가 조용히 앉아 있던 남학생이 조심스레 손을 들었다.

"저는 26번 사진을 골랐습니다. 이 사진 속에는 엄마와 아이 사이에 풍선이 하나 있는데 자세히 보면 손에서 벗어나 있습니다. 이 풍선처럼 저희 엄마는 저를 키우시기 위해 여자로서의 삶을 놓치고 살아가십니다. 화장도 안 하시고 옷도 안 사 입으시고…. 저를 위해 희생하시는 모습이 이 그림에 있는 놓친 풍선의 모습과 닮았습니다."

예상치 못한 진심어린 발표에 학생들은 한순간에 숙연해졌다.

자유학기제에 주제 선택으로 시 신화 수업을 마련한 것도 같은 이유에서였다. 시를 읽고 와 닿는 부분을 골라 자기 자신에게 묻는 '나를 만나는 詩간' 수업이다. 톨스토이의 '참 사랑'이라는 시를 보고 한 학생이 자신에게 물었다.

"사랑하는 사람의 행복을 위해서 내가 불행해질 수 있을까?"

"그럴 수 없다면 내가 하는 사랑은 가면을 쓴 가짜일까?"

박성우 시인의 「보름달」 시를 읽고 시 구절이 가슴에 박혀 한동안 떠나지 않는다고, 우물 안에 갇힌 자신의 모습에 무엇인가 변하고 싶은 답답함을 호소하기도 했다.

'엄마, 사다리를 내려 줘 / 내가 빠진 곳은 너무 깊은 우물이야 / 차고 깜깜한 이 우물 밖 세상으로 나가고 싶어'

이유를 모른 채 1등을 향해 달려가는 우리들은 정작 중요한 진로는 쉽게 정해 버리고 만다. 점수로 전공을 결정하고 합격을 위한 공부를 한다. 이렇게 맞지 않는 옷을 입고 사회 곳곳에 서 있다. 내가 왜 이 일을 해야 하는지, 어떤 마음으로 임하는지 끊임없이 물어야 하지만 그럴 시간조차 없이 앞만 보고 바쁘게 살아간다. 이에 대한 책임은 곧 우리에게로 돌아오지만 누구도 그것이 옳지 않다고 말하지 않는다.

같은 의사라도 이 질문에 어떻게 답하고 사느냐에 따라 극과 극의 모습을 보여 준다. 한국의 슈바이처 장기려 박사는 이웃 사랑의 정신으로 생명을 살린 의사인 반면, 사회 문제가 되고 있는 유령의사는 사회를 병들게 한다. 결국 그 자리에 임하는 사람의 문제인 것이다.

세상을 더욱 아름답게 만들기 위해 나는 어떻게 살아야 할 것인가에 대해 치열하게 묻는 것이 결국 하브루타의 목적이 아닐까?

행동하는 삶을 살기 위한 질문

"우리는 왜 공감해야 할까?"

다양한 감정 키워드로 생각을 이끌어 내도록 질문하고 토론하기로 했다. 학생들과 함께 소설 『아몬드』(손원평)를 읽고 '공감'이라는 키워드에 대해 질문을 했다.

"공감은 선택이 아니라 인간의 본능이며 의무 아닌가요?"

"하지만 섣부른 공감은 상대에게 더 큰 상처를 줄 수 있습니다."

"이 책에서 선생님이 주인공에게 한 형식적인 공감은 안 하니만 못했다고 볼 수 있어요."

"이영학 사건처럼 섣부른 공감으로 많은 사람이 상처를 받았습니다."

"그렇다면 올바른 공감을 하기 위한 방법에는 무엇이 있을까요?"

학생들은 행동하는 삶을 살기 위한 질문을 하고 대화하기 시작했다.

우리가 공감하며 말해야 하는 이유는 상대와 좋은 관계를 형성하고 관계를 발전시킬 수 있기 때문이다. 이는 자연스럽게 사회로까지 영향을 미친다. 공감은 언어로 표현되기 이전에 이미 상대방의 정신적·정서적 상태를 전제로 한다.

200

상대방에 대한 진정한 공감이 선행되지 않고 말 속에 드러난 감정에만 초점을 두는 것은 진정한 공감이라고 보기 어렵다.

소설 「할머니를 따라간 메주」에서 할머니와 엄마의 갈등 대화에서도 공감에 대한 질문은 이어졌다.

"왜 갈등이 생겼는가?"

"내가 지금 겪고 있는 갈등 대화가 있는가?"

"이 문제를 해결하기 위해 나는 어떻게, 어떤 말을 할 것인가?"

나의 입장만 고집하고, 상대의 의견을 무시하며 말하는 태도는 상대의 공감을 이끌어 내지 못할 뿐만 아니라 상대의 마음을 상하게 할 수 있다는 사실도 이 과정을 통해 알게 된다.

작은 날개를 달다

하브루타를 만나고 가장 크게 바뀐 나의 모습은 사소한 것에도 관심을 갖고 여러 번의 생각을 거쳐서 궁금한 것을 자연스럽게 떠올리곤 한다는 것이다. 거기에서 그치지 않고 용기 내어 묻고 행동으로 나서기도 한다.

자동차를 수리하기 위해 카센터에 들렀는데 '왜 버스는 문이 하나일까? 승용차처럼 좌석마다 문을 달면 편하지 않을까?'라는, 듣기에 따라서는 엉뚱할 수도 있는 질문이 떠올랐다. 예전 같으면 그냥 지나가는 생각이려니 할 텐데 용기 내어 정비사에게 물어보았다. 정비사는 잠시 당황스럽다는 표정을 보인 후, "잘 모르겠지만, 자동차에서 가장 무게가 나가고 비싼 곳이 문짝입니다. 무거우면 빨리 못 달릴 테고 기름이 많이 들 텐데… 이것과 관계가 있지 않겠습니까?"라고 말했다.

용기를 내면 질문을 할 수 있고 질문을 하면 하나 그 이상의 것을 얻는다는 것을 매일 깨닫는다.

학생들도 마찬가지다. 처음에는 짝과 함께하는 것이 어색하고, 질문하는 것이 부담스럽지만 자주 이런 상황에 놓이게 되면 자연스러워진다. 교과서적인 답을 내놓기 위한 생각이 아니라 내 이야기, 내 경험을 이야기한다. 더 나은 자신과 삶에 대한 소망이 생기고 그 과정에서 살아 있는 질문들이 쏟아진다.

머리로, 입으로는 얼마든지 이야기할 수 있다. 다만 칸트의 "내용 없는 사고는 공허하며, 개념 없는 직관은 맹목이다."는 말처럼 질문하고 경험하는 과정 없이 만나는 개념화된 학문은 형식만 남아 아이들에게 어떠한 재미도 의미도 느낄 수 없는, 나와는 상관없는 '죽어 있는 지식'이 되고 만다.

스스로 생각하고 질문하는 힘

어느 날, 유치원을 다녀온 아들이 귀여운 목소리로 흥얼거렸다.

"아프리카에선 염소 1마리, 4만 원이네~(싸다!) 하루 커피 한 잔을 줄이면 한 달에 염소가 4마리, 지구의 반대편 친구들에게 선물, 하!자!"

"지욱아, 커피? 염소? 무슨 노래니?"

"응, 유치원에서 배웠는데, 아프리카 친구들이 염소가 있으면 밥도 먹고 공부도 할 수 있대요!"

알고 보니 유치원에서 옥상달빛의 「염소 4만 원」이라는 노래를 배운 모양이었다. 자선(체다카) 교육을 어떻게 시작할지 고민하던 참에 잘됐다 싶어 대화를 시도했다.

"아, 그렇구나! 그럼 염소만 있으면 아프리카 친구들은 밥도 먹고 공부도 할 수 있구나. 그럼 염소가 없는 친구들은 어떻게 해?"

"밥도 못 먹고 학교도 못 간대요."

"아이고, 저런. 지욱이가 친구들을 도와줄 방법이 없을까?"

"염소를 보내주고 싶지만 지욱이한테는 염소가 없는 걸요?"

"아, 지욱이가 염소를 보내주고 싶은가 보구나."

"그런데 염소를 어떻게 보내줘요? 너무 멀~~~리 있는데."

"여기서 염소를 사서 보내주면 너무 무겁고 시간도 오래 걸리니까, 돈을 모아서 염소 살 돈을 보내주면 그 나라에서 염소를 사서 선물로 받을 수 있대. 노래처럼 염소 한 마리 선물해 볼까?"

"지욱이는 돈이 없는데요?"

"음, 그럼 돈을 모으는 방법을 생각해 봐야겠구나. 어떻게 하면 돈을 모을 수 있지?"

"아, 추석에 할아버지가 주신 용돈 있잖아요. 이모가 준 것도 있고."

"그건 지욱이 용돈인데 친구들 염소 사서 보내줘도 괜찮겠어?"

"그럼 나는 과자도 못 사 먹고 젤리도 못 사요?"

"한 번에 염소를 사면 그렇겠지. 그럼 조금씩 모아 보는 건 어때? 지욱이가 용돈을 받을 때마다 얼마는 헌금하고, 얼마는 염소 사는 돈으로 저금통에 넣고, 조금은 지욱이 간식 사고, 남은 돈은 통장에 넣는 거야."

"좋은 생각이에요. 어디에다 모아요?"

"어디에 모으는 게 좋을까?"

"음… 지욱이 생각에는, 원숭이 저금통 있잖아요! 여기에 모으면 어때요?"

"멋진데?"

"좋아요, 신난다! 나는 염소 2마리 보내줘야지!"

손가락 2개를 펴 보이며 신이 나서 이야기했다. 그 뒤로 텔레비전에서 월드비전 등 구호 단체의 영상을 볼 때마다 원숭이 저금통을 가져와서는 "엄마, 염소는 언제 보내요? 아프리카 친구들은 물도 못 마시고 공부도 못하는데."라고 이야기를 꺼낸다.

예전 같으면 '친구들 이렇게 도와주는 게 어때?' 하고 엄마가 판단하고 결정하고 아이에게 통보했을 테지만 아이의 생각을 묻고 대화로 이어 나가니 행동하는 결과를 낳았다.

세월호 교육을 하고 와서 "엄마, 큰~배에 형아, 누나들이 탔는데 못 나오고 하늘나라로 갔대요."를 시작으로 아픔에 대한 기억과 공감을 나누고, 친구들끼리 싸움이 났다는 이야기에서 다양한 해결 방안 등을 함께 이야기 나누었다. 여기서 "응 그렇구나."가 아니라 눈을 마주치고 "왜 그런 일이 일어났을까?", "너의 기분은 어땠니?" 등의 질문으로 대화를 이어 나갔다. 아이가 보이는 작은 관심에 귀를 기울이고 반응을 보이면 아이는 더 넓고 깊은 생각을 하기 마련이다.

나는 감사하게도 일찍이 하브루타를 만난 뒤에 결혼해서 한 아이의 엄마가 되었다. 하브루타를 접하고 첫 번째로 만난『복수당하는 부모들』(전성수)은 예비부모가 되기 위해 무엇을 준비해야 하는지 알려 주었다. 바로 그것은 아이가 태어나기도 전부터 책장을 가득 채우는 시리즈별 수백 권의 책이 아니라, 남들처럼 빨리 한글을 떼야 하고 영어를 가르쳐야 하는 전전긍긍이 아니라, 아이가 스스로 생각하고 질문할 수 있는 힘을 길러 주는 것이다.

전혀 다른 환경에서 살아온 남편은 기존의 문화가 익숙한지 처음에는 하브루타를 불편해했지만 지금은 조금씩 그 필요성을 느끼며 실천하고 있다. 자신이 먼저 판단하고 결정하여 지시하기보다 아이의 의견을 묻고 공감하며 존중하도록 노력한다. 아들이 뱃속에 있을 때부터 함께 도란도란 대화를 하는 날이 올 때까지 손꼽아 기대하고 기다렸다. 6살이 된 지금은 대화하는 재미가 아주 쏠쏠하다.

선생님들,
질문 하브루타 어때요?

한은선

하브루타는 선생님의 변화에서 시작한다

"아, 우리 학교 선생님들을 어떻게 변하게 하지?"

"선생님들에게 하브루타를 어떻게 알게 하지?"

"선생님들이 하브루타의 재미를 느끼게 하려면 어떻게 하지?"

이런 질문들이 평상시의 나의 고민이다. 다른 학교의 선생님들에게 강의를 해 달라는 부탁을 받으면 2~3시간 정도 하브루타 강의를 집중적으로 한다. 추후에 연락을 해 오는 사람들에겐 더욱 자세히 알려 준다. 가장 큰 고민은 내가 속한 학교의 선생님들을 어떻게 변화시킬 것이냐 하는 것이다.

하브루타교육 세미나에 참석한 이후 나는 수석교사로서 독서 하브루타 프로그램을 만들고 수업에도 하브루타를 적용하기 시작했다. 동료 선생님들께도 하브루타를 함께 수업에 적용해 보고자 하는 의도로 하브루타교육연구소의 김정완 이사님을 초청해서 하브루타를 체험해 보게 했다. 선생님들은 매우 열심히, 즐겁게 연수를 받았다.

그런데 선생님들이 하브루타를 알게 되었다고 생각했으나 수업에서 하브루타를 찾아볼 수는 없었다. 그렇다고 "왜 선생님은 하브루타를 하지 않으시나요?"하고 질문할 수는 없었다.

어느 날 학교 선생님들의 학습모임에서 혁신 교육의 기본 문서 이해를 공부하기로 한 며칠 전부터 나는 혁신 교육의 문서들을 찾아보고, "어떤 방식으로 연수를 진행할 것인가?", "어떻게 하면 선생님들에게 하브루타의 재미를 느끼게 할 수 있을까?"하는 질문을 던졌다. 질문은 언제나 나에게 멋진 답을 준다. 내가 준비한 연수 자료에는 질문에 대한 훈련과 하브루타의 매력에 푹 빠지기를 바라는 마음이 오롯이 담겼다. 더불어 혁신 마인드 배양도 기대했다.

선생님들이 그 자료를 활용해서 혁신 교육에 대해 어떤 질문을 만들고, 어떤 대화를 나누고, 어떤 마인드를 갖게 되었는지 지금부터 소개하고자 한다. 또한 단위 학교에서 연수를 진행할 때, 이 글에서 소개하는 멘트를 사용해서 연수를 진행하면 효과적인 연수가 되리라 생각한다.

전문적 학습 공동체 혁신 교육 문서의 이해

한은선 : 오늘은 혁신 교육의 기본 문서를 이해하는 시간입니다. 제가 며칠 동안 400페이지가 넘는 혁신 교육에 대한 문서를 읽었는데요. (중략) 혁신 교육의 키포인트가 되는 버블맵 하나를 제가 골랐어요. 이 버블맵을 잘 보면서 하브루타로 질문을 만들고 질문에 대해 대화를 한 후에 모둠 토론으로 가장 좋은 질문 하나를 골라 모둠판에 적어서 제출해 주세요. 그중에서 하나의 질문을 선

정하여 공동 탐구를 해 보는 시간을 가지려고 해요.

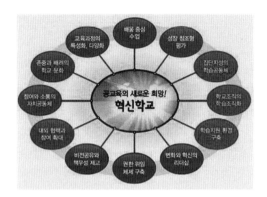

질문 만들기	(A :)	(B :)

1. [하브루타] 짝과 함께 [위의 혁신학교]를 보면서 질문하고 대화하면서 빈 칸을 채워 보세요. 먼저 A를 맡은 학생이 먼저 (홀수 문항)을 질문하고, B가 대답하고, A도 자신의 생각을 말해 보면서 적습니다. 다음에는 B가 (짝수 문항)을 질문하고 A가 답을 하는 순으로 해 보세요. 다르게 답변합니다.

	질문 만들기	(A :)	(B :)
A	1)		
B	2)		
A	3)		
B	4)		

2. [모둠 토론] 모둠의 베스트 질문을 선정하여 모둠판에 적어 주세요.

3. [스스로] 오늘 내가 알게 된 내용을 적어 보고 자신의 생각 발표하기

이 활동지를 보면 하브루타와 모둠 토론, 스스로의 내용으로 구성되어 있다. 학생들에게도 활동지를 줄 때 미리 [하브루타], [모둠 토론], [스스로]의 안내는 중요한 역할을 한다. 교사의 활동지에 익숙해진 학생들은 이 안내 단어만으로도 교사가 어떤 활동을 하려고 하는지 충분히 인지하고 쉽게 수업 활동에 적응한다. 학생들은 학생들대로 교사가 어떤 활동을 할지 답답해하고, 교사는 교사대로 학생이 활동 안내를 잘 모르고 우왕좌왕해서 답답해하기 때문에 이런 단순한 수업 안내 멘트가 중요하다.

선생님들의 질문과 대화

한은선 : 하브루타 방법을 구체적으로 말씀드릴게요. 우선 두 분이 짝을 지어 주세요. 문서에 있듯이 두 분이 짝을 지어 가위바위보를 해서 이긴 사람이 A를 맡고, 진 사람이 B를 맡아 주세요. 수업 시간에도 누가 먼저 하느냐를 가지고 학생들에게 맡기면 시작이 잘되지 못하고 서로 눈치만 보는 경우가 많은데 가위바위보를 하면 누가 먼저 질문을 만들고, 누가 먼저 읽고 시작할지 쉽게 결정할 수 있어서 편하고, 누가 시작하고 누가 시작하지 않는지도 한눈에 보여서 좋아요.

자, 이제 혁신 문서를 잘 보고 질문을 우선 2개씩 만들어 주세요. A가 만든 질문부터 크게 읽고, B가 대답을 하고, A는 B가 한 대답과는 다른 대답을 해 주세요. 추가 답변을 해도 좋고, 반대되는 답변을 해도 좋아요. 충분히 대화를 한 후에 다음 B의 질문으로 대화를 또 하고요.

	질문 만들기	(A : 안○○ 교사)	(B : 방○○ 교사)
A	1)존중과 배려의 학교 문화를 만들기 위해서는 무엇이 필요한가?	상대방에 대한 이해 필요	기본 예절 교육 강화
B	2)집단 지성의 학습 공동체는 효율성이 있는가?	소외된 아이들에게 학습 참여를 유도	개성, 개인차, 개인능력을 소홀히 하는 것에 도움
A	3)참여와 소통의 자치 공동체에는 어떤 종류가 있을까?	학급회의, 상담 활동 실시	대토론회 개최, 동아리 활동 활성화
B	4)학교 조직의 학습 조직화는 왜 필요한가?	학습 능률을 높일 수 있다.	통합적 지식을 소홀히 하는 것에 도움

표 설명

처음에는 질문을 만들어 보라고 하니 굉장히 어색해하고 힘들어했다. 연수를 진행하는 교사는 질문을 만드는 법을 안내할 수도 있지만 일부러 "질문은 이렇게 만드는 것이다."와 같은 멘트를 굳이 하지 않아도 된다. 실수를 통해 배울 수 있는 기회를 주기 위해서다. 교사들은 전문적 교수 능력을 가지고 있어서 잠깐 동안의 대화 후에도 질문을 잘 만드는 경우가 많다.

학생들의 경우에는 육하원칙을 소개하고, 육하원칙에 따라 질문을 만들거나 '~에 대해 중요한 점은?', '~는 왜 중요할까?', '~는 왜 필요할까?' 정도의 가벼운 안내만 해 주고 질문을 만들게 한다. 너무 자세한 안내는 피하는 게 좋다. 학생들은 교사가 10분 정도만 일방적으로 설명해도 6~7명 정도는 엎드려 버린다. 가급적 직접 고민하고, 자신이 짧게라도 바로 만들어 보게 하고, 그 후에 토론이 가능한 좋은 질문인지 판단하게 해야 시간을 더 효율적으로 사용할 수 있다. 대화를 해 보면 질문의 질에 대해서는 바로 판단할 수 있으니까 말이다.

두 선생님의 질문을 보면 '필요'라는 단어가 많이 나온다. 질문을 만들 때 이 단어의 쓰임새에 대해 알 수 있다. 만들어진 질문을 분석하면 질문이 만들어질 때 어떤 단어를 많이 사용하는지 알 수 있고, 어떤 단어가 적합한지도 스스로 알아낼 수 있다.

	질문 만들기	(A : 양○○ 교사)	(B : 이○○ 교사)
A	1)어떻게 해야 존중과 배려의 문화가 형성될까?	각자 양보, 조금씩 손해 본다는 배려의 마음	자율시간에 서로의 의견 공유, 인사 잘하기
B	2)배움 중심 수업은 어떻게 해야 할까?	교사가 주도하지 말고 학생이 참여하는 수업	교사들이 함께 배움 중심 수업 방법 공유, 외부 연수, 컨설팅, 연구회 활용
A	3)왜 권한 위임 체제 구축이 필요한가?	담당자가 결정자가 되어야 해서	각자 교사의 전문성 발휘, 집단 지성 이용, 학교 운영 효율적
B	4)참여와 소통의 자치 공동체가 실현되려면 어떻게 해야 할까?	각종 위원회에 학생 참여	학급회의 활성화

표 설명

두 선생님의 질문을 보면 '어떻게'라는 단어가 많이 나온다. 질문을 만들 때 이 단어의 쓰임새에 대해 잘 알 수 있다. '어떻게'는 학교 현장에서 여러 가지 상황에 대한 방법을 얻기 위해 필요한 말이다. 수업 시간에도 절차를 확인하거나 방법을 알아내려고 할 때 많이 사용하므로 학생들에게는 질문을 만들 때 필수적으로 안내해야 하는 단어이다.

질문 만들기		(A : 안○○ 교사)	(B : 박○○ 교사)
A	1)왜 배움 중심 수업이 필요한가요?	교사와 학생이 함께 만들어가는 협력 배움이 중요	기존의 교사 중심의 관점에서 탈피해 학생 중심 관점의 진정한 학습이 이뤄질 수 있도록 함
B	2)학생-교사의 존중과 배려의 문화는 어떻게 실천할까요?	민주적 대화와 설득	평등한 분위기 조성 및 대화
A	3)참여와 소통의 자치공동체는 누가 어떻게 만들어 갈까요?	교사 집단 내에서 관리자와 교사의 소통이 중요	학생자치회와 여러 조사를 통한 의견 수렴, 학생 자치의 민주적 경험
B	4)성장 참조형 평가는 기존의 평가와 어떤 차이가 있을까요?	결과 중심 평가에서 과정 중심 평가로의 변화	성장 잠재 능력 평가 가능, 노력을 중시하기에 다양한 수준의 학습자 동기화 가능

표 설명

두 선생님의 질문을 보면 '어떤 차이가 있는가?'라는 단어가 나온다. 학생들에게 '비교해 보면?'이란 질문, '공통점과 차이점은?' 이런 단어를 사용하면 좋은 질문을 만들 수 있다고 안내해 줄 수 있다.

질문 만들기		(A : 정○○ 교사)	(B : 박○○ 교사)
A	1)대외 협력과 참여를 확대하기 위해 어떻게 해야 하는가?	지역 사회의 기업, 기관, 가정과 연계한 공동학습 여선 소성	학교의 적극 홍보와 교사의 관심
B	2)존중과 배려가 있는 학교는 어떤 학교일까?	타인의 권리 존중, 권위주의 배제	바른말, 고운 말 쓰기
A	3)변화와 혁신의 리더십을 위한 방법은?	상향식 의견 제안 문화 조성	적극적인 정보 수용, 마음가짐
B	4)교육과정 특성화, 다양화를 구축하기 위해 교사는 어떻게 해야 할까?	교과 융합, 연계 등을 통한 다양화	꾸준한 교과 연구 및 자기계발

표 설명

두 선생님의 질문을 보면 '확대하기 위해 어떻게 해야 하는가?'라는 단어가 나온다. 학생들에게 '지금보다 나아지게 하는 대책은?'이란 질문, '현재보다 나은 미래는?' 이런 단어를 사용하면 좋은 질문을 만들 수 있다고 안내해 줄 수 있다.

질문 만들기		(A : 양○○ 교사)	(B : 정○○ 교사)
A	1)참여와 소통의 자치공동체를 만들기 위해 누가 어떻게 노력해야 하는가?	교장이 아닌 교사와 학생이 서로의 의견을 들으려는 노력 필요	학교 구성원 모두가 활발한 토론의 장을 만들어 대화하려는 노력
B	2)존중과 배려의 학교 문화를 어떻게 만들어야 하는가?	교사의 권위를 버리고 사람 대 사람으로 존재 자체를 인정하려는 노력 필요	바른 언어 사용을 바탕으로 수평적인 인간관계에서 자신의 책무를 다하고 배려하는 마음으로 생활함
A	3)조직 리더십에서 왜 변화와 혁신이 필요한가?	시대의 흐름에 따라 독단적인 운영은 조직의 화합을 와해시키고 발전을 저해하기 때문에	한 사람에게 집중된 권한은 문제를 야기할 수 있으므로 권한을 적절히 분배하고 공유하는 조직문화 필요
B	4)왜 성장 참조형 평가를 해야 하는가?	결과 중심의 사회가 가져온 폐해를 보고 느껴서 미래사회를 대비한 평소의 건강한 학습 습관을 기르기 위함	결과에 드러나지 않는 과정들의 숨겨진 노력은 성장의 증거이므로 학습의 일환으로 보아야 함

표 설명

정 선생님이 만든 '조직 리더십에서 왜 변화와 혁신이 필요한가?'라는 질문을 살펴보면 이 질문은 위의 다른 질문과는 차원이 다르게 보인다. 학생들 중에서도 이렇게 단어들을 연결하여 상호 관계를 찾아 질문하는 경우가 있다.

예를 들면, 중학교 3학년 학생이 '백혈구'와 '세포분열'을 연결하여 '백혈구는 세포분열을 하는가?'라는 질문을 만든 적이 있다. 2개의 단어를 사용하여 상호 관계로 질문을 만든 것이다. 이 질문은 백혈구에 대해 알아야 하고, 세포분열에 대해서도 알아야만 답을 찾아낼 수 있다. 나는 이런 질문을 만든 학생이 있으면 '고수의 질문'이라고 칭찬한다. 이후 그 학생은 언제나 고수의 질문을 향해 매진했다. 더 놀라운 변화는 그저 그런 질문만 만들던 그 학급의 학생들이 고수의 질문을 닮아 가려는 노력을 꾸준히 한다는 것이다.

선생님들의 모둠 토론에서 선정한 질문들

한은선 : 모둠 토론을 하면서 질문을 하나 선정하여 모둠판에 적어 주세요. 꼼꼼이를 맡은 선생님은 앞자리에 준비된 모둠판과 마카펜, 마카펜지우개를 가지고 가 주세요. 이끔이를 맡은 선생님은 질문이 선정될 수 있도록 잘 이끌어 주시고, 기록이를 맡은 선생님은 나중에 선정된 베스트 질문을 기록해 주시고, 지킴이를 맡은 선생님은 선정된 질문이 토론이 가능한 질문인지 판단해 주세요. 토론이 가능한 질문은 답이 2개 이상 있는 질문, 찬반으로 토론할 수 있는 질문, 해석해 볼 수 있는 질문입니다.

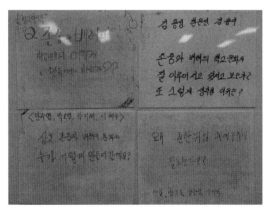

선생님들이 선정한 질문들

215

선생님들의 공동 탐구 토론에서 나눈 대화들

한은선 : 자, 모둠판이 칠판에 다 붙었는데요. 이중에서 오늘 어떤 수제를 가지고 다 같이 공동 탐구를 해 볼지 찾아봅시다. 학교 문화에 관심이 많고, 상호 존중과 배려의 문화를 누가 어떻게 만들어 갈까에 선생님들의 질문이 모였네요. 그러면 이 주제로 공동 탐구를 해 봐요. 의견이 있으면 말씀해 주세요.

정○○ : 학교 프로그램으로는 학생들끼리 사용하는 언어가 가장 중요하다고 생각해요. 언어 순화 캠페인 등을 하는 것이 좋겠어요.

양○○ : 학교폭력 예방 교육이 존중과 배려의 학교 문화를 만드는 방법이라고 봅니다. 자치 활동을 통해 학생의 의견을 듣고, 그것을 적극적으로 학교에 반영하는 것도 좋다고 봅니다.

박○○ : 존중하고 배려하는 학교 문화 프로그램은 우리 학교가 많이 실천하고 있다고 생각해요. 학기 초에 학급 긍정 훈육법을 통해 학급의 가이드라인 만들기, 대토론회를 통해 학생과 교사의 의견 나누기도 존중과 배려의 프로그램으로 우리 학교가 실천하는 방법입니다.

양○○ : 아까 박○○ 선생님은 통합지원반 아이들이 가져온 커피 잔의 뚜껑을 직접 종이로 만들어 주셨지요. 존중과 배려를 직접 실천하고 계시지요.(웃음) 선생님들의 친목 도모 프로그램도 중요하고요.

안○ : 학교 프로그램도 없는 것보다는 있는 것이 좋겠지만 보여 주는 행사 속에서 진행하는 것보다 우리 모두가 학생들에게 존대어를 쓰고, 평상시에 존중하고 배려하는 태도가 중요하다고 생각해요. 민주적 대화로 평등한 분위기를 조성하는 것도 중요하지요.

한은선 : 마지막으로 선생님들께서 오늘 배우게 된 점 등을 말씀해 주세요.

이○○ : 학생들에게 처음에는 존대어를 쓰다가 요즘은 반쯤만 사용하는데, 확실히 존중하는 분위기가 덜해진 느낌이에요. 물론 친해진다는 느낌은 있지만 존중하는 느낌으로 다시 존대어를 사용해야겠어요. 평상시에 학생을 인격적으로 대하고 존중해야겠다는 생각을 했어요.

박○○ : 저는 오늘 하브루타를 하면서 이렇게 우리가 질문을 만들고, 그 질문에 대해서 다른 선생님과 둘이서 대화하고 토론한 것이 무척 보람 있었어요. 학생들에게 하브루타를 하게 하지만 제가 직접 해 본 적은 없었는데, 직접 해 보니까 정말 자기 생각을 많이 하게 된다는 걸 알게 되었어요. 질문을 만들면서 많은 생각을 하게 되어 오늘 많이 배웠다는 느낌입니다.

선생님들의 변화로 학교에 하브루타를 이식하다

선생님들은 내가 제시한 자료에 대해 질문을 만들고 대화하고, 모둠 토론하고 공동 탐구 토론하는 것에 익숙하게 반응했다. 다행히 학교에는 이미 하브루타가 익숙하게 적용되고 있었고, 원활한 토론 문화가 생겨난 듯했다.

학교에서는 혁신을 외치면서 학교의 수업을 변화시키고, 결과적으로 학교 문화를 혁신하려는 노력을 기울이고 있다. 모든 학교 현장이 질문과 하브루타로 자연스럽게 혁신되기를 바라는 마음이다. 우리 학교는 선생님들이 하브루타를 수업 속에서 즐겁고 자연스럽게 실천할 수 있도록 계속 하브루타로 선생님들 연수 프로그램을 실천할 예정이다.

질문,
효과적인 독서 이해를 위한 열쇠

정미정

　매주 주말 오후를 온전히 대학원 강의실에서 보낸 지 어느덧 반년이 넘어간다. 모교에 독서교육 전공으로 박사과정이 생긴다는 말을 듣고 지원했다. 그런데 곧 '생각할 수밖에 없는 공동체'에 입문한 것임을 깨닫는 데는 그리 오랜 시간이 걸리지 않았다.

　독서 지도를 해 보면 독해를 어려워하는 학생이 참 많다. 그 어려움을 나도 느끼고 있다. 박사과정 중 읽어야 하는 많은 어려운 서적에 기록된 난해한 정보들을 접하다 보면 '독서는 참 어렵구나.' 하는 것을 느끼게 된다. 흔히 사전 지식이라 불리는 배경 지식, 즉 이전까지 경험했던 것이나 이미 습득하고 있는 지식이 없을 경우 독서(학습) 이해는 대단히 어려울 수밖에 없다.

　'독서'는 문자 그대로 글을 읽는 과정이라는 뜻이 있다. 독서는 텍스트를 머릿속에서 사고하며 이해하는 활동이다. 글이나 말과 같은 산출물(결말, outcome)의 생산에도 반드시 필요한 과정이다. 이때 이루어진 사고 과정 내지 절차가 얼마나 효과적인가에 따라 생산해 내는 산출물의 양과 가치가 결정된다.

나는 4명 모둠에 속한 현동(가명)이라는 아이에게 책을 읽히고 있다. 내가 "글을 읽게 될 텐데, 읽으면서 내면의 소리에 주목하기 바란다."라고 말하며 미리 시범을 보여 준다. 현동이는 잘 모르는 단어나 구절의 의미를 짐작하면서 내적 대화에 귀를 기울이는 연습을 시작한다. 텍스트를 읽으면서 글 속에 있는 단어나 아이디어에 집중하며 생각한다. 이때 떠오르는 질문이나 내용들을 책의 여백이나 붙임종이에 간단히 적게 한다. 나는 현동이에게 차례대로 떠오르는 생각을 말해 보게 한다. 또 메모해 두었던 질문으로 모둠에서 논의해 보게도 한다.

독서 지도 과정에서 나는 학생들에게 내적 대화를 소리 내어 말하게 하거나 가끔씩 멈추고 생각을 텍스트의 여백에 기록하게 하는데, 이것은 내용을 더욱 풍요롭게 할 뿐만 아니라 독서 이해력을 높일 수 있다. 독서 도중에 잠깐 멈춘 뒤 생각하고, 그것에 대해서 쓰거나 말로 표현하는 활동은 자신의 생각을 텍스트에 병합하는 데 많은 도움이 된다. 새로운 시각으로 해석하고 추론하는 과정에서 새롭게 얻은 지식 구조에다 자신의 배경 지식을 통합시키는 경우가 많다. 읽기를 마치고 난 후에 메모한 것으로 짝 또는 모둠에서 함께 이야기를 나눠 보게 하면 이해 수준을 더욱 높일 수 있다.

질문에 대한 답을 찾아가다

"더불어 살아가는 삶에서 사유란 하지 않아도 상관이 없는 '권리'가 아닌 반드시 수행해야 하는 '의무'다."

－한나 아렌트, '악의 평범성과 무사유의 죄악'

나치 전범으로 1960년 5월 아르헨티나 이스라엘 비밀경찰 모사드에 붙잡힌 아돌프 아이히만은 1961년 이스라엘에 끌려가 예루살렘의 법정에 서게 된다. 유대인 대량 학살의 주범이었던 그는 자신이 무슨 잘못을 저질렀는지 깨닫지 못하고, 그저 위에서 시키는 대로 했을 뿐이라고 스스로를 변호한다. 결국 1962년 6월 1일 교수형에 처해지는데 이때 독일의 정치철학자 한나 아렌트는 아이히만의 재판 과정을 취재해「예루살렘의 아이히만, 악의 평범성에 대한 보고서」를 남겼다. 이때 아렌트는 학살범 아이히만을 '악마적인 심연을 가진 괴물'이 아니었다고 평가하면서 평범하고 성실하기까지 한 그를 엄청난 범죄자로 만든 것은 '순전히 무사유(생각 없음)'였다고 단언했다.

평범한 사람이 아무 생각 없이 상부의 명령에 따라 죄를 지어도 결코 책임을 부인할 수 없다는 점을 지적한 것이다. 아렌트는 지극히 평범한 사람들도 사유하지 않을 때 얼마든지 악행을 저지를 수 있음을 고발하면서 '악의 평범성'과 '무사유의 죄악'을 고발하였다. 결국 '불의에 대해 사유하지 않는 자는 유죄'라는 주장이다.

나는 중학교 1학년인 가희(가명)에게 다음과 같이 질문했다.

"한나 아렌트는 왜 이런 말을 했을까? 무슨 뜻으로 이 말을 했을까?"

가희는 처음 내가 위의 질문과 함께 소감을 물었을 때 이 글을 반복적으로 읽고 다음과 같이 말했다. "사유는 의무라고 생각해요. 자신이 원하지 않더라도 심각한 사유면 그것을 고쳐야 한다고 생각해요." 한나 아렌트의 이해하기 어려운 도전적인 문구를 읽으며 사실은 가희도 자기가 무슨 말을 하는지 잘 모른다. 이때 읽기 과정에서 효율적인 질문 전략이 필요하다. 생각을 말로 표현하는 것, 이를 '사고구술'이라고 하는데 초인지적 활동을 학습하는 데 매우 유용한 방법이다. 여기서 초인지란 내가 아는지 모르는지를 조망할 수 있는 또 다른 인지를 말한다. 이를 메타인지라고도 한다.

원칙적으로 읽는 과정은 뇌에서 진행되기에 외현적으로 관찰하기 어렵다. 그런데 이 과정을 즉각적으로 관찰할 수 있는 통로로 주목받는 것이 바로 '사고구술'이다. 사고구술은 문제 해결 과정으로 순간순간 떠오르는 생각을 표현함으로써 정교한 사고 과정으로 나아가게 한다. 가희도 사고구술 전략과 함께 반복 읽기 전략, 질문 전략, 추론 전략 등의 독서 지도를 받으면서 생각이 조금씩 깊어지고 넓어졌다.

이때 가희의 머릿속에서 일어나는 생각의 변화를 살펴보자. 가희는 한나 아렌트의 글을 읽고 다음과 같은 질문을 할 수 있다. 예를 들면,

"사유란 뭘까?"

"왜 사유가 의무일까?"

"사유하지 않으면 어떤 결과가 생길까?"

가희는 이 질문들에 답을 찾아가는 과정에서 "그래 맞아, 버스에서 동생이 떠들 때 다른 사람들을 생각해서 조용히 시킨 적이 있었어."라며 자신의 경험과 연결한다. 또한 예전에 읽은 적이 있는 「구멍 난 배」라는 이야기를 기억해 내고는 지금의 텍스트와 연결시키려고 시도한다.

「구멍 난 배」는 여럿이 탄 배에서 한 사람이 배 바닥에 구멍을 뚫는데, 그런 그를 사람들이 방관했다가 배가 침몰해 다 익사했다는 이야기다. 가희는 "누구

의 잘못인가? 「구멍 난 배」에서 자신이 탄 배에 구멍을 뚫은 사람은 다른 사람들에게 피해를 준 것이고, 사람들은 그 사람을 막을 생각을 하지 않았기 때문에 다 잘못이 있었어."라고 생각한다.

가희는 자신이 이미 취득한 배경 지식을 활용하고 있다. 배경 지식은 기억 속에 저장되어 있더라도 의식 속에서 활성화되지 않는다면 독서 이해에 전혀 도움이 되지 않는다. 활성화된 배경 지식을 독서와 연결할 수 있어야 비로소 이해가 촉진되기 때문이다.

최종적으로 가희의 생각은 다음과 같이 달라진다. "한 번, 두 번, 세 번 (생각해 보고) 다른 사람에게 피해를 주지 않거나, 도움을 줄 수 있다는 확신이 들 때라야 나의 행동을 할 수 있다고 생각한다." 이 표현은 읽기의 능동적 실천 형태인데, 실천하기 위한 언어로 표현되었음을 알 수 있다. 이를 통해 가희의 이해 수준이 추론·적용과 함께 비판적 사고에까지 나아가고 있음을 알 수 있다.

가희는 "다른 사람에게 피해를 주지 않거나, 도움을 줄 수 있다는 확신이 들 때라야"라고 표현하는데, 이는 자신의 행동에 대한 파급 효과까지 고려한 것이다. 더 나아가 "한 번, 두 번, 세 번"이라는 표현은 행동에 앞서 신중하게 생각해야 한다는 비판적 행동 지침까지 설정하고 있다.

적극적으로 질문하기가 독서 이해를 향상시키는 열쇠가 될 수 있다. 중요한 질문을 하고 그것에 대한 대답을 찾아 책을 읽으면 독해력이 많이 좋아진다. 그만큼 적극적인 독서가 가능하다는 의미다. 여기서 교사의 질문은 진정으로 학생들의 호기심을 이끌어 내는 열린 질문이어야 한다. 이때 활용할 수 있는 질문들은 다음과 같다.

"어떻게 해서 그런 생각을 하게 되었지?"

"왜 그렇게 말하지?"

"좀 더 자세히 말해 줄래?"

"무엇 때문에 그런 생각을 하게 되었을까?"

"그러면 어떻게 될까?"

이제는 독서에서 뽑은 질문을 가지고 어떻게 효과적인 대화로 이끌 수 있는지 사례를 가지고 살펴보자. 교사는 질문으로 시작된 대화 과정에서 학생들이 생각을 발전시키게끔 도와줄 필요가 있다. 학생들과 대화하면서 텍스트의 의미를 함께 구성해 보거나 추론하는 연습을 할 때 학생들의 추론에 힌트를 주고 그들의 사고를 뒷받침해야 하는 것이다. 이때 학생들이 소집단으로 서로 대화하면서 자신의 사고 과정이나 내용을 서로 말하고 공감할 수 있도록 한다.

교사 : "왜 준수는 영주를 놀렸을까? 준수는 영주를 어떻게 놀렸지?"

학생들 : "'땅꼬마'라고 놀렸어요."

교사 : "그래. 그런데 준수는 자기도 작으면서 왜 영주를 놀렸을까?"

학생들 : "음⋯."(제대로 대답하지 못한다.)

교사 : "우리 저번 시간에 친구에게 험담을 하는 이유에 대해서 말했잖아? 질투, 복수심 때문이라고 했는데… 성준이가 또 뭐라고 말했지?"

학생들 : "다른 사람에게 떠넘기기요."

교사 : "맞아, 그럼 준수가 영주를 놀린 이유 중에 이건 어때? 저번 시간에 성준이 말처럼 준수가 영주에게 떠넘긴 건 아닐까?"(아이들이 갸웃거리는데 한 친구가 알았다는 듯이 손을 든다.)

학생들 : "와! 그럼… 준수는 친구들에게 '난쟁이'라고 놀림당할까 봐 영주에게 먼저 '땅꼬마'라 놀리면서 선수 친 거네요?"(아이들은 '맞아. 맞아!', '나쁘네!' 등

다양하게 반응했다.)

교사 : "그런데 이상하지 않아? 영주가 놀림받는데도 도와주는 친구가 한 명도 없었다는 것이?"

학생들 : "어, 그러네요?"(아이들은 미처 생각하지 못했다는 듯이 고개를 갸웃거린다.)

(교사는 아이들의 이해를 돕기 위해 학교에서 일어날 수 있는 '왕따' 문제를 '가해자, 피해자, 방관자'로 범위를 좁혀 누가 제일 문제 행동을 했는지 이야기를 나눈다.)

교사 : "자, 그럼, 선택해 볼까? 이 이야기 「키 작은 게 어때서!」에서 영주의 마음을 제일 아프게 한 친구가 누구일 것 같니?"(토의 과정을 통해 3가지 보기를 만들었다.)

① 영주와 삼총사였던 '정미와 다혜'

② 자기도 작으면서 키가 작다고 영주를 놀린 준수

③ 놀림받는 영주를 보고도 도움을 주지 않은 반 친구들

학생들은 보기에서 하나를 선택했고, 이를 하브루타 4단 논법으로 자신의 생각과 감정과 경험을 논리적으로 표현했다. 이때 활용된 말하기 방법적 틀은 다음과 같다.

Point/서술/"나는 이렇게 생각한다."

Because/이유/"왜냐하면~"

Example/사례/"예를 들어~"

Therefore/서술/"그래서~"

훌륭한 독자의 독서 전략

훌륭한 독자는 자신이 이미 알고 있는 지식들을 잘 활용할 줄 안다. 책에서 찾아낸 단서를 잘 포착하고 이전의 독서 경험을 통해 축적된 지식을 활용해 추론하는 데도 능하다. 물론 누구나 추론은 하지만, 추론의 과정을 구체적으로 연습하는 것은 효과적인 독서 방법을 익히는 지름길 가운데 하나다. 훌륭한 독자가 갖고 있는 독서 전략을 살펴보면 보통 3가지로 정리할 수 있다.

① 배경 지식을 활용한다.

② 자신에게 질문한다.

③ 텍스트에 있는 정보들을 통합·종합한다.

2개의 텍스트를 가지고 설명해 보자. 첫 번째 이야기는 아주 유명한 서양 철학자를 찾아간 어떤 젊은이가 "사람이란 대체 무엇이냐?"라는 질문을 그에게 던지고는 끊임없는 의심과 반박을 통해 자신의 의구심에 답을 찾아 가는 과정을 묘사하고 있다.

(대화)

젊은이 : 선생님, 사람이라는 게 대체 무엇입니까?

철학자 : 사람이란 두 발로 걸어 다니는 동물이다.

장면 1. 그 다음 날 닭을 한 마리 가져온다.

젊은이 : 선생님, 이놈은 두 발로 걸어 다니는데, 그러면 닭도 사람입니까?

철학자 : 사람이란 두 발로 걸어 다니면서 날개가 없는 동물이다.

장면 2. 그 다음 날, 젊은이는 고릴라를 한 마리 데려온다.

젊은이 : 선생님, 이놈은 두 발로 걸어 다니면서 날개도 없는데, 그러면 고릴라도 사람입니까?

철학자 : 사람이란 두 발로 다니면서 날개가 없으며, 털도 없는 동물이다.

장면 3. 그 말을 들은 젊은이는 다음 날, 고릴라의 털을 면도칼로 모두 박박 밀어 버리고 데려온다.

젊은이 : 선생님, 이놈은 두 발로 걸어 다니면서 날개가 없으며, 또 털도 없는데 이놈은 사람입니까?

철학자 : (빙그레 웃으며) "자네는 참 영리한 친구로군. 이제 내가 사람이란 무엇인지 분명하게 말해 주지. 사람이란 바로 자네처럼 생각하는 동물이라네.

두 번째 이야기는 어떤 우수한 학생이 랍비를 찾아와 탈무드 지식을 자랑하는 과정에서 랍비의 테스트에 훌륭한 답을 도출했으나 정작 랍비는 '질문이 없는 독서'가 가지는 허상을 지적한다.

어느 날 젊고 우수한 학생이 랍비를 찾아왔다. 지난 6년 동안 얼마나 열심히 탈무드를 공부했는가를 랍비에게 설명하고 자신을 시험해 달라고 말했다. 그래서 랍비는 탈무드의 책장을 넘기다가 어떤 페이지에 실려 있는 말에 대해 물었다. 거기에는 아주 어려운 논쟁이 실려 있었다. 학생은 그 논쟁에 대해 정확하게 설명했다.

하지만 랍비는 "자네는 아직도 틀렸네."라고 말했다. 다시 책장을 넘겨서 학생에게 그 페이지에 쓰여 있는 것에 대해 질문했다. 거기에는 더욱 어려운 문제에 대한 논쟁이 실려 있었다. 학생은 거침없이 무엇이 쓰여 있고, 어떤 것이 문제점이 되고, 어떤 의문이 제기되었으며, 어떤 대답이 나왔는가를 말했다.

그런데도 랍비는 "자네는 여전히 틀렸네."라고 했다. 그러고는 말하기를, "책을 많이 읽어도 단지 읽었다는 것만으로는 나귀가 많은 책을 등에 지고 있는 것과 별반 다를 바가 없다네. 나귀가 아무리 많은 책을 등에 지고 있어 봤댔자 나귀 자신에게는 아무런 쓸모가 없지 않은가. 인간은 책의 가르침을 받는 것이 아니라 책을 통해 질문을 얻는 것이라네."라고 했다.

보통 2개의 서로 다른 텍스트를 연결하면 추론이 용이하다. 정보를 상호 검토하는 과정에서 하나의 텍스트는 다른 텍스트를 이해하는 도구로 사용될 수 있다. 텍스트들을 비교 또는 대조하면서 찾아낸 암시와 추론 작업이 독자에게 이해를 위한 충분한 단서를 제공해 주기 때문이다. 이때 훌륭한 독자는 좀 더 세부적인 연결의 단서를 발견하고 작가가 의도하지 않았던 내용을 추론하기도 한다.

첫 번째 이야기 「사람이란 무엇인가」에서 우리는 이 글 속에 나타나 있지 않은 어떤 것을 짐작하려고 한다. 이때 텍스트에 있는 단서를 보고, 거기에 관련되어 있는 자신의 배경 지식을 떠올린 다음 추론한다. 이 이야기의 교훈을 다음과 같이 추론해 볼 수 있다.

철학자는 인간 존재의 기본적인 요건에 대해서 질문을 던지고 있다. 철학자는 젊은이가 꼬리에 꼬리를 무는 "왜"라는 질문을 던질 때 즉답을 해 주는 대신 젊은이가 스스로 생각할 수 있도록 도움을 주는 발화(發話) 구조를 사용하고 있다. 즉 '주고받는 대화식' 논쟁을 통해 철학자는 젊은이가 새로운 사고를 할 수 있도록 돕고 있는 것이다. 특히 사고의 도구로 사용된 '은유'는 다른 동물과 구분되는 '사람'만의 특징으로 연상의 일부를 걸러 내고 일부는 강조함으로써 새롭게 인식하는 데 도움을 준다. 즉 '꼬치꼬치 따져 묻는 '질문'을 갖고 있는 동물이 바로 사람이다.'라는 설명이다. 이러한 은유의 사용은 복잡하고 수수께끼 같은 개념을 친숙하게 이해하는 틀을 제공할 수 있다는 점에서 매우 설득적이다.

두 번째 탈무드 이야기에서 랍비는 책의 지식을 습득하는 데만 열중한 우수한 학생을 "나귀가 많은 책을 등에 지고 있는 것과 별반 다를 바가 없다."는 비유를 들어 질책하고 있다. 적극적인 독서는 텍스트의 행도 읽어야 하지만 동시에 행간도 읽을 수 있어야 한다.

특히 추론이라는 큰 전략 아래에는 여러 가지의 작은 전략이 포함되어 있다. 예측하기, 결론 내리기, 잘 모르는 단어나 구절의 의미 짐작하기, 주인공의 행위에서 이야기의 주제(교훈) 찾아내기가 그것이다. 그중에서 랍비가 표현한 구절 '책을 등에 지고 가는 나귀' 부분과 마지막 '인간은 책의 가르침을 받는 것이 아니라 책을 통해 질문을 얻는 것'이라는 구절이 담고 있는 의미를 추론하면 다음과 같다.

탈무드 이야기의 행간을 읽어 보면 랍비는 지식을 습득하는 데에만 골몰하는 학생에게 '인간은 책의 가르침을 받는 것이 아니다.'라고 말하고 있다. 이 말은 우수한 학생이 공부한 지식은 단지 실재에 대한 추론일 뿐임을 암시한다. '책을 통해 질문을 얻는 것'이라는 말은 '지식을 새롭게 하는 독서', 즉 이때의 '지식'은 단순한 정보 덩어리가 아니라 저자의 '사고 내용이나 과정'을 말한다. 독서의 주된 목적은 기존의 지식 체계에 새로운 지식을 추가하거나 새로운 정보에 대하여 생각하고, 그것을 자신의 지식 구조에 통합시키는 데 있다. 그 결과 독서는 독자의 사고를 변화시킨다.

독서는 새로운 시각을 가지게도 하고, 새로운 각도에서 생각해 보게도 한다. 특히 질문하기 전략은 독서 과정에서 아주 중요한 독해 전략이다. 글의 내용을 예측하게 도와주며 읽은 내용을 자세하게 이해할 수 있게 해 주기 때문이다. 특히 짝과 함께 텍스트를 사이에 두고 능동적인 독자가 되어 대화하고, 토론하고, 논쟁하는 하브루타 활동은 미처 알지 못했던 새로운 생각들을 '나'의 것으로 만들 수 있게 한다.

독서 이해의 열쇠는 질문할 줄 아는 것이다. 책을 읽는 과정은 자신만의 이해를 바탕으로 의미를 재구성해 나가는 과정이다. 책을 읽으면서 중요한 질문을 하고 그것에 대한 답을 찾아 읽으면 이해를 크게 촉진시킬 수 있다. 적극적인 독서가 가능하기 때문이다. 다만 지적 탐구 과정에서 나만의 질문을 가급적 배제하려는 우리 교육 현실에서 '독서하면서 나만의 질문, 전혀 새로운 질문'을 찾아낸다는 건 쉽지 않다. 그렇기 때문에 지금부터라도 모든 생활 속에서 '질문이 당연시되는 문화'를 만들어야 한다.

중국 작가 잔훙즈가 『여행과 독서』에서 "독서는 앉아서 하는 여행이고, 여행은 서서 하는 독서다."라고 말했다. 여행이나 독서나 낯선 정보의 바다를 탐험하는 행위라고 생각한다. 이때 무작정 정보의 바다에서 헤매기보다 질문이라는 지향점을 두고 독서를 하면 어떨까? 자신이 대답하려고 노력해야 하는 중요한 질문을 제기하고 나서 책을 읽으면 거기에 대한 대답을 찾을 때 독서의 목적과 방향이 분명해진다. 질문은 지식과 지식의 연결과 병합을 쉽게 하고, 의미 구성도 용이하게 하며, 추론을 통한 깊이 있는 독서를 가능케 한다. 훌륭한 독자가 되려면 질문의 독서 전략을 반드시 습득해야 하는 이유이기도 하다.

· 제4장 ·

학교에서
하브루타하기 3
– 고등 편

질문이 있는 학교의 기적

이성렬

　시골의 평범한 고등학교가 하브루타를 만나고 많은 긍정적인 변화를 겪었다. 지금부터 벌교고등학교에서 지난 4년간 학교에서 일어난 놀라운 변화에 대해 이야기하려고 한다. 이 모든 기적 같은 이야기 뒤에는 하브루타를 학교 수업에 뿌리내리기 위해 한 마음 한 뜻으로 똘똘 뭉쳐 한길을 걸어간 벌교고 모든 학생과 교직원이 있다.

　보통 고등학교의 성장을 이야기할 때 수도권 대학 진학률을 꼽는다. 지난 7년간 벌교고의 수도권 진학 통계를 보니 2013학년에 9명에 불과하던 합격생 숫자가 2019학년에는 39명으로 늘었다. 4배 이상이다. 조용한 교실이 아니라 떠들썩한 교실에서 일궈낸 성과다. 떠드는 교실에서 이 같은 성과를 낸 것을 의아하게 생각하는 사람도 있을 것이다. 상식적으로 이해할 수 없기 때문이다. 벌교고는 이제 주변 지역 중학생들이 꼭 가고 싶어 하는 고등학교가 되었다. 이 놀라운 성장 뒤에는 하브루타와 그 핵심인 질문이 있었다.

벌교고등학교의 최근 수도권 대학 진학 현황

하브루타 적용 전	하브루타 적용 전	하브루타 적용 전	하브루타 적용 1년	하브루타 적용 2년	하브루타 적용 3년	하브루타 적용 4년
2013 대입	2014 대입	2015 대입	2016 대입	2017 대입	2018 대입	2019 대입
9명	17명	14명	23명	24명	33명	39명

하브루타는 조용한 교실에서는 불가능하다. 아이들은 하브루타로 인해 깊은 잠에서 깨어났고 지적인 호기심을 스스로 발휘하며 공부하기 시작했다. 함께 공부하는 친구가 더 이상 경쟁자가 아닌, 협력자라는 사실을 깨달은 건 또 하나의 소득이다. 친구를 도와준 경험이 있는 학생은 친구가 성장할 때 얼마나 마음이 따뜻해지는지를 잘 안다. 학생과 학생, 교사와 학생이 서로 성장한다는 사실을 확인하면서 교학상장이 무슨 뜻인지도 체험한다.

하브루타는 학생들의 자존감을 높인다. 대학이나 사회에 진출해서도 이런 기억을 간직한 학생들은 서로 돕는 것을 주저하지 않을 것이다. 서로를 향해 열려 있고 서로의 성장을 위해 노력한다면 그들이 있는 곳마다 꽃길이 열릴 것을 기대한다.

하브루타를 만나다

하브루타를 만나게 된 계기는 좀 특별하다. 2014년 여름방학이 끝나갈 무렵 수석교사와 이런 저런 이야기를 나누던 중 연수에서 접했다는 '하브루타 학습법'에 대해 처음 듣게 되었다. 본교는 기독교 학교로서 학생들에게 신앙 교육과 더불어 미래인재에게 필요한 사고력 신장에 늘 관심을 기울이고 있던 터였다. 유대인의 학습법인 하브루타가 사고력 신장에 매우 뛰어난 효과가 있다는 설명을 들었다. 2012년부터 시행하여 당시 성숙 단계에 접어든 디베이트와 접목하면 금상첨화겠다는 생각을 했다.

하브루타에 대한 여러 자료를 수집하던 중 마침 2014년 12월 초에 인천에서 하브루타 공개 강좌가 있다는 정보를 입수했다. 나를 포함한 4명의 교직원이 강의를 듣고 "우리가 찾고자 하는 학습 방법이 바로 이것이다."라고 이구동성으로 외쳤다. 그날 강사님들과 점심식사를 나누는 자리에서 본교에서 연수를 실시해 줄 것을 간곡히 부탁드렸고 바로 흔쾌히 수락을 받아 교사 연수가 성사되었다. 광주·전남 소재 학교의 여러 선생님과 함께 본교 교직원들이 하브루타 교육 연수를 받고 하브루타에 대해 서서히 눈을 뜨기 시작했다.

인문계 고교의 하브루타 수업

지금은 하브루타 수업에 대한 의구심이 말끔히 사라졌지만 2015년 초 하브루타를 처음 도입할 당시만 해도 본교 선생님들 사이에서는 디베이트를 시작할 때와 마찬가지로 상당한 반대가 있었다. 가장 어려웠던 점은 인문계 고등학교에서 하브루타 수업 방식을 도입하는 것이 과연 대학수학능력시험에 도움이 될 것인가에 대한 적잖은 의문과 반발이었다.

선생님들은 대체적으로 회의적이었다. "하브루타를 하다가 수능 결과가 좋지 않으면 누가 책임을 질 것인가?", "하브루타로 공부한다고 과연 얼마나 실력이 향상되겠느냐?"는 식이었다. 가장 큰 반발은 수능을 앞둔 고3 학부모들로부터 터져 나왔다. 시험 삼아 바꿔 보는 방식으로 손해를 볼 수 없다는 것이었다. 이런 의문에 대해 서로 끊임없이 대화하고 토론하는 과정에서 내가 교장으로서 전적으로 책임을 질 것이니 믿고 따라 와 달라고 설득한 끝에 결국 하브루타를 도입할 수 있었다.

하브루타 수업, 어떻게 하나?

2015년 1월, 전남교육연수원에서 4명의 교사가 받은 6시간의 하브루타 연수는 우리 학교 수업을 개선하는 변곡점이 되었다. 전체 교사를 대상으로 하는 온·오프라인 교육을 받으며 하브루타에 대한 이론적 개념을 이해하고 실질적인 수업 적용 사례를 연구하면서 기본적인 소양과 기술 등을 터득했다. 2015년 새 학기 개학 전인 2월에는 전성수 교수님을 모시고 전체 교사 연수를 실시했다. 또한 모든 선생님에게 수업 연구 시 꼭 하브루타 수업 모형으로 연구 수업을 하도록 독려했다.

하지만 대부분의 선생님은 변화를 두려워하고 선뜻 시도하기를 꺼려했다. 그래서 수석교사가 2015년 4월 13일 월요일 5교시 자치활동 시간을 활용하여 전체 교사를 강당에 모시고 하브루타 학습법으로 공개 수업을 실시했다. 처음 시도하는 수업 방식이었기 때문에 약간의 시행착오가 있었으나 모든 선생님이 함께 공감할 수 있는 시간이었다. 한편 각 교실에는 하브루타와 관련된 도서인

『최고의 공부법』을 20여 권씩 비치해 학생들 스스로 하브루타 교육의 필요성을 공유하도록 했다.

그 후 계속해서 대한민국에서 가장 하브루타를 잘 아는 강사들을 초청하여 선생님들과 학생들에게 하브루타 교육을 집중적으로 실시했다. 하브루타로 수업 방법을 바꾸면서 가장 놀라웠던 것은 학생들의 학습 태도였다. 강의식 수업에서는 수업 시작 후 5분도 지나지 않아 졸던 학생들이 1시간 내내 함께 수업에 참여한 것이다. 조용하고 정적인 교실이 시끄럽고 동적인 교실로 바뀌어 갔다. 더불어 평소에 한 번도 대화를 나누어 보지 않았던 급우들과도 짝이 되어 토론을 하면서 자연스럽게 친구를 배려하고 존중하는 마음의 자세도 가지게 되었다. 폭력이나 따돌림 등은 우리 학교와 상관이 없는 이야기가 되었다.

현재 본교에서는 대부분의 수업을 하브루타 학습법으로 운영하고 있다. 특히 모든 교사가 하브루타 수업 모형을 바탕으로 공개 수업을 진행한다. 이는 영상으로 촬영되어 본교의 홈페이지에 게시돼 있다. 하브루타로 인해 본교의 수업은 휴식 시간보다 오히려 더 시끄러울 정도로 활발하게 진행된다. 모든 교사가 '디베이트 지도자 1, 2급'을 취득하였으며, 여러 명의 선생님이 '하브루타 교육사' 자격증을 취득하여 하브루타 수업의 전도사로 활약하고 있다. 모든 교사가 전성수 교수의 하브루타 온라인 강의를 이수하여 별다른 무리 없이 하브루타 수업을 진행할 수 있는 충분한 능력을 확보하고 있다.

또한 하브루타를 더욱 활성화하기 위해 학생들을 상대로 '하브루타 캠프'를 운영했다. 하브루타 전문강사뿐만 아니라 각 학교에서 하브루타로 저명한 현직 교사를 초빙하여 열띤 대화와 토론, 논쟁의 장을 마련했다. 캠프를 실시한 후 학생들의 만족도 조사 결과는 '매우 만족'으로 나타났다.

뿐만 아니라 학생들의 흥미를 유발하고 하브루타에 친근감을 가질 수 있도록 '하브루타송(song)'을 한국어, 영어, 일본어 버전으로 제작하여 하브루타 수업을 진행할 때마다 박수치면서 신나게 부르며 수업 분위기를 돋우고 있다. 각 교실 뒷면에는 하브루타와 관련된 현수막을 만들어 교실에 부착해 학생들은 직·간접적으로 꾸준히 하브루타 학습법과 관련된 환경에 익숙해지도록 배려하고 있다.

그 결과 인문계 고등학교로서 대학입시에서도 괄목할 만한 성과가 나타나고 있다. 대입 수시전형 원서 접수 시 작성하는 자기소개서 1번 항목에 '고등학교 재학 기간 중 학업에 기울인 노력과 학습 경험에 대해 배우고 느낀 점을 중심으로 기술해 주시기 바랍니다.'라는 항목이 있다. 여기에 '하브루타 수업', '하브루타 더불어 학습법' 등을 통해 느낀 학습 경험을 소개하거나 학업 성적을 향상시킨 구체적인 사례나 경험 등을 기록하여 좋은 평가를 이끌어 내고 있다.

질문의 문화를 만들다

하브루타로 달라진 교실 풍경의 핵심은 질문 문화다. 질문을 마음껏 할 수 있는 분위기는 하브루타 수업의 핵심 경쟁력이다. 여기서 말하는 질문은 교사의 질문 또는 발문이 아니라 학생 스스로 만들어 낸 질문이다. 학생들의 질문이 살아 있는 교실이 창의력과 인성 그리고 행복 교육의 완성이라고 생각한다.

하브루타 도입 초기 가장 심혈을 기울인 것은 교사든 학생이든 마음껏 질문할 수 있는 분위기를 만드는 것이었다. 오랜 세월 질문 없이 교사의 강의식, 주입식 수업으로 일관된 교실에서 탈피하려면 필수불가결한 조치였다. 교사들에게 학생들이 어떠한 질문이든지 마음껏 질문할 수 있도록 허용하라고 교무실 회의에서 수차례 주문했다.

사실 학생들의 모든 질문에 답할 수 있는 교사는 없다. 선생님은 만능이 아니기 때문이다. 모르면 모른다고 하고 같이 함께 찾아보자고 하거나 다음에 알려 주겠노라고 하면 되지 않겠는가! 하지만 교사들은 내심 질문을 받았다가 모른다고 하면 혹시 실력 없는 선생으로 낙인찍힐까 봐 노심초사하는 모습이 역력했다.

학교장 훈화 시간에 전교생에게 어떤 과목이나 단원에서 더 알고 싶거나 모르는 게 있으면 아무 때나 질문해도 된다고 선포했다. 질문이야말로 최고의 배움의 시작이라는 말과 함께 하루에 한 번쯤은 질문해 보라고 권장도 했다.

어느 날 여학생 몇 명이 교장실에 찾아와서 수업 시간에 선생님이 질문하지 말라고 했다는 사실을 일렀다. 교장선생님은 마음껏 질문하라고 말씀하셨는데 선생님은 수업 시작 전에 어떤 질문도 받지 않을 거라고 말씀하신 후 수업을 했다고 했다. 선생님과 학생들 간에 질문과 관련하여 불협화음과 트러블이 생긴 것이다.

이를 해결해 보려고 가끔 수업이 끝난 후 선생님들과 면담을 했다. 선생님들은 수업 진도를 나가는 데 방해가 될까 봐, 또는 어떤 질문을 받게 될지 몰라 두렵다고 했다. 질문이 난무하는 수업이 익숙하지 않다는 것과 질문을 통해 학생 주도 수업으로 바뀌는 것도 내심 탐탁지 않아 했다. 선생님들이 변화를 두려워하는 것이었다. 질문에 익숙하지 않을 뿐만 아니라 어색하고 거북하기 때문이었다. 지금까지 해 온 것도 전혀 문제가 없었는데 굳이 새로운 것을 받아들여서 어렵게 만들 필요가 있느냐는 생각이 컸다. 시간이 날 때마다 질문의 필요성을 역설하고 학생 주도 수업으로 전환하고 생각하는 힘을 길러 주는 것이 우리가 해야 할 일이라고 반복해서 역설했다.

질문하는 환경을 만들기 위해 교실마다 뒤편에 3개씩 배너를 설치하게 했다. 복도 양끝에 TV를 설치하고 반복 광고를 통해 64쪽 분량의 '고수의 질문'이라는 질문과 하브루타에 관한 PPT를 하루 종일 돌아가게 했다. 질문이란 환경에 풍덩 빠뜨리고 싶었던 계획을 하나씩 실천한 것이다.

지금은 정답을 찾는 시대가 아니라 질문을 찾는 시대다. AI는 질문만 하면 곧바로 답을 찾아준다. 아무리 인간이 똑똑해도 AI를 이길 순 없다. 이미 그 많은 경우의 수 때문에 결코 정복이 쉽지 않을 거라던 바둑에서도 인간의 능력을 넘어선 지 오래다. 인간이 기댈 것은 질문뿐이다.

온갖 의구심과 반대를 무릅쓰고 총력을 기울여 하브루타 수업을 지속하여 지금은 교사, 학생, 학부모 모두 하브루타 수업에 행복해하고 있다.

한 선생님이 퇴임하면서 이런 말씀을 남기셨다. "30년간 불행한 수업을 해 왔는데, 하브루타를 만난 후로 지난 3년간은 정말 행복했다." 하브루타 수업 과정에서 자존감이 올라가고 교사로서 자부심을 갖게 되었다는 것이다. 하브루타가 교사로서 최고의 버팀목이었다는 말씀도 하셨다.

학생이 학생을 가르치는 하브루타야말로 가장 이상적인 학습 방법이라 생각한다. 실력 향상은 물론 교우 관계, 학교생활 여러 가지 면에서 탁월한 효과가 있다. 하브루타는 일방적인 가르침의 수업을 지양하고 수업 주체들 간의 질문과 대화를 지향한다. 서로 생각을 묻고 답하는 수업이야말로 사고력을 기르는 최고의 수업이 아닌가 싶다.

질문의 문화가 뒷받침된 하브루타는 우리 교육의 문제점인 주입식 교육으로 인한 고등 사고력 약화, 지나친 경쟁의식으로 인한 공동체 의식 부재, 자신만 생각하는 이기주의, 성적 위주의 입시 교육으로 인해 만연한 부진 학생들의 패배의식, 내가 살아남기 위해 상대를 무시하는 왕따 문제 해결에도 그만이다. 하브루타는 지성과 인성을 겸비한 참으로 인간다운 인간을 길러 내는 최고의 행복 교육이다. 하브루타를 만난 것은 30여 년간 이어 온 나의 교직 인생 최대의 축복이다.

질문이 살아 있는 수업을 위한 10계명

1. 구체적인 질문을 해라. (추상적·포괄적 질문 NO)

교사가 학생들에게 "좋은 시란 어떤 것일까요?"라고 질문한다면 쉽게 답변하기 힘들 것이다. "내가 알고 있는 시 중 인상 깊었던 시나 좋았던 시가 있었으면 그 시는 무엇이고 그 이유는 무엇일까요?"라고 구체적으로 질문한다면 쉽게 답변할 수 있다. 학생의 학습 수준에 맞는 구체적 질문을 활용해야 한다.

2. 질문은 쌍방향으로 이루어지게 하라.

교사가 너무 많은 질문을 학생에게 던지면 교사 중심 수업이 될 수 있다. 학생의 배움을 촉진하려면 학생들에게 질문할 수 있는 기회와 시간을 주는 것이 필요하다. 특히 하브루타 수업에서 교사 주도의 질문형 수업은 일방통행의 소통 방식이 될 수 있다. 과감하게 학생들에게 질문할 수 있는 기회와 여유를 주는 것이 수업에서 배움을 촉진하는 데 도움이 된다.

3. 즉문즉답은 피하라.

학생의 질문이나 답변에 대하여 교사가 즉각적으로 정답을 말하지 말고 다른 학생에게 의견을 묻거나 그 질문을 반사하여 질문하는 것이 좋다. 왜냐하면 어떤 학생의 질문이 개인의 궁금증에 그치지 않고 전체 학생들에게 좋은 배움의 기회로 삼을 수 있기 때문이다.

예컨대, 과학 시간에 어떤 학생이 "선생님, 하늘은 왜 파랗죠?"라고 질문했을 때 교사가 바로 "그 이유는 빛의 산란 현상 때문이야. 파란 빛은 짧은 파장이고, 붉은 빛은 긴 파장의 성질을 가지고 있는데…"라고 설명하는 것보다 "그래, 참 좋은 질문이야. 다른 친구들 중에서 이 질문에 대하여 설명할 수 있는 사람이 있니?"라고 질문한다면 다른 학생들로부터 다양한 답변을 이끌어 낼 수 있고, 그 결과 빛의 성질을 전체 학생이 배울 수 있는 좋은 기회가 될 수 있다.

4. 특정 학생을 선택하여 질문하라.

"이 문제의 정답이 무엇일까?"라고 학생들에게 질문한다면, "선생님! 제가 생각하는 그 문제의 정답은요.…"라고 선뜻 이야기히는 경우는 드물다. 이러한 경우, "○○야, 이 문제의 정답에 대하여 이야기해 줄 수 있을까?" 등의 표현처럼 학생을 특정해 질문해야 해당 학생이 답변할 가능성이 높다. 사회심리학의 연구 결과에 따르면 불특정 다수에게 도움을 요청하는 것보다 특정 사람을 구체적으로 가리키며 도움을 요청하는 것이 더 효과적이라고 한다.

5. 최소 7초를 기다려라.

교사가 특정 학생을 선택하여 질문했다면 최소 7초의 시간을 기다려 주어야한다. 7초의 시간을 기다려도 답변하지 못한다면 "○○야, 다른 학생에게 이 질문을 해도 되겠니?"라고 양해를 구하고 다른 학생에게 질문한다. 그러면 그 학생은 선생님으로부터 존중받는다는 것을 느낄 수 있다.

6. 절대로 자문자답하지 말라.

교사가 질문하고 그 질문에 대하여 교사가 먼저 대답하는 이유는 학생들이 대답을 잘하지 않거나 자기가 원하는 대답이 나오지 않기 때문이다. 교사가 자문자답을 하게 되면 학생 입장에서는 교사의 질문에 대하여 답변해야 할 책임감을 전혀 느끼지 못하게 된다. 학생 입장에서는 선생님의 표현 방식은 질문형태이지만 어차피 우리가 가만히 있어도 선생님이 알아서 정답을 말할 것이라고 예상하기 때문이다. 교사의 자문자답 방식은 질문이 가진 힘을 스스로 잃어버리게 한다.

7. 학생의 오답에 부정적인 반응을 보이지 마라.

교사의 질문에 대하여 학생이 오답을 말해도 부정적인 반응을 보여서는 안된다. 물론 지식과 이해를 묻는 질문에는 분명 정답이 존재하고 오답을 그냥 놔두면 자칫 오개념이 형성될 수 있다. 오개념을 수정하는 것과 오답에 대한 부정적인 반응은 별개이다. 학생의 엉뚱한 질문이나 오답에 대하여 교사가 부정적이거나 공격적인 반응을 보인다면 거기에서 배움은 멈추고 말 것이다.

8. 질문 후, 그 대답을 경청하고 반응을 보여라.

경청의 기본 자세는 '눈 맞춤'이다. 교사가 학생에게 질문을 했으면 정성을 다해 경청하고 눈 맞춤을 통해 그에 대한 긍정적인 반응을 보여 주어야 한다. 교사는 비언어적 표현, 신체적 언어를 통해서 학생들의 말을 경청하고 있음을 보여 주어야 질문이 살아 있는 교실이 될 수 있다.

9. 구조화된 질문을 사용하라.

수업의 흐름에 따라 적절한 질문을 미리 고민하여 활용하는 것이 좋다. 질문과 질문 사이에는 논리적인 연계성을 가지고 있어야 한다. 무엇보다 '출발 질문 - 전개 질문 - 도착 질문'의 3단계 질문 단계를 기억하면 좋다. 수업 시간에 다루는 지식 수준이나 성격에 따라 닫힌 질문과 열린 질문을 적절하게 섞어서 활용할 수 있어야 한다. 수업 내용의 흐름에 맞춰 탐색 질문과 집중 질문을 적절하게 활용할 수도 있어야 한다.

10. 맥락과 상황에 맞는 질문을 사용하라.

학습 단원의 특성, 학생들의 학습 수준, 수업의 맥락과 상황 등을 복합적으로 고려하여 그에 맞는 질문을 개발하여 활용할 수 있어야 한다. 좋은 질문은 교사가 지닌 고도의 전문성을 바탕으로 나올 수 있다. 교사가 학생들에게 좋은 질문 요령을 직접 가르칠 수 있어야 한다. 교사의 좋은 질문 사용 방식은 학생들의 질문을 이끌어 내는 데 효과적이다.

고3 교실의
하브루타 수업

설운용

무엇을 평가할 것인가?

학교 교육의 초점은 현재보다는 학생들이 살아가게 될 미래에 적합한 인재를 육성하는 것이기에 미래 지향적이어야 한다. 그런데 안타깝게도 현재 일반계 고등학교 고3 교실에서는 대학수학능력시험 준비를 위해 제한된 시간에 많은 학습 분량을 소화하려고 교사 중심의 일방적 강의 수업, 문제풀이 중심 수업이 진행되고 있다.

최근 사회적 쟁점 중 하나인 학생부종합전형은 일선 학교 현장에서 안정적으로 정착되어 가고 있다. 정시모집 비중 확대를 요구하는 목소리도 커지고 있으나 기대만큼 실현될 가능성은 크지 않아 보인다. 학생부종합전형에 대한 문제점과 우려에도 불구하고 학교 현장에서 상당수의 교사는 긍정적인 측면에 더 주목한다. 수능 점수 1~2점의 차이, 내신 한 등급의 차이로 학생들의 역량을 제대로 판단하고 평가할 수 있는가에 대한 의구심 때문이다. 숫자로 표시되는 계량화된 평가보다 숫자로 나타나지 않는 비계량화된 평가가 더 중요할 수 있기 때문이다.

'빨리 가려면 혼자 가고, 멀리 가려면 함께 가라.'는 말이 있다. 학교생활을 통해 학생들이 배워야 할 중요한 것 중의 하나가 타자와 관계 맺고 소통하는 능력이다. 학생부종합전형은 '개인'의 역량도 평가하지만 '우리'에 더 큰 의미를 둔다. 학생들이 맺어야 하는 관계망의 출발은 바로 옆 자리의 친구와 올바른 관계망을 형성하는 것이고, 이 관계망이 수업 안으로 들어올 때 학생들의 학업 역량은 더 가파르게 성장한다.

학생부종합전형이 확대되면서 학교생활기록부의 정량평가 이상으로 정성평가가 강조된다. 이제 '숫자'를 통해 학생의 역량과 성적을 평가하는 시대가 지나가고, '글'로 평가하는 시대가 왔다고 해도 과언이 아니다. 대학에서도 단순한 등급의 숫자보다 수업을 통한 학생들의 구체적인 활동 내용과 그로 인한 학생의 성장과 발전 가능성을 확인할 수 있는 교과세부능력 특기 사항 등에 주목한다. 교육과정과 수업을 통해 성장하는 학생들의 모습을 구체적이고 생생하게 학생부에 담고자 하는 교사들의 노력도 치열해지고 있다. 대학입시에서 학교 밖 영역에 대한 평가가 배제되면서 학교라는 공교육의 틀 안에서 학생들이 어떻게 성장해 가고 있는가, 학교는 어떤 프로그램과 방식으로 학생들의 성장을 돕고 있는가가 중요해지는 것이다. 이러한 상황에서 교실 수업의 변화는 필연적이다.

교육의 본질은 무엇인가?

끊임없이 나 자신에게 던지는 질문들이 있다.

"교육의 본질은 무엇인가?"

"in-put인가, out-put인가?"

"내 수업의 무게 중심은 in-put에 있는가? out-put에 있는가?"

"교사가 잘 가르치는 수업인가? 학생에게 배움이 있는 수업인가?"

"하브루타의 본질은 무엇인가? 무늬만 하브루타를 내세우는 것은 아닌가?"

수많은 질문 속에서 대학 시절에 교육학 시간에 배운 'education'의 어원을 새삼 떠올린다.

"모든 대리석 안에는 조각상이 깃들어 있다. 조각가의 임무는 그 형상이 드러나게 하는 것이다."

-미켈란젤로

전국을 돌며 진행한 교사 대상 하브루타 연수 첫머리에 교육의 본질에 대한 질문을 하며 소개하는 구절이다. '내 수업을 통해 학생들 내면에 깃들어 있는 조각상의 형상이 드러나고 있는가?'를 스스로 늘 질문한다. 훌륭한 교사는 정해진 답을 효율적으로 쉽고 명쾌하게 가르쳐 주기보다 학생들의 생각을 끊임없이 흔드는 교사이다. 많이 생각하게 하고, 탐구하게 하고, 협력하게 하는 수업에 대해 고민한다.

나는 지난 몇 년 동안 벌교고등학교에서 고3 학생들의 사회·문화 과목을 지도하고 있다. 고3 수험생들을 지도하면서 진도에 대한 부담, 수능시험 성적 결과에 대한 부담감을 갖곤 한다. 교사 중심의 강의 수업을 넘어 학생들의 주도적인 참여로 개개인의 역량을 향상시키는 하브루타 학습법을 어떻게 적용하고 구체화해 나갈 것인가에 대해 늘 고민한다. 질문과 토론 중심의 하브루타 학습이 효과적이지만, 매 시간 하브루타 토론 방식으로 수업을 진행하거나 전형적인 '질문 만들기 하브루타' 학습법을 적용하는 것에는 현실적인 어려움이 있다. 지속 가능하고 일관성 있는 수업 적용을 위해 나는 주로 '친구 가르치기 하브루타'를 중심으로 수업을 디자인하여 진행하고 있다.

우리 학교의 경우 고3 학생들과의 첫 만남은 2학년을 마친 겨울 방학 방과 후 수업에서 시작한다. 사회·문화 과목은 대입 수능 시험을 치러야 하는 선택 과목이지만 그간 배우지 않은 전혀 새로운 내용인지라 짧은 겨울 방학 방과 후 수업에서는 기본적인 개념을 중심으로 압축적인 강의 수업 형태로 진행한다. 첫인상과 느낌이 서로에게 중요하기 때문에 철저한 준비를 통해 교사로서의 강의 스킬을 최대한 발휘하여 개념 수업을 진행한다.

50분의 수업을 위해 2~3시간 동안 학습 내용을 구조화하고 자료를 정리하는 등 철저히 준비한다. 수업 내내 핵심 내용을 중심으로 개념과 사례 위주로 쉴 새 없이 강의한다. 학생들은 마치 EBS 인터넷 현장 강의를 듣는 것 같다고 한다. 전체 내용을 20강에 걸쳐 수강한 학생들은 사회·문화 과목의 핵심 내용을 1차적으로 정리한다. 하브루타 수업에 필요한 기초 지식을 쌓는 것이다.

3학년 1학기 수업 – 친구 가르치기 하브루타

3월이면 정규 교육과정에서 수능시험 연계 교재인 'EBS 수능특강'으로 수업을 진행한다. 겨울 방학 수업과 다른 점은 일방적인 강의가 아닌 학생 참여와 활동의 비중을 늘려 간다는 것이다. 기본적으로 사회탐구 과목은 과제 부담을 주지 않고 수업 시간에 100% 완전 학습이 이루어지도록 하는 것을 목표로 하고 있다. 3학년 1학기는 수험생에게 국어, 영어, 수학과 같은 중요 과목에 대한 시간 투자가 반드시 필요하다는 생각에 수업 시간 외의 시간에 과제 부담을 주고 싶지 않기 때문이다. 대신 수업 시간에는 온전한 집중을 요구한다.

1학기 수업 시간의 도입부는 전시 학습에 대한 점검부터 시작한다.

"모두 책을 덮고 지난 시간에 무엇을 배웠는지 짝과 이야기해 봅시다!"

학생들은 기억 속에 저장된 내용들을 이끌어 내어 나름대로 재구성하여 옆 짝에게 2~3분 동안 설명한다.

"자, 이제는 짝을 바꿔서 다시 설명합니다."

학생들은 첫 번째 친구와 나눴던 대화 내용을 활용하여 보다 확장되고 깊이가 더해진 내용으로 설명한다. 교사는 학생들 사이를 돌며 격려하고 그들의 대화 내용을 귀담아 들으며 학습 대화 내용을 체크한다.

"자기 짝이 설명을 너무 잘해서 혼자만 듣기에 아깝다고 생각하는 사람은 손을 들어 보세요!"

짝 활동에 적극성을 띤 학생들이 역시나 적극적으로 손을 든다. 때로는 발표 기회가 적었던 학생을 지목하기도 하고, 시간적 여유가 없을 때는 효과적으로 발표가 가능하겠다는 판단이 드는 학생에게 발표 기회를 준다. 같은 시간에 같은 여건에서 생각하지 못한 내용까지 설명하는 친구의 발표를 통해 아이들은 도전과 배움을 얻는다. 친구를 격려하고 응원하는 박수가 쏟아진다. 이렇게 각자가 학습 내용을 재구성하고 자신의 언어와 표현으로 생각을 서로 나누는 활동으로 전시 학습 정리를 10분 안팎으로 진행한다.

다음으로 본시 학습 주제와 주요 내용을 학생들에게 간략하게 소개한다.

수업 전에 자연스럽게 배열된 4인 1모둠별로 20분 정도의 모둠 활동이 이루어진다. 먼저 개인적으로 학습 내용을 읽고 정리하면서 궁금한 부분을 체크하고, 함께 나눌 질문을 작성한다. 개인별 학습이 마무리되면서 자연스럽게 모둠 토론이 진행된다. 10여 분의 정적을 깨고 학생들은 서로 질문하고 대화하고 토론하기 시작한다. 1학년 때부터 발표와 토론의 기회가 많은 학교 문화 속에서 성장해 온 학생들인지라 고3 교실에서 학생들의 활동 내용은 제법 수준이 높다. 1명의 생각보다 2명의 생각이, 3명의 생각이, 4명의 생각이 더 깊고 풍부함을 확인한다. 이것이 바로 집단 지성 또는 협업 지성의 힘이 아닌가 싶다.

모둠 내에서 중요한 내용을 스스로 체크하며 정리하고, 해결되지 않은 것들은 수업 후반에 전체 질문, 즉 교사와의 쉬우르(히브리어로 '수업'이라는 의미. 교사와 학생들이 질문과 토론을 주고받는 수업 시간)를 통해 해결한다.

모둠 활동이 끝나면 활동 내용을 1~2명의 학생을 통해 발표하도록 한다. 미처 해결되지 않은 궁금한 부분에 대한 질문을 받되 그 질문에 대한 답변을 교사가 직접 하지 않고 다른 친구들이 답변하게 해 다양한 의견을 듣는다. 간혹 학생들의 모둠 활동이 소극적으로 진행되거나, 쉬우르 과정에서 학생들의 질문이 부족하다 싶으면 교사가 학생들에게 질문을 하고 각자의 생각을 설명하도록 요구하면서 긴장감을 조성하기도 한다. 교사가 추가적으로 보충할 내용과 수정할 부분에 대한 정리도 이 시간에 이루어진다.

이러한 쉬우르 과정이 끝나고 남은 10여 분의 수업 마무리 역시 학생들의 몫이다.

"오늘 배운 내용을 2~3분 동안 읽으면서 개인적으로 정리합니다."

"모두 책을 덮고 오늘 배운 내용과 새롭게 알게 된 내용들을 짝과 이야기합니다."

"짝을 바꿔 이야기합니다."

"자신의 짝이 설명을 아주 잘했다고 생각하는 사람은 손을 들어 보세요!"

수업의 마무리 역시 수업 도입 단계와 비슷한 형식으로 학생들 스스로 각자 정리한 생각들을 서로 주고받을 수 있도록 진행한다.

매 시간 학생 중심의 전시 학습 확인, 모둠 활동, 교사가 수정 보완하는 쉬우르, 학생 스스로 정리하는 마무리 수업을 반복적으로 진행하면서 학생들은 각자의 생각을 정리하여 표현하는 과정을 통해 지식의 내면화를 이루어 간다.

평소에 하브루타 방식으로 수업을 진행하면 교과 세부능력 특기 사항에 기록할 활동 내용의 글자 수가 부족할 정도로 차고 넘친다. 수업 시간에 해당 주제와 관련한 학생의 지적 호기심은 무엇이었는지, 제시된 텍스트 자료에서 학생의 질문은 무엇이었고, 그 질문에 대한 학생의 생각은 무엇이었는지, 토론 활동에서 주장한 내용과 제시한 논거는 무엇이고, 문제 해결 방안으로 무엇을 제시했는지, 공동체 활동에서 학생의 역할은 무엇이고, 성장과 발전의 정도는 어떠한지 등을 생생하게 파악하여 기록할 수 있다. 구체적이고 자세한 평가 자료로서 가치가 인정된다. 하브루타는 최근 교육 현장에 부는 '교육과정-수업-평가 일체화(교수평일체화)', 또는 과정 중심 평가를 수업 현장에 적용할 수 있는 가장 효과적인 방안 중 하나라고 확신한다.

여름 방학 특별 수업 – 뉴스 리터러시 하브루타

7월 초 3학년 1학기 기말고사를 치르고 나면 3학년 교실 역시 1, 2학년 교실과 별반 다를 게 없다. 정상적인 수업 분위기가 나지 않는다. 수시 모집에 반영되는 내신 성적이 다 마무리되었다는 생각으로 제법 들떠 있는 학생들의 분위기를 가라앉히는 것은 결코 쉬운 일이 아니다.

3학년 1학기 기말고사가 끝나면 최종적인 내신 성적표를 받게 된다. 이때 지원할 전형 방법과 지원 대학 및 전공이 대부분 결정된다. 대부분의 학생은 학생부종합전형으로 수시모집에 지원한다. 교과전형으로 지원하는 학생들의 경우 수능최저학력기준 요건을 충족하기 위해 수능 직전까지 문제풀이 위주의 학습을 해야 한다. 학생부종합전형을 지원하는 아이들 대부분은 면접이라는 관문을 반드시 통과해야 한다. 면접은 하루아침에 준비되는 것이 결코 아니다. 질문의 의도를 명확하게 파악하고 자신의 생각을 명료하게 답하는 것이 중요하다. 평소 하브루타 토론에 훈련이 잘되어 있는 학생들에게 면접 전형은 기회의 땅이라 할 수 있다.

2018년 여름, 인문·사회과학 계열로 진학하고자 하는 학생들의 면접을 준비하기 위해 뉴스 리터러시 프로그램을 도입하였다. '미디어와 그 생산물을 비판적으로 이해하고, 이를 능동적으로 활용하며, 미디어의 부정적인 영향으로부터 자신을 보호하는 능력'을 '미디어 리터러시'라고 한다. 지식정보화 시대에 최

251

첨단 정보화 기술과 다양한 미디어가 폭발적으로 등장하고 있다. 미디어를 통해 얻은 정보에는 유용하고 가치 있는 정보가 있는 반면, 소모성 정보, 쓰레기 정보 또한 넘쳐나면서 좋은 정보를 분별하는 능력이 요구되고 있다.

뉴스 리터러시는 미디어 리터러시의 한 부분으로 인식되는 경우도 있고, 디지털 리터러시 및 정보 리터러시와 구분 없이 사용되기도 한다. 공통분모는 '비판적 사고 능력'을 목표로 한다는 점이다. 삶 속에서 늘 접하는 뉴스에 대해 신뢰성 있는 뉴스를 선별하는 능력을 키우고, 뉴스의 내용을 비판적으로 해석하며 뉴스 이용 과정에서 책임성을 기르는 교육적 패러다임을 지향한다.

사회과 교육 목표는 민주시민적 자질 육성이다. 그중 하나가 비판적 사고력을 기르는 것이다. 비판적 사고, 반성적 사고, 성찰적 태도 등의 본질은 현상을 있는 그대로 보는 것이 아니라 현상 이면에 숨긴 동기와 의도를 읽어 내는 것이다. 현상에 대해 'Why?'라는 의문을 제기하는 것이고, 사회적 적합성 여부를 따지는 것이다. 여기서 '리터러시'란 단순히 읽고 쓰는 능력을 넘어 내용을 정확히 이해하고 맥락적으로 인식하며 비판적이고 균형 잡힌 시각으로 볼 수 있는 교양 또는 소양의 의미라 할 수 있다. 뉴스의 행간 읽기라고도 할 수 있다.

뉴스 리터러시 학습은 한국언론진흥재단의 교재를 바탕으로 수업을 진행했다. 뉴스를 정의할 때 필요한 3가지 핵심 조건을 실제 뉴스 기사에서 찾아보는 활동을 한다.

전쟁 난 줄 알았습니다 역대 최강 지진 전국 강타

오늘(12일) 저녁 7시 44분과 8시 32분에 ○○ 지역에서 규모 5를 넘는 지진이 두 차례나 발생했습니다. 규모 5.8의 지진은 한반도에서 발생한 지진 가운데 역대 가장 강력한

규모입니다.

발문 : 수많은 뉴스 중 어떤 뉴스가 메인 뉴스가 될 수 있을까?

발문 : 어떤 뉴스가 사람들이 원하는 '가치 있는 뉴스'일까?

발문 : 보통 우리가 찾아보는 인터넷 기사는 이렇게 구성되어 있습니다. 뉴스의 3가지 핵심 조건이 모두 들어 있는지 확인해 볼까요?

짝 토론과 모둠 토론을 통해 '시의성', '공공의 관심사', '미디어를 통한 유통' 등 뉴스의 가치를 판단하는 기준을 파악하고 서로의 생각을 나누는 활동을 전개한다.

뉴스에는 사실과 의견이 섞여 있기 때문에 어디까지가 객관적인 사실이고, 어디부터가 의견인지를 구분할 수 있어야 한다. 전형적인 사례를 들어 '사실'과 '의견'을 구분하는 연습을 한 뒤, 실제 뉴스 사례에도 적용한다.

지난주는 학교 축제가 있어서 행복했다.

'학교에 축제가 있었다.'는 사건은 '사실'이고, 그것으로 인해 '행복했다'는 감정을 느낀 것은 '의견'이다. 뉴스를 읽을 때에는 어떤 것이 사실인지, 어떤 것이 의견인지 구분해 읽어 낼 줄 알아야 한다. 뉴스에서 사실 확인은 기자들이 뉴스를 생산할 때에도 반드시 거쳐야 할 단계이다. 동시에 뉴스를 소비할 때에도 뉴스 소비자들이 그 뉴스의 사실을 확인해 보는 단계가 필요하다. 뉴스 소비자의 입장에서 뉴스의 복잡한 내용에 대해 사실 여부를 일일이 판단하기는 매우 어렵다. 개별적인 이슈에 대한 사실 여부 판단은 중요하지만 현실적인 어려움 때문에 학생들 수준에서 만들어 볼 수 있는 비판적 질문을 하는 태도에 중심을 두고 활동하는 것이 필요하다. 뉴스 팩트를 체크할 때 정보원에 대한 질문의 사례는 다음과 같다.

질문 : 정보원이 해당 분야의 전문가인가?(권위성)

질문 : 정보원이 사건을 경험하거나 목격한 사람인가?(인지성)

질문 : 정보원의 실명이 공개되어 있는가? 익명이라면 그 이유는 타당한가?(실명성)

질문 : 주장을 뒷받침하는 증거(데이터, 서류, 사진, 녹취록 등)가 있는가?(검증성)

질문 : 정보원이 사건 당사자와 개인적인 이해관계를 가지고 있지는 않은가?(독립성)

질문 : 한 가지 정보원이 아닌, 둘 이상의 다른 정보원이 동일한 주장을 하고 있는가?(복수성)

이러한 활동 외에도 뉴스 생산 과정, 뉴스 생태계 이해, 낚시성 제목과 기사 분별하기, 학급의 중요 정보로 뉴스 구성하기, 뉴스 카드 만들기, 알 권리와 사생활 보호 등을 주제로 다양한 질문을 만들고 서로 활발한 토론을 벌인다. 이런 활동을 통해 급변하는 미디어 환경을 이해하고 창의적인 미디어 활용 능력을 키울 수 있게 된다. 뉴스 리터러시 역량 강화를 위해 공감과 질문이 있는 수업, 창의력과 비판력을 키우는 수업, 타인과의 의사소통 능력을 키울 수 있는 수업을 실현하는 데 하브루타는 매우 효과적인 수업 방법이라 할 수 있다.

하브루타를 통한 뉴스 리터러시 활동은 이후의 교과 수업에도 적용할 수 있다. 수업의 도입 부분에 '신문 스크랩' 및 '뉴스 브리핑' 시간을 짧게 마련해 우리 사회에서 어떤 일들이 일어나고 있는지 함께 살펴보고 서로의 생각들을 함께 나눌 수 있다. 여기에 그날 수업 시간에 배우게 될 내용과 접목되는 뉴스 자료를 활용한다면 학생들이 학교에서 배우는 지식과 사회 문제를 연관시켜 한 차원 더 높은 배움을 얻게 된다. 자연스럽게 학생들의 수업 참여도가 높아지고, 우리 사회를 비판적으로 볼 수 있는 안목을 기르게 되어 민주시민으로 한 단계 성장하는 계기를 마련할 수 있다.

3학년 2학기 수업
-문제 풀이 중심 친구 가르치기 하브루타

3학년 2학기는 철저하게 문제 풀이 중심 '친구 가르치기 하브루타' 방식으로 진행한다. 고등학교 3학년 사회·문화 과목의 수능 시험 상위 등급 여부를 결정짓는 가장 중요한 문항 유형은 '표 분석' 문항이다. 대개 2~3문항이 출제되는 것이 보통인데, 고배점인 데다 분석과 계산에 많은 시간을 요구하다 보니 이 과목을 선택한 학생들에게 두려움과 회피의 대상이다. 더군다나 최근 수능 영어 과목이 절대 평가로 전환되면서 수능의 변별력이 약화되는 문제점을 해결하고자 의도적으로 탐구영역의 난이도를 필요 이상으로 높이고 있지 않는지 의구심을 갖게 된다.

고난이도의 표 분석 문항은 교사의 강의로는 한계가 있다. 학생들 스스로 문제를 붙잡고 씨름해야 하며, 반복적으로 풀면서 분석 원리를 스스로 체득하는 과정이 필요하다. 사실상 3학년 2학기 수업은 진도에 크게 구애받지 않아도 된다. 이미 충분한 학습이 이루어진 상태이기에 이미 드러난 자신의 약점만 충분히 보강하면 되는 것이다. 어떤 때는 1시간 내내 고난이도 표 분석 한 문항만으로 수업을 진행하기도 한다.

정해진 시간 내에 혼자서 풀어 보고(10분), 짝끼리 설명하고(7분), 짝 바꿔 설명해 보고(7분), 모둠 내에서 설명하고(10분), 학급 전체 학생을 대상으로 한 학생의 설명을 듣고(5분), 또 다시 혼자 풀어 보고(5분), 짝에게 설명하고(5분)…. 어찌 보면 지겨운 과정이지만 철저한 반복 학습과 스스로 설명하는 과정에서 학생들은 자신감을 갖고 자신의 언어로 설명 가능한 수준까지 이르게 된다. 그 과정에서 '세상에는 2가지 지식이 있다. 안다는 느낌은 있으나 설명하지 못하는 것과, 안다는 느낌도 있고 설명 가능한 것, 그중 진짜 지식은 안다는 느낌도 있고 스스로 설명할 수 있는 것!'이라는 사실을 서로가 확인하게 된다. 어렴풋이 안다고 생각했던 것들에 대해 친구의 가르침을 귀로 듣고, 자신의 머리로 정리하여 친구에게 설명하는 과정을 반복적으로 거치면서 자신의 약점을 극복하게 된다. 스스로 완성도를 높여 가면서 수업을 즐기는 학생들, 하브루타 수업으로 성장하는 학생들의 모습을 보면 교사로서의 자부심을 느끼게 된다.

교사는 학생들의 활동 중에 학생들 사이를 돌며 격려하고, 되도록 질문을 많이 던지면서 큰 목소리로 서로의 생각을 열정적으로 나누도록 주문한다. 머릿속 생각을 표현하고 내뱉어야만 자신의 잘못된 개념을 바로 잡을 수 있다고 잔소리하듯 반복한다.

2학기에는 1학기와 달리 모둠장을 교사가 지목한다. 교과 내신 성적과 6월

평가원 모의평가 점수를 바탕으로 성적이 우수한 학생을 5~6명 선정하여 모둠장으로 세운다. 나머지 학생들은 자신이 원하는 모둠장을 찾아가 4인 1모둠을 구성하여 수능시험 직전까지 학습공동체로 함께 활동하도록 한다. 우리 학교 학생들은 모둠장 역할을 피하지 않고 즐긴다. 매시간 자신의 리더십과 학습 역량을 키울 기회로 인식하기 때문이다. 학생부종합전형 시대에 바람직한 사고방식이고, 대학과 사회가 요구하는 인재상이기도 하다.

3학년 교실에서 벌어지는 문제풀이 중심의 친구 가르치기 하브루타는 효과 만점의 학습 방법이다. 학생들은 더불어 성장한다. 다소 성적과 학업 역량이 처지는 친구들을 수업에 동참시키고 서로의 생각들을 나누는 과정에서 큰 배움을 얻는다. 인내심을 배우고, 격려하며 참여시키는 방법을 배우고, 어려운 과제를 함께 해결했다는 성취감도 갖게 된다.

결과적으로 농촌 지역의 일반계 고등학교로서 수능 모의평가와 수능에서 1, 2등급 비율이 전국 평균 2~3배 이상을 상회하는 성적표를 받기도 한다. 수업 시간에 모두가 하나의 팀으로 수업을 즐기는 것에 대한 보상이라 생각하며 지도하는 교사로서 학생들에게 감사의 마음마저 갖게 된다.

2014년 겨울에 하브루타를 처음 접한 뒤 교실 수업에 적용한 지 수년이 흘렀다. 여전히 어려운 부분이 있다. 수시로 하브루타의 본질에 대해 고민한다.

하브루타 학습의 중요한 키워드는 질문과 경청이며, 궁극적으로 대답 잘하는 학생보다는 질문 잘하는 인재로서의 역량을 키우는 교육, 생각하는 힘을 길러 주는 교육을 지향한다. 단어의 뜻을 질문하고, 등장인물의 감성을 질문하고, 상징과 의도를 찾는 질문을 하고, 생활에 적용하고 대안을 제시하며 실천하는 질문을 하는 과정에서 학생들의 성장판이 자극된다. 그래서 서로 짝을 지어 질문하고, 대화하고, 토론하고, 논쟁하는 하브루타의 본질적인 학습 원리를 현장에 적용하려는 실천 의지가 무엇보다 중요하다.

한국에 도입된 뒤 교육 현장에 적용되고 있는 하브루타는 이제 교육 방법의 차원을 넘어 하나의 문화 운동으로 확산, 정착되어야 하는 변화와 성장의 시점에 와 있다. 하브루타 학습을 통해 학생들은 인간관계를 배우고 사람을 대하는 방법을 배운다. 학생들은 인간관계에서 자신이 먼저 적극적으로 관계를 형성하려는 노력을 해야 함을 깨닫고, 함께하는 즐거움을 배운다. '역지사지'의 경험을 통해 타인에 대한 공감과 수용 능력을 향상하는 문화를 세워 가야 한다.

학습을 넘어 일상생활에서 정해진 틀 안에서 기존의 방식을 답습하며 수동적으로 참여하는 행동 양식을 버리고, 학생들 스스로 주체적으로 문제를 제기하고 해결해 가는 자기주도적 운영 능력과 의사 결정 능력을 배양하는 경험이 축적되려면 반드시 하브루타 문화가 형성되어야 한다.

자신이 가진 재능과 달란트를 공동체를 위해 내어놓고 더불어 성장하는 문화가 교실 수업과 일상생활에서 더욱 더 확장되기를 기대한다. 하브루타가 사회 전반의 문화로 확산되어 소통의 문화가 형성되고 우리 사회가 더욱 더 건강한 사회로 발전하는 변화의 계기가 마련되기를 기대한다.

"최고의 공부는 각자의 생각과 성공적인 자기표현에서 시작된다. 그리고 혼자만의 밀실에서 벗어나 함께 협력하는 공부! 이것이 바로 우리가 찾은 최고의 공부를 위한 조건이다."
-KBS 1TV, 「공부하는 인간, 호모 아카데미쿠스」 중

수업 방황을
하브루타로 끝내다

이성일

4차 산업혁명, 자유학기제, 2015년 개정 교육과정, 핵심 역량, 창의 융합형 인재, 과정 중심 평가, 학생부종합전형…. 이 모든 것은 수업 변화의 필요성을 내포하고 있다. 미래 사회에 맞는 역량을 가진 인재를 양성하기 위해 교육과정과 수업, 평가가 바뀌어야 한다는 것이다. 25년 넘게 교직에 몸담아 오면서, 학교 현장에서 요즘같이 수업이 화두가 된 적은 거의 없었다.

거꾸로 교실, 배움의 공동체, 프로젝트 수업, 비주얼 씽킹, 하브루타 등 다양한 교수법이 몇 년 사이에 등장했다. 과거 교육 방향이 대부분 교육부 주도였다면, 이러한 수업 변화의 흐름은 자발적인 교사 공동체를 중심으로 확산되고 있다는 점이 고무적이다. 특히 거꾸로 교실과 배움의 공동체는 전국 단위의 교사 공동체를 통해 협업과 학생참여수업 확산을 주도하고 있다.

이러한 수업 변화 흐름에 많은 교사가 동참하고 있으며, 교육 당국의 지원도 과거 어느 때보다 적극적이다. 하지만 오랫동안 고수해 온 강의 수업 방법을 바꾸는 것이 결코 쉽지는 않다. 무엇보다 현직 교사 중에는 학창 시절에 토의·토론 수업을 경험해 본 사람이 거의 없다. 이는 대학 시절도 마찬가지이다. 대학교도 대부분 강의 수업이었으며, 기껏해야 교재를 요약해서 발표하는 정도의 수업을 경험했을 뿐이다. 교사 대부분이 토론 수업을 받아 본 적이 없는 상태에서 역할이 바뀌었다는 이유로 쉽게 토론 수업을 할 수 있는 것은 아니다. 이는 수업이 단순한 방법의 문제가 아닌 문화의 문제임을 의미한다.

말하는 문화가 활발할 때 수업에서도 토론이 가능하다. 하지만 우리 문화는 그렇지 않다. 오히려 말하지 않는 것이 미덕으로 여겨졌다. '침묵이 금이다.'는 격언을 지키며 식탁에서든, 부모와 자식의 관계에서든, 심지어 부부 사이에도 대화가 많지 않은 문화이다. 이는 교실에서도 그대로 이어졌다. 교사가 가장 많이 하는 말이 "조용히 해."였고, 교실마다 '실내정숙' 구호가 적혀 있었다. 교실은 수업 시간이든, 자습 시간이든 조용해야 했다. 수업 시간에는 교사 혼자 말할 수 있었고, 자습 시간에는 누구의 말도 허용되지 않았다.

이러한 분위기에서 질문의 문화가 있을 리 없다. 교사는 학생에게 가르치는 행위를 할 뿐 질문하지 않았다. 질문하더라도 생각을 묻는 질문이 아닌 교사의 말을 잘 들었는지를 확인하는 질문이었을 뿐이다. 더욱이 학생이 교사에게 질문한다는 것은 용기를 필요로 하는 일이었다. 내용을 몰라서 질문하는 것은 부끄러움이었고, 내용에 대해 다른 생각을 질문한다는 것은 권위에 대한 도전으로 여겨졌기 때문이다. 이는 유교 중심의 수직적 문화가 교실에서 그대로 이어진 이유도 있다.

이러한 침묵의 문화가 이제 질문의 문화로 바뀌고 있다. 질문에 관한 책이 쏟아지고 있으며, 수업 방법 관련 책에도 질문이 가장 중요한 키워드로 등장한다. 그 중심에 하브루타가 있다고 해도 과언이 아니다. 하브루타는 단순한 공부법이 아니고 유대인의 문화이다. 태아에게 부모가 말하고, 식탁에서 가족 간에 대화하고, 탈무드를 공부하며 친구와 논쟁하는 등 일상생활 속의 문화이다. 나는 윤리 교사로서 20년이 넘게 오직 강의로만 수업을 채워 오다가 이제 하브루타를 만나 교사로서 제2의 삶을 살고 있다.

26년 전 나는 울산의 중학교에서 교직의 첫발을 내디뎠다. 의욕이 넘쳤고, 수업 내내 학생들의 웃음이 넘쳐났다. 열심히 가르쳤으며, 수업을 완전히 장악했다고 생각했고 자신감이 넘쳐났다. 5년을 보낸 후 인근의 실업계 고등학교로 옮겼다. 위기에 봉착했다. 학생들은 교사의 말을 필요로 하지 않았다. 자는 학생이 늘어났고, 수업 시간을 적당히 때우는 일이 일상이 되었다. 수능 시험지를 풀어 봤는데 명색이 교사인데 모르는 문제가 수두룩했다. 결국 도망치듯 2년 만에 시내 고등학교로 옮긴 후 계속 인문계 고등학교에서만 수업을 했다.

수능 중심의 입시제도 하에서 강의식은 가장 좋은 교수법이었다. 다시 열심히 교재 연구를 하면서 수업을 말로 채웠다. 언제부터인가 목이 아파 마이크를 사용하게 되었다. 50분 내내 말하기 위해서 짧게 해도 되는 내용을 길게 늘이기도 했으며, 학생 입장에서 잔소리에 해당하는 인성 교육을 장황하게 하기도 했다. 그래도 수능이라는 뚜렷한 목표가 있었고, 인문계 고등학교에서 주변 동료 교사 누구도 토론 수업을 하지 않았기에 수업 방법에 대한 고민은 하지 않았다. 언젠가 열린 교실이 이슈가 되긴 했지만, 수능을 준비해야 하는 고등학교에서는 남의 나라 이야기였다. 어떻게 하면 정답을 많이 맞히게 할 것인가만 고민하며 교재 연구를 했을 뿐이었다.

그러다가 학교에 변화가 찾아왔다. KBS에서 방영한 「거꾸로 교실의 마법」

프로그램이 도화선이 되었고, 이어서 다양한 학생참여수업 방법들이 봇물 터지듯 나오기 시작했다. 이즈음 교사로서의 진로를 고민하던 중 수석교사가 되었다. 수석교사가 된 첫해 공개 수업에서도 대부분을 강의 수업으로 채웠다. 하지만 수석교사 역할이 수업 컨설팅이며, 다양한 학생참여수업을 적용하고 확산해야 하는지라 고민에 빠졌다. 내 수업을 먼저 바꾸어야 한다는 생각에 닥치는 대로 수업 방법 관련 책을 읽고 연수를 받았다. 거꾸로 교실부터 도전하려 했지만, 막상 동영상 만들기도 어려웠고, 수업도 제대로 듣지 않는 학생들이 얼마나 동영상을 미리 보고 올지 의문이었다. 한 해를 그렇게 방황하며 보냈다.

이듬해 중학교에서 전근 온 젊은 선생님이 모든 수업을 토론 수업으로 한다는 사실을 알았다. 그 선생님을 찾아가서 사정을 이야기하며, 수업 참관을 할 수 있도록 부탁했다. 다행히 선생님은 언제든지 오라고 흔쾌히 승낙했다. 그때부터 수시로 선생님의 수업을 참관했다. 잡지를 활용한 포토 스탠딩 토론, 마인드 맵을 통한 주제 선정, 논제 만들기부터 전체 토론에 이르는 과정 등을 보았다. 과목이 다르고, 교사 성향도 영향을 미치는지라 바로 내 수업에 적용하기는 쉽지 않았다. 어떻게 내 수업과 연결할 것인가를 고민하면서, 처음으로 학생참여수업을 시도했다. 하지만 이벤트식의 활동 수업을 지속적으로 하기에는 역량이 미치지 못했다.

계속 수업 고민을 하면서 여러 책을 읽고, 연수를 들으며 수업 방황을 하던 중 전성수 교수와 고현승 선생님이 함께 집필한 『질문이 있는 교실-중등 편』을 읽게 되었다. 하브루타에 관한 책이었다. 읽으면서 '어. 이건 그냥 해 보면 되겠다.'라는 생각을 했다. 대부분의 수업 방법은 연수 등을 통해 배워야 했다. 하지만 책을 통해 접한 하브루타는 그런 배움 없이 결심만으로 할 수 있겠다는 생각이 들었다. 학생들이 질문을 만들고, 서로 생각을 말하고, 배운 내용을 나누어 설명하게 하면 되는 방법이었다. 1주일 뒤 바로 공개 수업을 했다. 마침 고3 '윤리와 사상' 과목을 담당하고 있었고, 문답법으로 깨우침을 준 소크라테스를 다루는 단원이었다. '너 자신을 알라.'는 말로 질문을 만들게 했더니 다음과 같은 질문이 만들어졌다.

"나를 안다는 것은 무슨 뜻인가?"

"나를 왜 알아야 하는가?"

"나의 무엇을 알아야 하는가?"

"나를 알기 위해 어떻게 해야 하는가?"

"나는 나에 대해 잘 알고 있는가?"

"나는 누구일까?"

"나는 어떤 사람인가?"

"나는 좋은 사람일까?"

"나는 무엇을 좋아하는가?"

"나는 무엇을 위해 존재하는가?"

"나는 어떤 상황에서 저 말을 써야 할까?"

"내가 하고 싶은 것이 무엇인가?"

"나를 안다는 것은 무엇을 안다는 의미인가?"

"자신을 아는 과정은 혼자 개척해 나가는 것인가?"

"자신을 아는 사람과 모르는 사람의 차이는 무엇인가?"

"자신을 아는 것인지 모르는 것인지 어떻게 알 수 있는가?"

"자신을 잘 안다고 자신 있게 대답할 수 있는 사람은 얼마나 될까?"

"자신을 알지 못해 겪을 수 있는 손해는 무엇인가?"

"자신을 알면 무엇이 달라질까?"

"자신을 안 뒤 무엇을 해야 할까?"

"자신만 알고 상대방을 모르면 괜찮을까?"

"이 말은 왜 유명해지게 되었을까?"

"이 말의 철학적 의미는 무엇일까?"

"사람들은 왜 자신에 대해 잘 모를까?"

"소크라테스는 왜 이 말을 했을까?"

"소크라테스는 자신을 잘 알았을까?"

"소크라테스는 누구에게 이 말을 했을까?"

"소크라테스는 왜 명령조로 말을 했을까?"

"소크라테스는 자신을 알기 위해서 어떤 노력을 했을까?"

"소크라테스의 말을 들은 그 시대 사람들은 어떤 생각을 했을까?"

짝에게 자신이 만든 질문을 설명하고, 자기 생각을 말하게 했다. 짝은 듣고 다시 질문하고 좋은 질문을 선택하게 했다. 모둠에서도 질문을 나누고 모둠별로 최고의 질문을 골라 칠판에 적게 했다. 질문은 다음과 같은 놀라운 힘이 있었다.

첫째, 학생이 공부 주체가 되게 했다. 이제까지 우리는 교과서 내용을 읽고 이해하고 암기하는 공부를 해 왔다. 교사는 죽은 철학자와 살아 있는 학생 중간의 전달자였을 뿐이었다. 학생과 교사는 모두 그 내용에 대해서는 비판적 생각을 하지 않았고 수동적으로 수용했다. 누가 교과서에 나오는 위대한 사상가의 말에 딴지를 걸겠는가. 하지만 질문하게 하니 달라졌다. '왜?', '어떻게?'라는 질문을 통해 스스로 공부의 주체가 되어 그 말을 분석하고 그 의미를 비판하게 되었다.

둘째, 배운 내용을 삶과 연결하기 시작했다. 모든 학문의 궁극적 목적은 삶과의 연결이고, 삶의 개선에 있다. 하지만 이제까지 우리는 공부를 시험에만 연결시켜 왔다. 공부 목적도 시험을 잘 치는 것이었다. 외우고 시험 치고 잊는 가운데 공부는 시험 수단으로 전락하게 된 것이다. 하지만 질문은 '나는 나에 대해 잘 알고 있는가?', '나를 알기 위해 어떻게 해야 하는가?', '나를 안다는 것은 무엇을 안다는 의미인가?' 등의 물음으로 자신과 삶을 연결하였다. 이는 자연스럽게 성찰로 이어지며 자기 삶의 변화를 이끈다.

셋째, 철학하는 공부를 하게 된다. 이제까지 윤리 과목을 담당하면서 수많은 동서양의 철학자를 가르쳤다. 칸트 같은 심오한 철학자의 사상도 교과서에서는 한 페이지 남짓 분량에 불과하다. 철학자의 사상을 알기 쉽게 풀어서 설명하고, 기출 문제를 분석하여 시험에 나올 가능성이 많은 부분을 집중해서 강조했다. 하지만 정작 수업에서 철학자는 있었지만 학생들은 철학하지 않았다. 철학자의 말들은 시험과 관련해서만 의미가 있을 뿐 학생들의 생각을 끌어내지 못했다. 그러나 질문은 학생들을 생각하게 했고, 심지어 철학자들을 비판하기 시작했다. 죽은 철학자의 말들이 살아서 학생들의 생각을 끌어내기 시작한 것이다. 결국 질문은 학생들을 철학자로 만들었다.

이제 수업이 바뀌어야 한다는 사실에는 모두 공감한다. 초등학교와 중학교에서는 그런 변화의 바람이 불고 있지만, 아직 고등학교에서는 많은 교사가 주저하고 있는 실정이다. 다양한 수업 방법 중에 어떠한 모형이 자기 과목과 자기 스타일에 맞는지 고민한다. 하지만 수업 방법의 문제가 아닌 문화의 관점에서 접근하면 보다 쉽게 해결할 수 있다. 즉 교사가 말하는 문화에서 학생이 말하는 문화로 바꾸어야 한다는 점에만 동의한다면 나머지는 그리 어렵지 않다.

전성수 교수는 '짝을 지어 질문하고 대화, 토론, 논쟁하는 것'을 하브루타로 정의한다. 그렇다면 수업 시간에 주제와 관계된 모든 말이 하브루타다. 이제 교사는 수업에서 말을 줄여야 한다. 대신 학생이 말하게 해야 한다.

교단에 들어선 지 20년이 훨씬 지나서야 하브루타를 만나 수업 방황을 끝냈다. 현실적으로 수업에서 강의를 완전히 배제할 수는 없다. 하지만 더 이상 수업 내내 혼자 말하지 않는다. 어떻게 아이들이 말하게 할 것인가를 고민한다. 말은 생각의 표현이다. 따라서 생각거리를 제공하고, 생각을 짝에게 말하게 한다. 다시 모둠에서 말로 생각을 나눈다. 모둠별 대표 생각을 판서하고 교사가 쉬우르한다. 교사의 말로 채웠던 교실에서 학생들이 질문을 만들고, 함께 과제를 해결하고, 배운 내용을 친구에게 설명하고, 문제를 만들어 서로 물어보게 한다. 수업은 더 이상 가르침의 문제가 아닌 배움의 문제이다.

수업 방황을 끝내고, 이제 또 다른 질문이 생겼다.

"수업이 아닌 삶에서 어떻게 하브루타를 할 것인가?"

· 제5장 ·

학교에서
하브루타하기 4
− 대학 편

가장 힘들지만, 가장 기억이 오래가는 수업

정지언

하브루타와의 만남으로 새로운 관계를 시작하다

교수 임용 3년차 겨울, 흔히들 말하는 직장인 사춘기를 혹독하게 겪었다. 사춘기를 조용히 보낸 나로서는 이 직장인 사춘기가 꽤나 힘들었다. 주변인들은 대학에 자리를 잡고 무슨 배부른 소리냐고 핀잔이었지만 '넘치는 활력'이 가장 큰 장점이라고 자부했던 내가 스스로 소진되어 가는 것을 느끼면서 '가르치는 일을 계속해야 하는가?'라는 심각한 회의감에 빠졌던 것이다.

전문대학의 신설학과 초임교수로서 학생들에 대한 애정과 잘해 보겠다는 의욕이 과도했던 것일까? 나의 이런 애정과 의욕이 오히려 학생들에게는 압박이고 부담이었던 것 같다. 교육학 전공자로서 수업설계에 다양한 시도를 했음에도 불구하고 학생들의 성과는 기대만큼 좋지 않았다. 수업에 대한 낮은 이해는 물론이고 별 반응이 없는 무기력한 학생들의 태도, 그들의 생각 없음 혹은 생각할 의지조차 없는 모습을 견디기가 여간 힘든 게 아니었다. 그렇지 않은 학생들도 있었지만, 열심히 하는 학생들에 대한 감사보다 참여하지 않는 학생들에 대한 답답함이 더 크게 다가왔다. 학생들이 무기력하고 의지가 없다고 느껴지니 수업을 위한 새로운 시도를 멈추고 교재의 용어를 풀어 설명해 주는 강의식 수업의 비중이 늘어났다. 내게서 가르치고자 하는 의욕이 사라지고 학생들에게 명령어를 쓰는 경우가 많아졌다. 더욱이 그 시기에 수업 외 학교 보직 업무가 많아지면서 '학생들이 따라오지 않아 그렇다.'라며 스스로 변명하고 합리화하기도 했다.

그러던 중 초등교사인 친구를 통해 하브루타 강좌를 추천받고 무작정 두두쌤(김혜경 선생님)의 마중물 강좌를 찾았다. 마중물 강좌를 통해 먼저 내 마음을 힐링했다. 다양한 목적과 동기로 그 수업에 참여한 동료 선생님들과 질문을 만들고 이야기를 나누면서 자유를 느꼈다. 아주 쉬운 동화에서 도출된 깊이 있는 질문과 논의에서 놀라움과 가능성을 발견했다. 그러고는 내 생활 속에서 질문을 조금씩 활용하기 시작했다.

학생들의 행동이, 말이, 생각이 이해되지 않을 때 나 스스로에게 그리고 학생들에게 "왜?"라고 물어보고, 학생들에게 무언가 지시하기 전에 그들의 생각과 기분을 탐색하려고 노력했다. 나의 질문에 나름의 이유를 설명하는 학생들을 보면서, 내가 적절한 타이밍에 제대로 물었을 때 자기의 깊은 마음을 보여 주는 학생들을 보면서, 학생들이 문제가 아니라 실은 나의 문제였다는 것을 깨달았다. 나의 시선이 달라지자 학생들과의 관계가 달라지기 시작했다. 2016년 하브루타는 내가 직장인 사춘기를 극복하고 학생들과 새로운 관계를 시작하게 된 계기가 되었다.

하브루타 수업에 대한 학생들의 반응

1년 정도 하브루타를 배우면서 우선 내 마음의 안정을 되찾았다. 2017년 1학기부터 하브루타를 교수법으로 어떻게 활용할 수 있을까 고민하기 시작했다. 하브루타를 적용한 수업설계를 하자고 마음은 먹었지만 학생들의 '생각의 힘'에 대한 불신이 여전했기에 내심 불안했다. 초반 수업설계에는 질문 만들기와 짝 토의 요소를 부분적으로 적용했다. 결론부터 말하자면 내가 얼마나 학생들이 가진 '생각의 힘'을 과소평가했는가에 대해 깊이 반성하게 되었다. 학생들이 생각이 없었던 것이 아니라 내가 생각할 기회를 주지 않은 것이었다. 그 경험을 공유하기 위해 내가 적용한 하브루타 수업의 일부와 그 수업에 대한 학생들의 반응을 몇 가지 제시해 보고자 한다.

내가 맡은 과목은 이론 중심 과목인데 안타깝게도 교실에는 오랜 설명식 수업에 단련되어 본인의 의지와는 상관없이 '선생님의 긴 설명=자장가'라는 공식이 형성된 학생들이 항상 존재한다. 하브루타를 적용하면서 가장 먼저 나타난 변화는 적어도 나의 수업에서는 졸거나 멍한 학생이 없어졌다는 점이다. 이것만으로도 나름의 성과라고 생각한다.

1학년 2학기에 진행되는 '영유아 프로그램 개발 및 평가'라는 교과는 유아교육 현장에서 적용되는 다양한 교육 프로그램에 대해 이해하고 최종적으로 어린이집과 영유아의 특성에 맞는 보육 프로그램 개발 능력을 기르는 것이 목표이다. 다루는 교육 프로그램 자체가 워낙 낯설고 용어가 어렵다 보니 1학년 학생들이 혼자서 교재를 읽어서는 쉽게 이해하기가 어렵다. 교수의 이론 설명이 길어질 수밖에 없었다. 자연히 학생들의 집중도나 참여도도 그리 높지 않았다.

일단 동기유발과 유지를 위해 '질문 중심 하브루타 수업 모형'을 적용해 보았다. 동기유발을 위해 수업 전에 교육 프로그램의 실제와 관련된 10분 내외의 동영상을 보여 주고 질문을 만들도록 했다. 수업 중의 동기 유지를 위해 학생의 대표 질문을 활용하여 발문하고, 1분 짝 토의를 통해 학생의 응답 부담을 줄여 주었다. 이 과정에서 자신의 질문에 대한 답과 관련 있는 내용이 나오면 질문 옆에 키워드를 적게 했다. 최종적으로 1개의 내용이라도 깊게 이해할 수 있도록 짝 토의와 활동지 작성을 하도록 수업을 설계했다.

질문 만들기 하브루타 수업설계 예시

단계	시간	주요 활동
수업 전	–	●교육 프로그램 운영의 실제를 대표하는 영상을 보고 10개의 질문 만들기(활동지 작성)
도입	20분	●모든 학생이 돌아가면서 자기 질문 공유하기 -질문에 대한 안목을 키우기 위한 활동으로 중간시험 전까지 진행 ●각자의 대표 질문 선택하기→선정 이유를 짝과 이야기 나누기 ●학생의 대표 질문 칠판에 붙이기
전개	90분	●프로그램의 이론적 배경과 철학, 주요 개념, 운영의 실제, 교사 역할의 특징 등을 강의와 발문으로 진행 -대표 질문을 활용한 열린 질문-응답으로 학생 참여 유도 -답을 망설일 경우 짝과 먼저 1분 동안 질문에 대해 논의(1분 짝 토의, 짝의 의견을 발표하도록 유도) ●자신의 질문과 관련된 내용일 경우 질문 옆에 3개 내외의 키워드 기록 및 교재의 관련 부분 줄긋기 활동(문장으로 받아 적기 금지)
정리	40분	●학생의 대표 질문으로 짝과 하브루타 진행 → 수업 중에 기록한 키워드와 교재 내용 참고 가능(단, 대화 중 기록 금지) ●활동지에 제시된 핵심질문으로 짝과 하브루타 진행 ●하브루타 종료 후 짝과의 논의 결과를 종합하여 활동지에 기록

사실, 하나의 교육 프로그램을 이해하기 위해서는 구체적 운영 방법뿐 아니라 이론적 배경과 철학, 특성과 핵심 개념, 교사의 역할 등을 함께 살펴봐야 한다. 놀라운 것은 학생들이 작성한 질문을 공유해 보니 학생들이 이러한 핵심을 정확하게 파악하고 있다는 것이었다. 몬테소리 프로그램에 대해 학생들이 제시한 대표 질문을 주제별로 분류해 보면 다음과 같다.

질문 만들기 하브루타 학생 질문 예시

학생이 제시한 대표 질문	주제
● 몬테소리는 왜 이런 프로그램을 만들었을까? ● 몬테소리 여사는 왜 아이들을 가르치는 것이 아니라 도와주는 것을 핵심 개념으로 설정했을까? ● 3~6세 통합 연령으로 반을 구성을 하는 이유는 뭘까? ● 어릴 때부터 자발성을 키워 준 아이는 어떤 어른이 될까? ● 몬테소리 프로그램이 아이에게 주려는 것은 무엇인가?	이론적 배경과 철학
● 몬테소리가 말하는 적절한 환경은 어떤 것일까? ● 몬테소리 교구에는 어떤 것이 있나? ● 일반 어린이집과 몬테소리 어린이집의 가장 큰 차이가 무엇일까? ● 정말 모든 아이가 자발성을 가지고 있는가? ● 어떻게 모든 아이가 자발성을 가지고 있는지 알 수 있는가?	기본 개념과 특징
● 연령의 구분 없이 교실에 함께 있는데 어떻게 교육시킬까? ● 아무것도 하지 않으려는 아이를 어떻게 대해야 할까? ● 아이들의 자발성과 자유가 발현되려면 어떻게 해야 할까? ● 모든 수업에 몬테소리 교구를 사용하는가? ● 하나의 교구만 계속 하려고 하는 경우는 없을까? ● 하나의 교구만 가지고 노는 경우는 어떻게 해야 하나? ● 몬테소리 어린이집에서는 영역 구성을 어떻게 할까? ● 몬테소리 프로그램에 적응을 하지 못하는 아이는 없나? ● 아이들 간의 상호 작용은 어떻게 일어날까? ● 몬테소리 프로그램은 완벽한 프로그램인가? ● 몬테소리 프로그램 운영에서 어려운 점은 없을까?	운영과 실제
● 몬테소리 프로그램에서 선생님의 역할은 무엇인가? ● 몬테소리 교사가 되려면 무엇을 배워야 하는가? ● 아동들의 자발성을 중시하느라 교사가 답답함을 느낄 때는 없을까?	교사의 역할과 훈련

자기들의 대표 질문을 활용하여 주제를 전개하고 자신이 만든 질문에 답을 줄 수 있는 내용이 강의에 포함되어 있기 때문에 수업 내내 높은 집중도가 유지되었다. 수업 전 질문을 만들기 위해 영상을 여러 번 보았기 때문에 설명을 더 쉽게 이해했다. 학생의 대표 질문을 활용한 논의 중 다른 맥락으로 대화가 진행되면 원 질문자가 스스로 본인의 질문 의도를 다시 설명하는 등의 적극성도 보였다. 답하기 어려운 내용에 1분 짝 토의를 적용하니 답변의 부담이 줄어서인지 누구를 지목하여 답변을 요청해도 쉽게 대답을 하는 모습이 인상적이었다. 학생들의 대표 질문 중 교재에 답이 없는 것도 있었다. 심지어 교수조차도 명확히 답할 수 없는 질문에 대해 함께 이야기를 나누면서 엉뚱한 상상에 크게 웃기도 하고, 때로는 보육 현장의 핵심을 관통하는 역질문이 나와 감탄하기도 했다. 이러한 교실의 역동성을 보면서 학생이 스스로 만든 질문의 힘을 느낄 수 있었다.

4주 이상 같은 패턴이 반복되니 다시 전체적으로 분위기가 느슨해지는 것 같았다. 이에 주요 용어와 개념의 암기가 필요한 경우는 문제 만들기 하브루타를, 가치관의 대치 상황에서는 논쟁 중심 하브루타를 적용하는 등 수업목표에 따라 다양한 모형을 적용하려고 노력했다.

대학에서는 학기말 일괄적으로 강의평가를 실시하지만 개인적으로 14주차 수업 시간에 간단한 수업 소감을 작성하도록 해 오고 있다. 익명으로 작성하기 때문에 대체로 가끔은 지나치게 솔직하게 작성을 한다. 지금까지 제시한 수업 설계에 따라 진행한 '영유아 프로그램 개발 및 평가' 교과에 대한 수업 소감 중 일부를 제시한다.

-짝과 결론을 도출하는 과정을 통해 생각을 깊고 다양하게 할 수 있게 된 것 같다. (중략) 영유아를 대상으로 하브루타 수업을 적용하면 훨씬 더 상상력이 풍부한 대답이 나올 것 같다. 나도 나중에 아이들과 하브루타를 해 보고 싶다.

-내 생각을 글로 표현하고 다양한 영상을 보며 질문을 만들어 보고, 짝과 모둠에서 질문과 생각을 공유하면서 서로 의사소통하고, 질문에 답을 하면서 다른 사람의 생각을 알게 되고, 공감하고 수용하면서 때로는 논쟁하고 대화를 나누며 생각의 폭을 넓혔다고 생각한다.

-처음에는 답답하고 질문을 계속 생각해야 하며 짝에게 말이 되도록 대답해야 한다는 것이 어렵고 복잡했는데 계속 하다 보니 나 스스로 창의력, 표현력이 늘어난 것이 느껴졌다.

학생들의 긍정적 반응에서 아예 잘못된 접근을 하지는 않았다는 위안을 받았고, 부정적 반응은 다음 학기에 개선점을 도출하는 데 활용한다. 특히 논의 시간 부족, 활동지 작성 시간 부족으로 힘들어하는 학생이 많아 이번 학기에는 활동지에 제시된 핵심질문의 수를 줄이고 한 질문에 대해 더 깊이 논의할 수 있도록 보완하여 수업을 진행하고 있다.

2학년 2학기에 진행되는 부모교육 교과에서도 팀프로젝트에 하브루타를 접목했다. 예비 보육교사를 대상으로 하는 부모교육 교과는 크게 부모교육 이론과 부모교육 실제 두 영역으로 구성된다. 부모교육 이론은 부모교육의 이론적 배경, 부모 자녀 관계 이론, 발달 단계별 부모 역할을 주로 다루며, 부모교육 실제에서는 학부모 오리엔테이션, 부모통신문, 부모강연회, 부모참여수업, 학부모운영위원회 등 어린이집에서 자주 진행되는 부모교육 프로그램의 의미와 진행 절차를 다루고 있다. 하브루타 적용 전에도 다양한 동기유발 전략과 팀 활동을 적용했지만, 이론 교과라 역시 강의가 주를 이루었다.

첫 번째 부모교육 이론 영역에서는 '영유아 프로그램 개발 및 평가'와 유사하게 질문 중심 하브루타 수업 모형을 중심으로 진행하되, 2학년 2학기로 배경지식이 있는 만큼 영상 대신 텍스트를 읽고 질문을 만들도록 했다. 부모교육이론 영역을 진행하면서 4주에 걸쳐 스스로 질문을 만들고, 짝과 대화하고 토의하며, 때로는 스위칭(switching) 토론을 통해 상대방의 입장을 이해하는 연습을 했다.

두 번째 부모교육 실제 영역에서는 유형별 부모교육 프로그램의 계획안을 작성하는 팀 프로젝트를 진행하는 과정에서 하브루타를 적용하도록 수업을 설계했다. 2주 동안 한 개의 부모교육 프로그램 유형을 다루고, 총 6차시 300분의 수업 동안 교수의 강의는 30분 이내로 진행하고 나머지 시간은 학생들이 하브루타를 하며 짝 프로젝트를 진행하도록 했다. 이론 영역에서 4주간의 연습을 믿고 과감하게 교수의 말을 줄이고 학생들에게 시간을 넘긴 것이다.

프로젝트를 진행하는 과정에서 하브루타가 제대로 진행되도록 다음과 같은 규칙을 정했다.

① 미리 자료를 준비해 오지 않으면 수업에 참여할 수 없다.

② 일방적으로 한 사람의 의견으로 진행이 되어서는 안 된다. 2명의 의견이 일치하는 경우에만 계획안에 반영할 수 있다.

③ 주장을 할 때는 반드시 이유를 제시해야만 한다.

④ 짝이 반대할 때는 이유를 묻는다.

⑤ 짝의 질문에는 진지하게 고민하고 성의 있게 답한다.

⑥ 반드시 주어진 시간 안에 과제를 해결한다.

하브루타를 활용한 짝 프로젝트 수업설계 예시

단계	시간	주요 활동
수업 전	–	● 오늘 진행할 부모교육 프로그램 관련 자료 탐색 및 탐색한 자료에서 파악할 수 있는 내용 정리(활동지 작성) ● 해당 프로그램의 담당자로서 해야 할 고민을 질문으로 만들기(예 : 학부모 오리엔테이션) -학부모들이 오리엔테이션에 참여하는 이유가 뭘까? -학부모들은 무엇이 제일 궁금할까? -왜 이 시기에/이 시간에 OT를 진행할까? -보통 OT에는 모든 부모들이 다 참여하나? -동생이나 형이 있는 경우는 어떻게 하나?
도입	30분	● 학생들의 대표 질문을 활용하여 부모교육 프로그램 안내 -프로그램의 개념과 실행 목적 -일반적 주제와 진행 절차 -프로그램 계획 시 주의사항
전개	220분	● 하브루타를 통해 짝 프로젝트 결과물 완성하기(계획안 작성) -각자의 활동지와 수집한 자료 활용 -2명의 의견이 일치되어야만 계획안에 반영 가능 -동의하지 못할 때, 이해되지 않을 때 짝에게 질문하기 -짝의 질문에 답할 때는 이유 제시
정리	50분	● 짝과 함께 완성한 결과물로 모둠(4인 모둠) 활동하기 -프로그램 계획 시 주의 사항 요소가 반영되었는지 검토하기 -결과물을 보면서 의문점 질문하기 -더 좋은 계획이 되기 위한 의견 제시하기 -모둠의 의견에 대해 짝과 검토하기 -모둠의 의견을 반영하여 최종 결과물 완성 및 제출

나는 규칙에 따라 짝 프로젝트가 진행되고 있는지를 관찰하고 조언해 주는

역할을 했다. 특히 시간 안에 과제를 해결하는 조건을 포함한 이유는 '나중에 해도 된다.'라는 잘못된 믿음이 생기면 수업 시간 내 논의가 느슨해지고 막상 과제를 제출할 때는 더 나은 한 사람의 작업 결과만을 제출할 수도 있기 때문이다. 예비 보육교사로서 기한을 지키는 연습이 필요하기도 했다. 그래서 최종 편집의 완성도는 조금 낮더라도 짝과의 논의를 통해 다양하게 생각하는 기회를 가지는 것 자체에 의미가 있다고 판단하여 수업 시간 내 완성을 중요한 조건으로 제시했다. 이렇게 1차적으로 짝과 함께 하브루타를 통해 부모교육 계획안을 완성하면 다른 팀과 한 모둠이 되어 서로의 결과물에 대해 질문하고 응답하면서 계획안을 보완하도록 하여 다시 한 번 생각할 시간을 가지게 했다.

대학에서도 초·중등학교와 마찬가지로 여러 가지 목적으로 팀 활동을 실시하고 있지만, 실제로 협력이 일어나는 경우는 많지 않다. 각자의 이유로 바빠서 시간을 맞추기 어렵고, 그러다 보니 역할을 쪼개어 자기 부분만 작성하는 데 그치거나, 그마저도 한 사람이 하는 경우도 많다. 놀랍게도 모든 팀원이 자기가 손해를 본다고 생각하기 때문에 팀 활동을 좋아하지도 않는다. 어떤 경우는 팀 과제가 개인 과제의 결과물보다 못한 경우도 흔하다.

300분 중 30분을 제외한 시간을 학생들에게 주고 나는 그저 짝 사이에 협력과 논의가 일어날 수 있도록 격려하는 역할을 하는 데 주력했다. 결과물의 완성도는 기대 이상이었다. 90% 이상의 학생이 충실하게 사전 자료를 준비하고 고민한 흔적이 가득 담긴 활동지를 제출했다. 부모교육에 대한 학생의 참여 소감 중 일부를 공유한다.

–내가 수업에 적극적으로 참여하지 않으면 짝에게 주는 피해가 많은 수업이

었다. 그렇기 때문에 수업 전에 필요한 자료를 준비해야 하고 활동 내내 엄청나게 집중해야 한다는 부담이 있었다. 그러나 결과물을 완성하고 난 뒤 "완성했다."라는 후련함과 성취감이 정말 컸다.

-친구들과 각자의 생각을 말하고 의논하여 하나의 결론을 내린다는 것이 쉽지만은 않았지만 계속해서 연습하고 이야기해 보면서 최종 결론을 내릴 수 있게 되었다. 그래서 더욱 완성도 높은 결과물을 제출할 수 있게 되어 뿌듯하고 좋은 시간이었다.

-짝과 둘이서 하브루타를 하면서 내 생각을 더 많이 표현하고 정리할 수 있었다. 처음에는 내 생각이 틀린 건 아닌지 걱정이 되어 말을 잘하지 못했지만 점점 내 생각을 말과 글로 표현할 수 있었다.

-수업을 하면서 내 의견을 자신 있게 말하고 옆의 친구와 각자의 의견에 대해 이야기하는 연습을 하면서 원활한 대화 방법을 알 수 있게 된 것 같아 너무 좋았다. 결과물을 만들면서 시간을 넘긴 적도 많았지만 뒤로 갈수록 시간을 알뜰하게 사용하는 법을 터득할 수 있었다.

학생들이 시간 내 완성에 대해 상당한 압박감을 느낀다는 것을 알면서도 이번 학기도 그 규칙을 유지하고 있다. 나는 우리 학생들이 그것을 해낼 수 있다는 믿음과 확신을 얻었기에 학생들의 원성에도 웃으며 해 보라고 격려한다. 긍정적 의견과 부정적 의견을 막론하고 학생들의 참여 소감을 읽으면서 흐뭇했던 점은 긴 글쓰기를 하지 못해서 주관식 문제가 싫다던 학생들이 분량을 정해 주지도 않았는데 여러 개의 문장으로 소감을 적었다는 것이다. 글쓰기가 생각의 결과라고 본다면 단어로 표현하던 학생들이 문장을 넘어 문단으로 표현하는 힘이 생긴 것, 그것 자체가 하브루타의 효과가 아닐까?

하브루타 수업을 준비하는 동료들을 위한 조언

모든 수업을 하브루타로 하지는 않는다. 나의 하브루타 수업이 제대로 된 건지, 그 수업에서 정말 하브루타를 하고 있는가에 대해 여전히 확신하기 어렵다. 어떤 날은 하브루타를 포기하고 강의만 해야겠다며 좌절하다가, 또 어떤 날은 '내가 이런 밝은 표정을 보려고, 이런 멋진 대화를 들으려고 하브루타를 하는구나.'라며 희열을 느끼기도 한다. 이렇게 오락가락하기에 나름대로 다음과 같이 하브루타 수업의 원칙을 정하고 지키려고 노력하고 있다.

① 수업에 짝과 질문의 요소를 포함한다.

② 학생들 스스로 생각할 시간을 준다.

③ 적어도 한 가지 핵심질문에 대해서라도 깊이 있는 짝 토의 혹은 짝 토론을 진행한다.

④ 짝과의 논의 후 그 결과를 자신의 말로 활동지에 표현한다.

⑤ 그 결과를 소그룹 혹은 전체와 공유하는 시간을 포함한다.

이 원칙을 지키다 보니 자연스럽게 내가 말하는 시간을 줄이게 되었다. 비록 4학기라는 짧은 기간 동안 나름대로 하브루타 적용 수업을 진행하고 있는 사람으로서 교과 수업에 하브루타를 적용하려는 동료들에게 몇 가지 안내를 제시하고 싶다.

첫째, 결국은 관계다. 하브루타가 이루어지기 위해서는 '짝과의 상호 작용을 통해 나와 네가 함께 성장할 수 있다.'는 긍정적 분위기가 필요하다. 하브루타 적용 첫 학기에 기대만큼 짝 토의가 활성화되지 않는다는 생각이 들 때, 양경윤 선생님의 '감사일기'를 참고했다. 학생들에게 단 한 줄이라도 좋으니 매일 내 짝의 '칭찬일기'를 쓰도록 했다. 일기만 쓰는 것이 아니라 반드시 친구에게 말로 칭찬하고, 언제 어떤 상황에서 왜 친구를 어떤 방법으로 칭찬했으며, 그 칭찬을 들은 친구의 반응을 쓰도록 했다. 해당 일기는 대학 내 사이버 강의실 자유게시판에 작성했기 때문에 짝의 칭찬일기를 확인할 수 있다. 칭찬일기를 통한 긍정적 관계 형성은 부모교육 시간에 기대 이상의 짝 프로젝트 결과를 만들어 내는 원동력이 되었다.

학생들 간의 관계뿐만 아니라 교수와 학생의 관계도 중요하다. 학생들이 어떤 말을 해도 안전하다고 느낄 심리적 안전지대를 만든 이후에만 질문이 있고, 대답도 있다. 교실에서 하브루타가 진행되기 위해서 교수와 학생과의 관계는 수평이 되어야 한다.

둘째, 결국은 연습이다. 교수도 학생도 질문의 연습이 필요하다. 질문하는 연습이 되어 있지 않으니 다양한 관점에서 스스로 질문을 만들어 보는 연습은 꼭 필요하다. 학생들은 처음에는 질문 만들기가 괴롭다고 표현할 정도로 힘들어하지만, 질문 만드는 방법에 대해 충분히 오리엔테이션을 하고 몇 번 반복하면 질문을 곧잘 만든다. 특히 스스로 만든 질문에 대해 짝과 이야기를 나누면서 질문의 가치를 이해한 학생들은 좋은 질문을 만들기 위해 나름의 방법을 찾고 멋진 질문을 많이 만든다. 다만 질문 만들기에만 집중하다 보면 질문을 위한 질문에 그칠 수 있다.

질문 만들기 연습 후에는 하나의 질문에 대해 깊이 생각하고, 다른 관점에서 생각하고, 이유와 근거를 갖추고 생각하는 연습이 필요하다. 그렇지 않으면 생각의 '점프'가 일어나지 않는다. 학생들의 대화를 듣다 보면 처음보다 자신 있게 자기 의견을 말하긴 하지만, 핵심을 겉도는 가볍고 피상적인 대화에서 끝나는 경우가 많다. 이럴 때 교수는 학생들의 대답에 추가 질문을 함으로써 한 번 더 생각하도록 이끌어 주고, 질문을 통한 생각의 확장 및 전환의 모델이 되어야 한다.

주의해야 할 것은 더 깊이 있는 생각을 위한 조언과 질문을 위한 개입임에도 불구하고 자칫 선을 넘으면 학생들은 추궁하는 것으로 느끼고 생각 말하기를 부담스러워한다는 것이다. 결국 교수의 개입도 연습이 필요하다. 나 역시 여전히 이 선을 잘 잡지 못한다. 제대로 하브루타가 이루어지기 위해서는 충분한 연습이 필요하다.

셋째, 교과 수업 본연의 목표를 놓쳐서는 안 된다. 하브루타 수업이 학습자의 참여를 전제로 하는 구조다 보니, 처음 하브루타 수업을 하는 경우 학생들이 수업 시간에 대화를 하며 참여하는 것만으로도 만족하는 경우를 볼 수 있다. 물론 기존에 학생 참여가 제한된 수업을 해 온 상황이라면 그것만으로도 의미가 있다. 그리고 학생들의 다양한 사고 경험 자체가 목적인 비교과 수업의 경우에도 충분한 성과를 이룰 수 있다.

그러나 최소한 정규 교과라면 교과 본연의 목적을 달성해야 한다는 사실도 잊지 말아야 한다. 수업은 의도성과 계획성을 가진 유목적적 활동이며, 그 목적을 달성하기 위한 수단으로 교수법이 존재하기 때문이다. 적어도 교과 수업에서는 학생들의 질문을 존중하고 그들의 질문으로 상호 작용을 하되, 교수자는 반드시 수업목표와 관련된 핵심질문을 고민하고 학생들이 핵심질문에 대한 나름의 답을 찾을 수 있도록 해야 한다. 즉 학생들이 핵심질문을 통해 새로운 지식, 기술, 태도 습득이라는 수업목표에 도달할 수 있어야 한다. 교과 수업에서는 학생들의 자유로운 생각과 표현의 존중, 교과 수업목표 달성 간의 균형이 필요하다.

많은 사람이 하브루타는 어렵지 않게 수업을 개선할 수 있는 방법이라고 안내하는데 나는 그렇게 생각하지 않는다. 내겐 하브루타가 어렵다. 좋은 질문하기가 어렵고, 숙의가 어려우며, 내 의견을 온건히 표현하는 것이 어렵다. 타고난 성향이 다혈질이라 나와 다른 생각에 대해 논리적으로 반박하기 전에 감정이 올라오고, 심지어 상대가 맞는 말을 한다는 것을 머리로는 알면서도 인정하기 싫어 버티기도 한다.

하브루타 수업을 할 때도 내가 제대로 반응하고 있는 것인가, 학생의 질문과 대답을 어디까지 수용해야 하는가, 수업목표와 다른 방향으로 논의되고 있을 때는 어떻게 정리해야 하는가 등이 고민되고, 가끔은 소중한 시간을 낭비하고 있는 것은 아닌지 두렵다. 그럼에도 불구하고 '생각의 힘'이 중요하다는 것을 믿기에, 나 그리고 학생들이 교육 현장에서 생각하는 힘을 가진 선생님이 되기를 원하기에 학생들이 하브루타의 결에 조금이나마 익숙해지도록 작은 도전을 계속하고 있다. 여전히 어려운 하브루타지만, 분명히 하브루타는 적용해 볼 가치가 충분하다고 생각한다.

미래인재 양성을 위한 학습자 중심 질문 수업

민형덕

4차 산업혁명 시대의 학습

21세기 글로벌 지식 기반 사회는 인터넷을 통해 지식과 정보가 공유되고 확산·재구성되면서 상생 발전하고 있다. 이전 사회와는 전혀 다른 인재가 요구되는 것은 너무나 당연하다. 미래사회는 사회와 경제의 변화가 빠르고 학문간 융합으로 새로운 학문이 대량 출현할 것으로 예상된다.

미래의 인재는 사회 상황과 시대 흐름을 전체적으로 통찰하고 다양한 영역의 지식을 통합하는 융합적 사고와 독창적인 가치를 창출해 내는 역량을 갖춰야 한다. 더욱이 4차 산업혁명 시대에서 창의·감성·욕구가 요구되는 스마트 사회로 옮겨 가기 위해 전문 지식을 확보해야 한다. 창의적·논리적·비판적 사고를 통해 합리적이며 효율적으로 문제를 해결할 줄 아는 능력도 갖춰야 한다. 미래의 기업과 국가도 가파른 변화를 주도할 수 있어야 하기에 지식·역량·태도를 갖추면서 분석적이고 다양한 문제를 해결할 수 있는 창의적인 인재를 필요로 한다.

교육은 학생들로 하여금 꿈을 갖고 미래를 준비하면서 현재의 삶에 만족하고 미래의 삶에도 행복을 증진시킬 수 있게 도와주어야 한다. 지식을 단순히 외우고, 기억하는 교육 방식으로는 복잡하고 다양한 현실에서 새로운 지식과 가치의 창출을 기대하기 어렵다. 기존의 암기 위주, 지식 전달 위주의 학습과 전혀 다른 새로운 학습 방법이 필요하다. 교사 중심에서 학생 중심으로, 일방적 강의에서 상호 작용하는 협력 학습으로, 사실과 원리의 초점을 둔 이론 교육에서 질문과 문제 해결력을 가지는 실제 교육으로, 학교 중심 학습에서 실생활 중심 학습으로의 변화가 절실하다는 것이다. 미래인재 양성을 위한 수업은 학생이 주인공이 되어 질문·대화·토론하면서 실천하는 수업이어야 한다.

학습자 중심 하브루타 질문 수업

학습자 중심 질문

교사의 질문에 답하는 것보다 학생 스스로 질문을 만들고 답을 찾아가는 것이 이해 수준을 높이고 깊이 있는 탐구를 가능케 한다. 학습자 중심 질문은 다음과 같은 효과가 있다.

첫째, 학생들로 하여금 자신의 사고 기능을 이용하여 기억하고, 이해했던 사실들을 적용·응용하게 해 준다. 둘째, 수업 중에 배운 내용을 확실하게 이해하고 더 나아가 내용을 재해석하거나 새로운 관점을 갖게 해 준다. 셋째, 질문을 통해 대화함으로써 언어적 상호 작용을 촉진하고 의사소통을 능동적으로 하게 해 준다. 듣기만 하는 수업보다는 질문으로 대화하며 수업에 참여한 학생들은 자신의 말을 표현하는 법과 타인의 말을 잘 경청하는 법을 자연스럽게 터득하게 된다. 넷째, 말을 하면서 자신이 아는 것과 모르는 것을 구분하게 되고, 반성적 사고까지 하게 되면서 메타인지도 향상된다.

질문하는 습관을 기르기 위해서는 수업 중에 질문 노트를 활용하는 것이 좋다. 질문 노트에 자신이 알고 싶은 것, 호기심이나 궁금한 것을 적어 보면 공부를 스스로 하는 자기주도학습이 가능해진다.

학생이 학습 목표와 주제를 가지고 교과서를 공부하게 되었을 때 크게 2가지 방법으로 질문을 할 수 있다. 텍스트의 내용에 대해 지식과 이해 정도를 파악하기 위해 정답이 있는 질문과, 배경 지식과 맥락을 파악하기 위한 정보를 알아보고 더 나아가 실제 생활에 적용·실천할 수 있도록 하는 정답이 없는 질문이다.

특히 정답이 없는 질문은 텍스트의 내용을 깊이 알아 가는 데 유용하다. 주어진 내용을 중심으로 하기에 질문을 생성하는 과정에서 자기가 무엇을 알고 모르는지 인지할 수 있다. 게다가 학습 내용을 이해해야 하는 것은 물론이고 자신의 지식이나 경험을 동원하여 다양한 생각을 하게 만든다. 서로 다른 지식을 연결·통합해 보는 과정을 통해서 학습 내용을 더 심화시켜 주는 효과도 발휘한다. 질문 생성을 위한 의도적 노력은 주제를 선택하고 특정한 내용이나 특징에 집중하게 함으로써 지적·정의적 긴장과 함께 사고의 재구조화라는 성과를 내기도 한다.

수업 시간에 주고받는 선생님의 발문이나 학생의 질문은 모두 의미가 있다.

선생님의 발문보다 학생의 질문이 학생으로 하여금 동기부여·자율성·적극성·능동성을 갖게 하여 수업의 효율성을 극대화한다.

비판적 사고 성향

학생이 수업에 적극적으로 참여할 때에야 비로소 자신의 배경 지식을 활용하여 교과 내용을 재구성할 수 있다. 이때 학생은 학습 과제나 주변 현상을 바라보는 비판적 의식이 성장하고, 호기심·탐구심으로 이어져, 합리적·비판적으로 사고하려는 성향이 강해진다. 수업 중에 교사의 정답이 없는 개방적인 질문은 학생의 비판적 사고와 문제 해결 능력을 증진시킨다.

비판적 사고 성향은 사고 기능에다 지적 열정은 물론 신중성, 자신감, 체계성, 지적 공정성, 건전한 회의성, 객관성이 함께 얽혀 있다. 비판적 사고 기능은 주로 객관적 근거에 따라 대상을 분석하고 평가하는 사고의 절차 및 방식과 관련된 능력인 반면, 비판적 사고 성향은 항상 비판적으로 분석하고 평가하려는 태도·습관·경향성을 뜻한다. 비판적 사고 기능을 제대로 발휘하려면, 문제 해결과 의사 결정을 이끌어 내기 위한 개인적 태도·습관인 비판적 사고 성향을 북돋워 주어야 한다. 이런 성향은 복합적으로 갈등을 일으키는 요인을 유연하게 해결할 수 있는 역량을 강화하며, 다양한 상황을 분석·비판·평가할 수 있도록 한다.

교사는 학생들의 생각을 잘 듣고 지도하기 위해서는 학생의 질문이 중요하다는 인식을 가져야 한다. 질문을 하지 않거나 다른 사람의 주장에 도전하지 않는 학생은 비판적으로 사고하는 능력을 배우지 못하고 기를 수도 없다. 교사는 단순한 지식 정보 전달자가 아니라 학생들과 함께 탐구하는 파트너다. 학생은 질문을 만들고 짝과 함께 대화를 하는 중에 자신의 생각만이 아니라 짝의 생각을 듣고 그 이유를 물으며 근거를 찾으려 한다. 비판적 사고 기능과 사고 성향이 길러지면 학생들은 점점 열린 마음과 열린 생각을 갖게 되고 판단에 신중해지며 복잡한 문제를 다룰 때 더욱 더 체계적이고 합리적이게 된다. 학생들은 짝 토론과 모둠 토론을 통해 자신이 주장하는 것을 분석·종합하는 능력을 향상시키면서 주어진 주제를 보다 폭넓게 이해하게 된다. 그 결과 학습자 중심 하브루타 질문 수업은 학생들로 하여금 비판적 사고 성향을 증대시키고, 사고력을 증진시키는 생각하는 수업, 사고를 습관화하는 수업이 되게 해 준다.

창의적 문제 해결 능력

21세기 미래인재에게 꼭 필요한 것은 지식의 양보다 기존의 지식들을 융합하여 한 단계 발전된 지식, 더 나은 미래를 만들어 낼 줄 아는 '역량'이 필요하다. 21세기 인재의 핵심 역량은 창의력, 의사소통 능력, 비판적 사고력, 협업 능력이다. 위 4가지 역량은 모두 우리가 4차 산업혁명 시대를 맞이하여 문제에 부딪쳤을 때 그 문제를 기회로 바꿀 수 있도록 만들어 주는 능력인 동시에 기존 지식을 최상의 정보로 만들어 낼 수 있게 할 것이다.

지식 기반, 창의성이 요구되는 현대사회에서는 사실과 정보를 기억하고 이해하는 것보다 문제를 찾고 해결하기 위한 창의적이고 고차원적인 사고력이 더욱더 중요해진다. 문제 해결 능력은 문제 상황 속에서 학생이 해결해야 할 문제를 파악하고, 그것을 효과적으로 해결하기 위한 최적의 방안을 설정하고, 그것을 수행해 가는 고등 정신능력이다. 일상 및 사회생활에서 문제 상황이 발생할 경우, 창조적이고 논리적인 사고를 통하여 이를 올바로 인식하고 적절히 해결할 수 있는 능력이기도 하다. 창의적 문제 해결 능력은 비구조화된 방법이며 일상생활에서 발생하는 문제점을 해결하고 미래의 문제에 지혜롭게 대처해가는 데 도움을 줄 수 있다. 수렴적 사고와 확산적 사고가 모두 필요하다. 문제를 해결하는 데 기존의 방법대로 해결하는 것에 그치지 않고 새로운 방법에 초점을 둔다.

창의적 문제 해결 능력을 개발하려면 문제에 대한 인식과 자료를 수집하고, 분석하여 다양한 관점의 사고와 함께 문제 해결을 위한 최선의 방법을 선택해야 한다. 해결해야 할 문제를 인식하고 실행하며 객관적 기준을 바탕으로 문제를 해결하는 것이다. 이것은 주어진 현상에 대해 문제를 제기하고, 문제를 재정의하고, 해결책을 찾고, 추측하고, 가설을 만들고 최종적으로 검증하는 과정으로 이루어진다. 다시 말하면 문제 상황의 수용, 상황 분석, 원인 발견, 해결 방안 모색, 최적의 해결 방안 도출, 선택 방안의 실천, 행동 평가의 순이다.

창의적 문제 해결 능력을 배양하기 위해서는 창의적인 질문이 매우 중요하다. 질문은 문제를 해결하려는 직접적인 활동이다. 우선 가장 먼저 문제를 인식하는 것에서부터 시작한다. 문제는 보통 인지적 맥락에서 의문으로 나타나게 되는데 이러한 인지적 활동이 질문이다. 사고하는 패턴을 질문의 형식으로 바꿔 보면 도움이 된다.

학습자 중심 하브루타 질문 수업은 선생님과 학생이 문제 해결을 위해 다양한 관점에서 문제를 바라보게 하고, 다양한 질문 기법을 활용함으로써 문제 간의 관계, 문제와 원인과의 관계, 문제와 해결 방안과의 관계를 다각도에서 살펴보게 해 창의적 문제 해결 능력을 향상시키는 데 도움이 된다. 특히 토론식 수업은 학생이 창의적이고 비판적인 문제 해결력과 정확한 문제 인식 능력, 상호 의사소통 기능을 높이는 데 크게 도움이 된다.

협력적 자기효능감

협력 학습과 프로젝트 기반 학습으로 인해 협력의 중요성이 강조되면서 학생이 협력 활동에 대해 느끼는 자기효능감에 관심이 높아지고 있다. 자기효능감은 주어진 과제를 성공적으로 달성하기 위해 행동을 조직하고 수행해 낼 수 있는 자신의 능력에 대한 신념을 말한다.

자기효능감이 강할수록 개인은 수행에 더 많은 노력을 투자하고 선택한 행동을 오랫동안 지속한다. 다른 행동에도 응용해 어려운 과제를 풀 때 더 많은 노력을 투입하도록 독려하기도 한다. 한 발 더 나아가, 협력적 자기효능감은 협력 활동을 수행하는 데 기여할 것이라는 믿음을 전제로, 팀 과제를 성공적으로 수행할 수 있는 능력을 학생 스스로 믿게 한다.

협력적 자기효능감의 수준이 높을수록 팀의 목표를 위해 꾸준히 참여하려는 경향이 강하고, 또래와의 상호 작용 과정 중에 의사소통 능력이 함양된다. 학생들이 서로 모르는 내용에 대해 활발하게 토론하고 학습을 공유하면서 학습활동에 더 매진하게 된다.

학생들은 질문을 만들고 친구에게 설명하는 상호 작용을 통하여 학습 내용을 더욱 쉽게 이해·추론·통합하게 된다. 학생들의 인지 수준이나 탐구 능력을 향상시키고, 학습활동에도 적극적으로 참여하게 하여 학업 성취에도 긍정적 영향을 미친다.

학생들이 서로 상호 작용하는 중에 협력 활동을 수행하면 모둠원과 팀 과제를 성공적으로 수행할 수 있게 된다. 협력적 자기효능감은 개인과 집단 구성원

사이에서 서로 영향을 주고받도록 한다. 학습 과정 및 결과에도 영향을 미칠 수 있다고 알려져, 협력적 자기효능감에 대한 연구도 활발히 진행되고 있다.

학습자 중심 하브루타 질문 수업은 구성원 간 교과 내용으로 질문을 만들어 서로 짝 토론, 모둠 토론을 통해 상호 작용을 한다. 구성원 간 도움을 주고받으며, 문제 해결에 필요한 정보와 의견을 교환함으로써 최종 산출물을 정확하게 완성할 수 있게 해 준다. 또한 서로를 믿고 격려하는 가운데 학습 동기를 높이고 긴장과 불안을 감소시키는 작용을 하는 것으로 알려져 있다.

학생들은 공동의 목적을 달성하기 위해서 구성원들의 다양한 지식과 경험을 바탕으로 피드백을 교환하고, 아이디어를 명료화하고 종합하는 과정을 경험한다. 학습자 중심 하브루타 질문 수업을 하는 학생들은 상호 작용 과정에서 선생님에게 지나치게 의존하지 않고 모두가 책임감을 가지고 학습을 스스로 계획·관리하고 조율해 나가면서 서로를 격려하고, 팀 프로세스를 촉진하며, 구성원들과의 관계에 대해 긍정적으로 인식할 수 있도록 해 준다.

토의·토론 수업

수업에서 학생 참여를 높이는 다양한 방법이 시도되고 있다. 하브루타 수업, 협동 학습 수업, 거꾸로 학습(플립 러닝), PBL(프로젝트) 수업 등이 있는데 그중 하나가 토의·토론 수업이다. 토론 수업의 역량을 키우기 위해 하브루타 수업을 도입하는 학교가 많아지고 있다.

학생들이 만든 질문으로 둘씩 짝을 지어 질문·대답·반박을 주고받는 수업 방식이 하브루타다. 학생들은 짝 토론을 통해서 서로 다른 의견을 수렴하거나, 다양한 관점을 가지게 된다. 짝 토론 후 둘씩 짝을 지어 두세 팀이 모여 모둠원끼리 돌아가면서 질문을 하나씩 제시하고 그 질문에 대해 서로 자유롭게 토론하는 것이다.

참여형 수업으로 교육과정이 재구성되면서 교과서를 가르치는 수업이 아니라 교과서로 배우는 수업으로 바뀌고 있다. 학생들의 수업은 교과서를 통해 서로 질문하고 토의·토론을 하면서 의사소통이나 협업 능력이 향상되는 방향으로 진행되어야 하지만 현장에는 많은 장애물이 도사리고 있다. 그동안 질문 중심 수업이나 토의·토론 수업을 학교 현장에서 할 수 없었던 이유가 충분한 시간이 확보되지 않아 교과서 진도를 나갈 수 없다는 데 있었다. 공부할 분량은 많은데 질문 중심 수업이나, 토의·토론식 수업으로는 도저히 그 많은 양의 진도를 나갈 수 없기에 속도 면에서 느릴 수밖에 없다.

최근 교사의 가르침으로 인한 주입식 공부와 학생들 스스로 깨닫는 배움의 공부는 별개라는 목소리가 나오기 시작했다. 많은 양을 공부하는 것도 좋지만 스스로 깊이 생각해 볼 시간이 없다면 점점 사고력이 떨어져 심도 있는 공부를 하기가 어렵다는 공감대가 형성되는 것이다. 하브루타 질문 중심 토의·토론 수업은 의사소통을 순조롭게 하면서도 타인에게 쉽게 자신의 의견을 설득시키고 타인의 의견을 경청하는 대인 관계 기술의 습득뿐만 아니라 한 문제에 대한 다양한 각도에서 생각해 볼 수 있는 능력을 개발할 수 있다.

학생 참여 중심 수업을 학부모와 함께 참관한 김상곤 부총리는 "1만 2,726시간에 달하는 초·중등 수업을 어떻게 소화하느냐에 따라 우리 아이들이 어떤 인재로 성장할 것인지가 결정된다."면서 "4차 산업혁명 시대에 맞는 인재 양성을 위해서는 초·중등 교육에서 토양을 마련해야 한다. 2015년 개정 교육과정이 거꾸로 학습, 하브루타 토론으로 발전해 나갈 계기를 만들어 갈 것이다."라고 말하기도 했다.

대학교에서는 역피라미드 토의·토론 방식을 선호한다. 역피라미드 방식은 두 사람이 의견을 모은 후 또 다른 두 사람을 더해 4명이 함께 토론을 거쳐 합의하고, 다시 4대4, 8대8과 같은 방식으로 인원을 배로 확장시키면서 토론과 합의를 이끌어 가는 방식이다. 마치 피라미드를 뒤집어 놓은 것 같다고 해서 역피라미드 방식이라고 부른다.

의견을 모아 나가는 1:1 짝 토론으로 시작하기 때문에 100% 모든 학생이 토의·토론에 참여하게 되어 소수집단과 다수집단을 동시에 경험하게 된다. 자유롭게 발표하면서 자신의 의견을 요약하는 방법과 다른 친구들과의 의견을 비교·분석하게 되고 의견을 수렴하고 정교하게 다듬는 과정을 통해 집중하는 효과가 뛰어나서 참여 동기도 높다.

질문하고 토론하는 공부

기존의 공부가 듣고 적으면서 하는 공부였다면 4차 산업혁명 시대에는 질문하고 토론하는 공부여야 한다. 친구들과 토론하면서 정해진 정답을 이해하는 것이 아니라 다양한 해답을 생각해 보는 공부여야 한다. 혼자서 책과 씨름하는 공부로는 더 이상 희망이 없다.

질문과 대화를 하는 중에 우리 뇌는 긴장을 하면서 호기심을 갖는다. 호기심을 가지게 되면 관심을 갖게 되고, 관찰을 하면서 질문이 자연스럽게 생성된다. 궁금한 것이 많아지면 질문도 자연스럽게 만들어진다. 학생 스스로 알고 싶어서 계속 질문하고 공부하게 된다면 교사나 부모는 굳이 알고 있는 지식을 가르치려 들지 않아도 된다. 따로 해 줄 것이 거의 없다. 학생은 스스로 궁금한 것을 제힘으로 찾아보는 노력을 통해 공부에 대한 즐거움을 갖게 되고 더 어렵고 힘든 것에도 도전해 보려고 할 것이다.

우리나라는 공부하기 위해 토론 하지만 유대인들은 자녀들과 대화하고 토론하기 위해서 공부한다. 그 결과 자연스레 관계가 좋아지고 서로 행복한 관계가 된다. 모르는 것을 혼자서 해결하는 것도 좋지만, 서로 대화하고 토론하는 중에 해결하는 것은 더욱 좋다. 게다가 재미있고, 의미가 있으며, 몰입하는 즐거움을 주는 공부가 되어 1개의 질문에 100가지의 다양한 관점을 가지게 하는 질문이 있는 교실, 행복한 아이들이 되는 것이다.

존 화이트는 「잘삶의 탐색」(2011)에서 학교 교육의 목적을 '개인의 잘삶'이라고 하였다. 가치 있는 활동과 관계에서 자율적이며 몰입하는 삶을 말하고, 이런 삶을 위해 학생들을 교육으로 준비시켜야 한다고 역설했다. 개인의 잘삶은 학교에서 지식 중심의 교육만을 하는 것이 아니라 자신이 원하는 바를 얻는 데 목적이 있다. 즉 '앎'에서 '삶'으로 전환되어야 행복한 삶이 되기 때문이다.

배움 자체를 목적으로 그 과정에서 재미, 흥미, 만족감을 느낀다면 교육은 행복 그 자체가 된다. 자신이 잘할 수 있는 것을 배우고 익히며 자신이 하고 싶은 것을 경험해 나간다면 학생들은 적극적으로 배움에 참여하고 몰입하게 될 것이다. 또한 공부를 '무엇인가 배우는 것'보다 '각자가 가지고 있는 지식을 나누는 것'이 된다면 더 많은 것을 배울 수 있을 것이다.

질문과 토론을 통해 배우는 하브루타 수업 방식은 사고를 훨씬 폭넓게 확장시키고, 짝과 함께 활동하며 배려와 협력을 배우는 수업이기에 참여도와 집중도가 높아지게 된다. 세계의 명문고나 대학은 질문을 통한 대화·토론의 공부를 더욱 더 지향함으로써 토론 문화의 발전에 매우 긍정적인 영향을 끼쳤다. 토론 문화는 다시 질문의 공부를 강화시켜서 세계 최고의 명문학교가 되게 했다. 우리나라 학교도 글로벌 학교로 발돋움하기 위해서 반드시 참고해야 한다고 생각한다.

제6장

질문으로 끌어내는
교육학

학습자가 주도하는 교실 수업

김보경

질문의 매력

질문의 첫 번째 매력은 접근성이다. 질문은 그냥 하면 된다. 질문을 하기 위해 특별한 준비를 하지 않아도 된다. 아무리 좋은 것이 있어도 거기에 접근하기 위해 많은 준비가 필요하다면 쉽게 실행하기 어려운 법이다. 질문은 궁금한 것이 생기면 그냥 상대에게 물어보면 된다. 상대가 멀리 있으면 글로 물으면 되고, 물어볼 상대가 없으면 자문해도 된다. 때론 스스로에게 묻는 질문이 나를 가장 성장시키고 이끌어 주기도 한다. 이런 점에서 질문이란 대가를 지불하지 않아도 새로운 비전을 제시해 주고, 하고 있는 일에 몰두하게 하고, 책을 찾아 보게 하며, 다른 사람들과 흥미로운 관계를 맺게 해 준다.

질문은 신이 인간에게 거저 준 선물과도 같다. 유대인의 하브루타에 관심을 가지며 논문을 쓴 적이 있다. 하브루타를 하는 데 특별한 준비나 비용이 필요하지 않는다는 점이 글을 쓰는 동기가 되었다. 그저 아이들이 서로 마주볼 수 있도록 책상만 돌려 두면 된다. 우리의 삶에서 질문과 토론의 문화가 형성된다면 마주 본 책상이 곧 교육의 기회가 된다. 그렇게만 된다면 우리 사회에 만연한 '교육의 기회는 곧 돈'이라는 인식을 바로 잡을 수 있다.

질문의 두 번째 매력은 각자의 '나'에게서 나온다는 점이다. 이것은 교육학적으로 꽤나 큰 의미가 있다. 동일한 상황에서 각자 품은 의문이 다르므로 질문도 다르게 표현된다. 활짝 핀 꽃을 본 어떤 아이는 "엄마, 이 꽃 이름이 뭐예요?"라고 묻고, 어떤 아이는 "엄마, 이 꽃 꺾어도 돼요?"라고 묻는다. 아이의 질문만 관찰해도 성향과 관심이 다르다는 것을 알 수 있다. 나의 외부에서 들어온 것은 누군가로부터 만들어진 것이므로 이미 그 자체로 복제물이다. 그러나 유일한 각자의 나로부터 나온 것은 서로 조금씩 또는 아주 많이 다르기에 독특한 창조물이다.

질문은 나의 머리와 가슴에서 내가 일으켜야 하고, 자신을 닮은 언어로 구조화해야 하며, 정해진 표상 체계에 따라 나 밖으로 내놓아야 하는 또 다른 나이다. 질문은 남이 대신 해 줄 수 없는 몇 안 되는 일 중 하나이므로, 질문에는 자기주도성과 자기규율성과 창조적 노력이 담길 수밖에 없다. 이것이 내가 주목하는 질문의 세 번째 매력이다.

질문이 없는 아이들

나는 대학에서 다양한 교수·학습 이론과 모형을 가르치고 있다. 최근에는 학습자 중심, 활동 중심의 교수·학습 방법들을 중요시하기에 이러한 것들의 이론과 적용을 가르치고 있다. 교수자 중심에서 학습자 중심으로 패러다임이 바뀌면서 교실의 교사상이 달라졌다. 앨리슨 킹(Alison King)은 이것을 "교단 위의 현자에서 책상 옆의 안내자로"라고 표현했다. 많은 교육학자와 교육실천가가 이 말을 들은 지 어언 25년이 지난 지금, 진정 학습자가 주도하고 교사는 안내자의 역할을 하는 교실 수업이 이루어지고 있는지 성찰해 볼 시간이 되었다.

안내자의 역할은 다양하고 복잡하여 많은 준비가 필요하다. 아이들의 이해를 돕기 위해 다양한 매체와 자료를 준비해야 하고, 서로 협력하여 학습하도록 구조를 설정해야 한다. 평가도 과정 중심으로 진행되어야 하므로 교사는 수업을 위해 많은 준비가 필요하다. 나를 포함하여 교실에서 가르치는 이들이 최신의 세련된 교수·학습 방법을 배우고 적용하려고 노력하지만 현자보다 안내자가 되는 것이 얼마나 어려운지 실감한다. 여러 가지 이유가 있겠지만, 가장 주된 이유는 학생들이 배움의 무대에 서려고 하지 않는다는 점이다.

교육 제도와 정책들의 패러다임이 학습자 중심으로 바뀌고 있지만, 정작 학생은 예전보다 학습 동기와 의지가 약하며, 더 의존적인 학습에 익숙한 나머지 학습을 주도하지 못하는 현상이 나타나고 있다. TED나 유튜브에 넘쳐나는 유명 강의의 관람객으로 남고 싶어 한다. A부터 Z까지 재밌고 유익하게 다 설명해 주는 강의를 좋게 평가한다. 많은 것을 주워 담기 바쁘지만, 정작 자신의 내면에서 자신만의 생각이 담긴 무엇인가를 꺼내 볼 생각을 하지 않는다. 교육에서 학습자 주도를 외칠수록 학습자들이 덜 주도적이 되는 역설적 현상의 원인 중 하나는 우리 아이들에게 질문이 없다는 점이다.

질문을 저해하는 요인들

질문은 준비 없이 그냥 자신을 표현하면 되는 매력적인 것임에도 불구하고, 학교 수업에서 학생들은 거의 질문하지 않는다. 수업에서 질문을 하지 않는 현상은 어제 오늘 일이 아니므로 이에 대한 많은 연구 결과가 있다. 대체 우리 아이들이 수업에서 쉽게 질문하지 못하는 이유는 무엇일까?

먼저 교육의 개념에서 동·서양의 차이가 있다는 점을 생각해 볼 수 있다. 서양에서는 안의 것을 밖으로 이끌어 낸다는 'educare'를 교육이라고 생각한다. 이미 아이들 안에 온전하고 선한 것들이 있다고 보고 거기에서 나오는 것들을 독창적이며 창의적인 것으로 높게 평가한다. 반면에 동양에서는 가르쳐서 키워 낸다는 의미로 '敎育'이라는 용어를 사용한다. 동양적 사고는 피교육자를 미성숙하며 불완전한 존재로 간주하므로 학생들에게 이상적이고 가치 있는 것이 나올 것이라는 생각보다는 외부의 좋은 생각과 사상을 그들에게 제공하고 주입하는 데 더 관심을 두게 된다.

지식이 소수의 전유물인 시대에는 이러한 교육이 효과적이었으나, 지금과 같이 누구나 고급 지식에 접근할 수 있는 시대에는 교육에 대한 개념적 보완이 필요하다고 생각한다. 집어넣는 것을 교육이라고 생각하고, 아이들에게 좋은 것을 기대하기 어렵다는 생각에서는 학생은 질문을 일으키지 못하며, 교사도 질문을 기대하지 않는 것이 당연하다.

또 다른 질문 저해 요인으로 지식에 대한 '정초주의 또는 토대주의'적 지식관을 들 수 있다. 즉 아이들이 교과서의 내용이나 교사의 말은 정당하며 확실한 기초에 근거하기 때문에 의심의 여지가 없다고 생각하는 것이다. 이러한 관점에서는 아무리 많은 학습을 한다 해도 질문이 생성되기 어렵다.

그러나 지식을 획득하는 학생들의 주체적 인식을 강조한 반정초주의적 관점은 전혀 다르다. 기존 지식을 수용하되 새로운 지식을 협력적으로 재구성하는 과정에 더 관심을 둔다. 이러한 관점에서 교과서의 텍스트는 학생이 새로운 지식과 의미를 창출하도록 돕는 보조적 자료 중의 하나로 여겨진다. 자신이 알고 있던 것과 불일치하는 변칙들에 대해 자연스럽게 질문이 생성된다.

유대인들의 하브루타 문화에서는 2가지 상반된 지식관이 이중적으로 적용되고 있다는 것을 알 수 있다. 그들은 토라 경전의 텍스트에 대해서는 절대적인 권위를 부여하며 이것을 정확하게 전수하고 암기하기 위해 노력한다. 반면에 텍스트를 해석하고 적용하는 인간들의 다양한 관점에 대해서는 매우 개방적이다. 그들의 수업에서는 질문과 토론이 활발할 수밖에 없다. 특히 텍스트가 단순 해석 또는 번역이 아닌 개인의 삶에서 구체적으로 적용시킬 수 있는 창조적 해석이 필요하기 때문에 그 해석은 다양할 수밖에 없다. 그들은 텍스트의 권위를 인정하면서도 그 해석에 대한 인간의 창조적이고 비판적 응답에 제한을 하지 않는 이중적 지식관을 가지고 있다고 볼 수 있다.

수업에서 질문하지 않는 또 다른 요인으로 자신의 부족함을 드러내기 쉽지 않은 수치심의 문화를 들 수 있다. 대학에서 거꾸로 학습(플립 러닝)으로 수업을 진행할 때였다. 학생들은 매 주차의 핵심 내용을 내가 직접 개발한 강의 비디오를 통해 학습해 오고, 교실에서는 그 내용을 기반으로 소그룹 토론 활동과 실습 활동을 진행하도록 돼 있었다. 교실 강의 초반에 학생들이 각자 집에서 예습한 내용 중 잘 이해되지 않는 내용을 질문하는 시간을 가졌지만 질문이 잘 나오지 않았다. 사소한 내용이라도 좋으니 질문하라고 했는데도 학생들은 도

무지 질문하지 않았다.

대안으로 학생들에게 강의 비디오를 본 후 생기는 질문을 온라인 학습 관리 시스템 Q&A 게시판에 1개 이상 무조건 올리라는 과제를 냈다. 온라인으로 질문을 하면 좀 더 편하게 할 수 있지 않을까 하는 생각에서였다. 기대에 찬 마음으로 Q&A 게시판에 들어가 보니 예상대로 학생들이 성실하게 질문을 게시해 두었다. 그런데 2~3명을 제외한 모든 학생이 자신의 질문을 교수 외에 다른 학생들은 보지 못하도록 비밀글로 올려 둔 것을 알고 충격을 받았다. 다른 학생들이 자신의 질문에 대해 부정적으로 반응할 것에 대한 수치심과 두려움 때문에 질문하지 않는 현상이 온라인에서도 그대로 나타난 것이다.

이후로 학생들에게 질문을 강요하기보다는 교실에서 스스럼없이 질문하고 실수해도 좋다는 인식을 형성하는 데 더 집중했더니 조금씩 질문이 늘어나기 시작했다. 수치심의 문화에서는 문제가 된 행동을 찾아내어 고치기보다는 문제나 실수가 남들이 알고 있는가 모르는가가 더 중요하다. 교실 안에서도 내가 이해되지 않는 것, 나의 모자람을 표현하고 드러내는 것이 수치심으로 연결된다면 아이들은 절대 질문하지 않는다. 실수와 부족함을 맘껏 드러낼 수 있는 심리적 안전지대가 형성되어 있지 않는 교실에서 내면에서 일으킨 질문들을 억누르며 많은 시간을 보냈을 우리 아이들을 생각하면 안쓰럽고 안타깝다.

미래 학교 교육과정과 질문

미래사회에서는 지식 노동의 대부분을 인공지능이 대신하게 된다. 우리 아이들에게 지식의 이해와 적용을 가르치는 지금의 학교 교육과정은 어떻게 바꾸어야 할까? 교사는 가르쳐야 할 내용이 너무 많아 진도를 마치기 어렵다고 하는데, 그 많은 내용을 아이들이 다 알 필요가 있을까? 그 지식들의 가치나 수명은 어느 정도일까? 4차 산업혁명으로 인해 인간의 전유물이라고 생각했던 '지능'이 기계와 사물에게도 있다고 한다. 기계는 우리가 십수 년간 학교에 다니면서 배웠던 지식을 딥 러닝 기술로 단 몇 분 만에 학습해 버린다. 이런 상황에서 아이들에게 뭔가 다른 것을 가르쳐야 하지 않을까? 전숙경 교수는 초연결 사회에서 다루어야 할 교육의 내용으로 핵심 지식과 지식의 연결 짓기를 제안하였다. 이를 설명하면 다음과 같다.

먼저 수많은 지식과 정보 중 나의 머릿속에 넣어 두어야 할 지식이 무엇인지와 나의 외부에 두어야 할 지식이 무엇인지를 구분해야 한다. 다음으로 머릿속에 넣어 둘 본질적이고 영속적인 지식을 찾아가도록 가르쳐야 한다. 이러한 지식들은 큰 아이디어를 제공하며, 영속적이며 변하지 않는다. 서로 다른 학문과 교과를 넘나들며 적용할 수 있는 근본 원리와 같은 것이다. 이러한 지식은 때로는 말이나 기호로 표현되기 어려운 암묵적 지식과 같으며, 주관적 경험과 느낌을 통해 마음과 몸으로 체득한 것이므로 다른 사람과 공유하기 어렵다.

이러한 지식은 외부로부터 획득되기보다는 스스로 발견해 나가는 것이 대부분이다. 이때 지식의 본질을 발견하고 핵심 지식에 도달하기 위해 반드시 필요한 것이 질문이다. 『교육의 과정』이라는 책으로 유명한 교육학자 브루너(Bruner)는 아이들이 물리학을 배울 때는 꼬마 물리학자가 되고 수학을 배울 때는 꼬마 수학자가 되어 마치 그 학문을 연구하는 학자가 하는 일을 해야 한다고 하였다. 학자들은 원리를 발견하기 위해 늘 질문하는 습관이 있다. 핵심 지식에 도달하기 위해서는 질문이 필수적이다.

다음으로 머릿속의 지식들을 외부의 지식들과 광범위하고 촘촘하게 연결시킬 수 있는 연습을 해야 한다. 많은 지식과 정보가 어디에 있는지 알아낼 수 있어야 하며, 가장 창의적인 방식으로 지식들을 연결하여, 새롭고 타당한 지식과 아이디어를 생성해 낼 수 있어야 한다.

교육 환경은 생태계적으로 바뀌어 가고 있다. 이것은 초연결사회의 특징 중 하나로 어떤 대상을 규정할 때 그 대상만을 이해해서는 부족하며 생태계의 그것과 같이 연결된 모든 대상과의 관계를 파악해야 비로소 이해할 수 있다. 이러한 지식 연결 짓기의 시도와 도전은 질문 없이는 불가능하다.

1987년 노스웨스트 항공사의 조종사였던 로버트 플래이스(Robert Plath)는 당시까지 무거운 여행가방을 불편하게 가지고 다니는 여행객들을 보며, "왜 이들은 이 무거운 가방을 아무런 불평도 없이 가지고 다니는 것일까?"라고 스스로에게 질문했다. 그는 조종사임에도 불구하고 여행객들의 가방에 관심을 가지고 자신의 경험을 거기에 연결시키기 시작했다. 그는 곧 가방을 세로로 세워 바퀴를 달아 손잡이를 길게 빼서 사람들이 허리를 구부리지 않고 편하게 이동시킬 수 있는 지금의 여행가방을 고안하였다.

행동경제학을 창시한 대니얼 카너먼(Daniel Kahneman)은 심리학자임에도 불구하고 노벨경제학상을 수상하였다. 그는 300년간 기대효용 이론에 근거한 고전경제학 프레임을 뒤엎어, 인간의 비합리적 소비 활동을 설명하였다. 그에게도 "왜 사람들은 더 많은 경제적 이득을 주는 합리적 선택을 하지 않는가?"에 대한 질문이 있었고, 자신의 심리학 지식과 동료의 경제학 지식을 연결하여 새로운 경제학 이론을 창시할 수 있었다.

자신의 분야가 아니지만 질문을 가지고 다른 영역의 지식을 연결하는 것은 인간만이 할 수 있는 것으로 인공지능과 기계로 대체하기는 매우 어렵다. 그러므로 앞으로 학교 교육과정에서는 이러한 지식 연결의 경험을 학생들에게 제공하는 것에 초점을 맞추어야 할 것이다.

질문을 통해 관람객에서 배우가 되다

연극 공연을 보고 나면 에너지가 많이 소모된다. 배우의 말과 행동 하나하나에 집중하고 반응하기 때문이다. 연극을 보는 것은 영화를 관람하는 것보다 3~4배의 에너지가 필요하다. 무대 위의 배우들은 관객보다 더 많은 에너지를 소모한다. 학생들은 내 수업에서 얼마만큼의 에너지를 사용할까? 교수만 교단 위의 배우라고 생각하고 자신은 그저 교수가 출연하는 연극의 관람객이라고 생각하는 것은 아닐까 내심 걱정되기도 했다. 학생이 수업에서 배우가 되려면 어떻게 해야 할까?

첫째로 숙달 목표를 가지게 해야 한다. 교사가 수업에서 과제를 제시하면 학생들은 자기 나름의 목표를 정한다. 한 부류는 숙달 목표를 가진 학생들로, 이들은 학습 자체에 가치를 부여하여 과제의 숙달을 통해서 새로운 지식과 기술을 익히려 하며, 학습활동 자체를 목표로 삼으려고 한다. 이런 학생들은 학습 과정에서 질문을 계속 만들어 내며 질문이 어느 정도 해결되어 과제가 숙달될 때까지 시간과 노력을 자발적으로 투입한다.

반면에 수행 목표를 가진 학생들은 자신의 능력이 타인에게 어떻게 판단되는가가 주요 관심사이며, 타인에게 보여 주거나 감추려는 것을 목표로 삼는다. 이 유형의 학습자는 학습 과정에서 질문이 생기더라도 타인의 평가가 자신의 기대를 충족하는 수준에 이르렀다고 판단되면 생성되는 질문을 회피하고 학습을 마무리 짓는다. 과제를 선택할 때도 자신이 성공적으로 수행할 수 있는 난이도의 것만 선택하려는 경향이 강하다. 우리 아이들에게 질문이 없는 이유는 아이들 대부분이 대학입시나 학점과 같은 수행 목표를 가지기 때문이다.

둘째로 미디어 과다노출을 피해야 한다. 어디를 가도 음악이 나오고, 화면에서 쉴 새 없이 영상이 재생된다. 내가 선택한 음악이나 영상은 아니지만 계속 듣고 보아야 한다. 미디어에 과다하게 노출된 학생들은 정보의 소비에만 익숙하게 된다. 세련되게 정리된 지식들을 전달받아 소비할 뿐 새로운 지식을 창출해 내는 것을 힘겨워한다. 특히 영상 노출은 초당 수십 개의 프레임이 지나가기 때문에 멈추어 생각할 시간을 허락하지 않아 질문을 일으킬 기회를 주지 않는다. 배움은 정지된 아날로그적 관계 안에서 대상에 대한 질문을 통해 이루어진다. 모니터나 아이패드에서 모든 교육이 이루어질 것으로 기대하는 것은 교육은 지식 전달일 뿐이라는 과거의 패러다임에서 벗어나지 못한 것이다.

요즘 아이들이 자주 하는 말은 '보여 달라.'이다. 궁금한 것을 질문하고, 찾아 읽어 보고, 생각하고, 상상하고, 말해 보기보다는 그저 지켜보기만을 원한다. 식당에서 아이들에게 스마트폰을 쥐어 주고 식사하는 가족의 모습을 보면서 '입으로는 좋은 음식을 먹는 아이들이 마음에도 좋은 양식을 쌓고 있을까?' 의문이 든다. 또 한 명의 질문 없는 학생으로 자라는 건 아닌지 안타까운 마음이 든다.

수행 목표 지향성과 미디어 과다 노출은 수업에서 아이들을 관람자로 만들어 버린다. 관람에서 몰입으로 전환시킬 수 있는 것이 질문이다. 질문을 하지 않는 학생이라도 교사가 질문을 하면 학생은 본능적으로 대답을 해야 할 것 같은 책임감을 느끼는데 그것을 '응답반사'라고 한다. 이러한 인간의 본능을 적극 활용하면서 학생이 수업에 몰입하도록 도와야 한다. 교사가 질문하고 학생이 답하는 것도 좋지만, 수업에 몰입하는 학생, 수업을 주도하는 학생이 되게 하려면 학생이 질문할 수 있도록 유도해야 한다. 질문은 사회적 통제력을 가지고 있기 때문에 질문하는 사람에게 권력이 생기고 통제권이 생긴다. 학생이 질문을 하게 되면 수업의 통제권을 이양받게 되고 수업을 주도하는 사람이 될 수 있다.

정보화 사회에서만 하더라도 우리가 인터넷에 접속할 것인가 접속을 끊을 것인가를 스스로 결정했지만, 이제는 지능형 네트워크 시대에는 내 정보가 어디서 어떻게 사용되는지조차 인식하지 못한 채 살아가게 된다. 우리 아이들이 살아갈 사회는 첨단의 테크놀로지 시대, 인공지능과 협업하며 살아가야 하는 시대로 어느 때보다 인간의 창의성과 주도성이 요구된다. 안타까운 사실은 우리 아이들은 창의성과 주도성을 발휘하기 어려운 테크놀로지 주도적 환경에서 살아간다는 점이다.

학생의 주도성과 창조성이 발휘되다

교육계는 비혼이나 저출산 등으로 학령인구가 급격히 감소하여 매우 심각한 상황에 직면해 있다. 저출산의 주요 원인이 자녀양육비 특히 교육비 부담이라고 한다. 실제로 아이가 태어나면서부터 아이 발달과 교육에 필요한 교구나 책들을 사면서 교육비 지출이 시작된다.

사실 인간의 발달은 종적 공동체 속에서 자연스럽게 이루어지도록 설계되어 있다. 즉 공동체 안에 다양한 연령대의 사람들이 있으면 발달은 자연스럽게 이루어진다. 엄마, 아빠, 언니, 오빠, 할아버지, 삼촌, 이모의 모습을 보면서 사회학습으로 발달이 이루어진다. 신체, 정서, 인지 발달 모두 그러하다. 그런데 현대인의 삶은 공동체성이 부족해지고 개인화된 삶을 살게 되었다.

학교는 교육의 편의성을 위해 동일한 발달 단계별로 나누어진 횡적 공동체를 교육한다. 윗사람을 통해 자연스럽게 배울 수 있는 기회가 차단되니 교육 프로그램을 개발하여 의도적인 개입을 할 수밖에 없다. 이러한 고비용의 투입에도 불구하고 과거의 학생들에 비해 요즘 아이들의 지적·정서적 발달 수준이 떨어지는 것을 보면 안타깝기 그지없다.

이러한 현상을 볼 때 우리 교육은 치르지 않아도 될 비용을 지나치게 많이 치르고, 그에 비해 산출은 빈약하기 짝이 없는 비효율의 교육이라는 생각이 든다. 많은 비용을 투입할수록 아이들은 더 많은 시간을 교육받아야 하고, 자신만의 창조적 시간을 누릴 자유를 빼앗긴다.

크리스틴 라가르드(Christine Lagarde) IMF 총재가 김용 세계은행 총재에게 국제학업성취노평가(PISA)에서 한국이 핀란드와 늘 1, 2위를 다투는 것을 언급한 적이 있다. 이때 김용 총재가 "핀란드 학생들은 8시부터 3시까지 공부하고, 한국 학생들은 8시부터 11시까지 공부합니다."라고 하자, 라가르드 총재가 "3시간 공부하면서 성적이 어떻게 그렇게 좋죠?"라고 질문했다는 해프닝이 있다. 단순히 오래 공부하는 것이 문제가 아니다. 그 시간 동안 아이들이 창의적일 수 있는 기회를 놓친다는 것이 더 큰 문제다.

우리 교육의 고비용과 비효율의 문제를 해결할 방안이 바로 질문의 문화이다. 서두에 말했듯이 질문은 비용이 들지 않는다. 갖추어야 할 물리적 환경도 필요하지 않다. 질문과 토론은 의지만 있다면 언제, 어디서, 누구에게나 할 수 있다. 경제적 측면뿐만 아니라 심리적 측면에서 질문은 나를 꺼내 주고 드러내는 우물의 바가지와 같이 소중한 것이다.

인간은 누구든 자신을 드러내어 존재감을 느끼고 싶어 한다. 수업에서 학생의 입지는 질문으로 확고해지며, 질문함으로써 수업의 통제권을 이양받는다. 앞에서 말한 educare, 책상 옆의 안내자, 숙달 목표, 반정초주의, 몰입 등의 교육학 용어들은 모두 학생인 '내'가 중요한 개념들이다.

나 밖의 것들보다 내 안의 것들을 더 소중하게 여기는 마음을 가질 때 질문이 일어난다. 이 질문이 동력이 되어 교실 수업에서 학생의 주도성과 창조성이 발휘되게 된다. 또한 학생들에게 질문을 독려하는 교사의 노력은 질문을 저해하는 요인들을 제거하는 노력과 병행될 때 비로소 결실을 맺을 것이다.

질문이 생명이고
경쟁력이다

고 현

질문의 힘

왜 우리나라에서는 아직도 노벨평화상을 제외하고는 노벨상을 받지 못하고 있을까? 다양한 이유가 존재하지만 많은 사람이 교육 현장에서 그 원인을 찾고 있다. 가르치고 배우는 방법, 즉 전통적인 강의식 교수법으로는 미래 사회의 창의적인 인재를 배출하는 데 한계가 있음을 지적하고 있다. 가르치고 배우는 방법의 전환이 필요하다. 그것은 바로 상호 작용을 강조하고 발문과 질문 중심의 토론·토의식 수업이다. 대표적으로 '질문 중심의 하브루타 수업'이 최근 주목받는 이유가 여기에 있다. 질문은 사람을 틀에서 벗어나거나 자유롭게 생각하도록 만든다. 생각과 그에 따른 책임감 또한 사람을 그 자리에 머무르지 않게 하는 힘을 가지고 있다.

그렇다면 어떻게 질문할 것인가, 즉 How에 대해서는 특별히 답을 찾기 어렵다. 허를 찌르는 질문에 당황한 적 있는가? 그것이 바로 '질문'의 힘이다. 말을 잘하는 사람은 많지만 질문을 잘하는 사람은 드물다. 단번에 핵심을 짚는 질문이 백 마디 설명보다 훨씬 더 효과적이다. 질문은 단순히 궁금한 것을 묻는 행위가 아니다. 나의 의도를 상대에게 가장 빠르고 강력하게 전달하는 기술이다. 사람을 움직이는 최고의 방법은 내가 하고 싶은 말을 그 사람이 하게끔 만드는 것이다. 이때 필요한 것이 바로 '질문'이다.

질문의 필요성

5G 시대에 적합한 창의적인 인재 양성을 위해 질문 중심의 토의 및 토론식 수업의 필요성과 중요성이 부각되고 있다. 교수자와 학습자의 발문과 질문하는 방법에 대한 고민을 해야 한다. 질문은 연결이고, 답이다. 질문이 곧 해결책이다. 질문은 내비게이션과 같다. 질문을 한다는 것은 목적지 설정을 위한 가장 중요한 과정이다. 최고의 직원이 되고 싶다면, 최고의 직원이 누군지, 어떻게 하면 되는지 끊임없이 질문하면 된다.

우리 사회 구성원들은 질문하는 방법을 잊어버리고 살아왔다. 그 이유를 알고 질문하는 습관을 형성해야 할 것이다.

첫째, 너무 오랫동안 질문하지 않는 습관이 굳어졌기 때문이다. 궁금한 모든 것에 대해 자꾸 질문하면서 질문 근육을 살려야 한다. "이게 뭐지요?", "왜 이렇지요?", "다른 방법은 없나요?"

둘째, 질문했다가 무식한 사람으로 오해받을까 두렵기 때문이다.

셋째, 너무 모르기 때문이다. 질문도 뭘 알아야 할 수 있다.

넷째, 잘 안다고 착각하기 때문이다. "이 일의 본질이 뭔가요?", "이 일을 할 때의 핵심이 뭔가요?", "왜 이런 일을 해야 하죠?"

왜 질문을 해야 하는가?

질문은 상대방으로 하여금 생각하게 만드는 동시에 질문자의 사고력도 배양한다. 질문을 받은 사람은 답을 하는 동안에 스스로 생각을 정리하게 되고, 그 과정에서 자기 스스로 설득하게 된다. 질문은 그와 나의 상호 작용이다. 왜냐하면 질문하는 사람에 따라서 대답이 달라질 수 있고 더불어 나의 생각에 영향을 미칠 수 있기 때문이다.

물론 질문을 주고받는 과정에서 생길 수 있는 의사소통의 장애 요소들은 단어의 부정확성이라든가, 같은 단어의 다른 의미, 과거의 경험이 장애가 될 수는 있다. 이때는 질문하는 방식을 달리하면 대답이 달라질 수 있다. 질문을 바꾸면 세상을 보는 관점이 바뀔 수도 있다. 더 나은 질문을 하면, 더 나은 대답이 나오고, 더 나은 해결책을 찾을 수 있게 된다.

예를 들면,

〈나에게〉

• 왜 나에겐 항상 이런 일만 일어날까?

-이렇게 어렵고 힘든 경험을 앞으로 유용하게 사용하려면 어떻게 하면 될까?

-이런 힘든 경험을 겪고 나면 나에게 어떤 도움이 될까?

• 왜 나만 차별 대우를 받을까?

-차별 대우를 받지 않으려면 내가 어떻게 해야 할까?

• 나는 왜 이리 무능할까?

-일을 좀 더 잘하려면 나는 무엇을 어떻게 해야 할까?

〈상대에게〉

• 왜 계속 지각을 하니?

-앞으로 제시간에 도착하려면 어떻게 하면 좋겠니?

• 왜 나에게 말하지 않았니?

-나에게 말하기 힘든 이유가 있었니?

• 일을 왜 이 모양으로 했니?

-일을 좀 더 잘하려면 어떻게 하면 좋겠니?

고수의 질문 유형

『고수의 질문법 : 최고들은 무엇을 묻는가』의 저자 한근태는 고수의 질문 유형을 크게 개방형 및 폐쇄형 질문, 깔때기 질문, 탐색 질문, 유도 질문의 4가지 유형으로 구분하고 있다.

개방형 및 폐쇄형 질문

개방형 질문을 통해 상대방의 지식, 의견 또는 감정 등을 탐색할 수 있다. 개방형 질문은 주로 왜(Why), 무엇을(What), 어떻게(How)로 묻는 경우다. 예를 들면, "어떤 근거로 그렇게 생각하세요?", "이번에 다녀온 여행 어떠셨어요?", "이번에 출시한 서비스에 대한 고객 반응이 어떤가요?" 등이다. 폐쇄형 질문으로 물으면 단답형의 "예", "아니오" 답변이 나오기 때문에 지양해야 한다.

깔때기 질문

일반적인 질문으로 시작 후 점점 중요한 포인트로 계속 한 단계씩 깊이 있게 들어가는 질문을 말한다. 보통 심문할 때 쓰는 질문이다.

탐색 질문

구체적으로 더 확인할 필요가 있을 때 사용하는 유형이다. 더욱더 잘 이해하고자 하는 목적과 구체화를 위해 추가적인 정보가 필요할 때 사용한다. "새로 출시한 서비스가 잘 사용되지 않는다고 했는데, 어떤 근거로 그렇게 이야기하는 거죠? 좀 더 구체적으로 이야기해 주시겠어요?"

유도 질문

내가 생각하는 방식으로 상대방을 유도하고자 할 때 사용하는 질문이다. "그 프로젝트 납기가 얼마나 늦어질 것 같나요?", "나는 박 팀장이 성실하고 일을 참 잘하는 것 같은데, 어떻게 생각해요?", "나는 1안보다는 2안이 더 좋아 보이는데, 어떻게 생각해요?" 물론 이런 식의 커뮤니케이션(소통)은 바람직하지 않지만 빠른 의사결정을 위해서는 필요한 경우도 있다.

무엇을 물을 것인가?

문제 해결 질문

문제의 해결은 '문제 정의하기'와 '해결 방법 결정하기'의 단계로 나뉜다. '문제 정의하기'는 문제의 확인과 문제의 진술 표현 및 문제의 분석 등 하위 단계들이 포함된다. 보이는 것보다는 잘 보이지 않는 이면의 원인들이 더 큰 비중을 차지할 수도 있다. '해결 방법 결정하기'는 해결 대안의 생성, 의사 결정, 대안의 실현 등의 단계가 포함된다.

사실 문제 해결

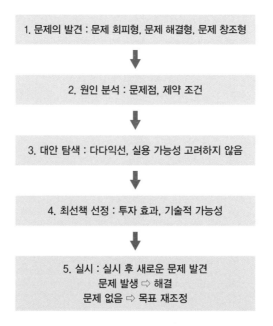

사실 문제 해결에서 문제를 발견했을 때 회피하기보다는 목적에 맞는 목적 진술을 해야 한다. 질문에 대해 원인 분석을 하고, 생각과 느낌을 탐색하며, 주도적으로 해결하려고 질문할 때는 질문의 목적을 분명하고 구체적으로 진술하게 한다.

대인 관계 문제 해결

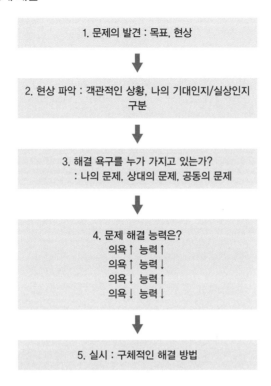

대인 관계 문제를 해결하려면 우선 인식하고 느끼는 문제를 발견하여 현상을 파악해야 한다. 이 단계는 객관적인 상황에서 실상과 허상, 즉 생각과 착각을 구분해야 하며 관련된 정보를 가능한 한 많이 수집한다. 해결 욕구 단계에서는 개인의 감정과 다양한 의견 등이 포함되어야 한다. 문제 해결 능력은 의욕과 능력이 상승해야 최선의 해결책을 도출할 수 있다.

코칭 질문

요즘에 코칭이 한창 인기를 누리고 있는데 코칭을 한다고 하면 설명하거나 설득하거나 가르쳐야 할 것처럼 생각하기 쉽다. 그러나 코칭의 가장 중요한 기술은 설명이나 설득하는 기술 또는 가르치는 기술이 아니라 질문하는 기술이다. "코칭은 질문이다."라고 이야기하는 편이 낫다. 왜냐하면 가르치는 기술 중에 가장 고급 기술이 스스로 찾아내고 알아차리게 하는 기술이고 그 지름길이 질문이기 때문이다.

코칭 질문을 상황 질문, 문제 질문, 확대 질문, 대안 질문으로 효과적인 질문의 예를 들어 보자.

상황 질문

-이번 평가의 목표는 무엇이었습니까?

-당신이 이루고 싶은 것은 무엇입니까?

-일은 제대로 추진되고 있습니까?

문제 질문

-기대와 달리 차이가 발생한 것은 어떤 것입니까?

-현재 어떤 일이 일어나고 있습니까?

-이러한 일은 자주 발생합니까?

-이 상황에는 누가 관련되어 있습니까?

-그들은 이 상황을 어떻게 인식하고 있습니까?

-이러한 문제가 발생한 원인은 무엇이라고 생각하십니까?

-~에 관해 좀 더 구체적으로 설명해 주시겠습니까?

확대 질문

-이 문제를 그냥 두면 시간이 갈수록 어떻게 될 것 같습니까?

-그것은 당신에게 어떤 영향을 미칩니까?

대안 질문

-이 문제를 가장 이상적으로 해결하려면 어떻게 해야 합니까?

-이제까지 당신은 어떤 노력을 기울였습니까?

-그렇게 하기 위해서 당신은 어떤 일을 해야 합니까?

-그렇게 할 때 당신에게 어떤 어려움이 있습니까?

-이 문제가 해결되면 당신에게 어떤 이득이 있습니까?

-제가 어떤 일을 도와드리면 좋겠습니까?

어떻게 물을 것인가?

하브루타 속 질문의 의미

하브루타는 질문이 핵심이다

학생이 질문에 틀린 답을 말해도 교사는 정답을 가르쳐 주는 것이 아니라 학생이 정답을 얻어 낼 수 있는 또 다른 질문을 해서 자신이 생각하고 판단할 수 있도록 돕는다. 학생에게서 시작된 질문은 학습의 동기를 갖게 하고 학습에 집중할 수 있도록 돕는 매개체가 된다. 또한 질문은 학생들의 개념 변화를 가능하게 하기 위해서 한 주제에 대한 학습을 하는 중간 중간 수업목표를 향해서 제대로 나아가고 있는지를 점검하여 그 잘못에 대해 교정이 가능해야 한다. 이러한 점검을 용이하게 할 수 있는 방법 중 하나가 질문이다. 도로시 리즈(Dorothy Leeds)가 제시하는 질문의 힘 7가지는 다음과 같다.

첫째, 질문을 하면 맞든 틀리든 답이 나온다.

둘째, 사고하도록 생각을 자극한다.

셋째, 자신이 원하는 가치 있는 정보를 가장 빨리 얻는 방법이다.

넷째, 사람을 논리적으로 만들어서 격한 감정에 사로잡혔을 때 감정을 통제하게 한다.

다섯째, 마음을 여는 도구이다.

여섯째, 질문의 정확한 답을 원하는지, 의견을 묻는지, 긍정적인 답을 원하는지, 부정적인 답을 원하는지 구별해야 하므로 질문에 귀를 기울이게 하며 마지막으로 질문에 답하면 스스로 설득된다.

하브루타 수업은 교사가 강의 시간을 주도해 나가지 않는다. 학생 질문은 학습자와 텍스트, 교사와 학생 간의 상호 작용을 무엇보다 활성화시켜 줄 뿐만 아니라 학생이 알고자 하는 것에 대한 좋은 안내자 역할을 하며 학생의 질문은 그들의 내면세계를 들여다볼 수 있는 좋은 통찰력을 제공한다. 이런 하브루타 수업에서 질문은 학생의 생각과 사고를 끌어낼 수 있는 좋은 매개이다.

질문 중심 하브루타

질문 중심 하브루타는 학생들이 본문을 읽고 질문을 만들어서 먼저 짝과 1:1 토론을 한 다음에 둘이서 가장 좋은 질문을 뽑고, 그 뽑은 질문으로 모둠끼리 토론을 한다. 그리고 그 모둠에서 가장 좋은 질문을 뽑은 다음, 그 질문으로 집중 토론을 한 후 내용을 정리 발표하고, 교사가 정리해 주는 수업이다. 이러한 기본 토대 위에 다양한 변형이 가능하며, 질문이 중심이라면 모두 이 모형에 속하게 된다.

질문 중심 하브루타 수업 모형

질문 만들기 ➡ 짝 토론 ➡ 모둠 토론 ➡ 발표 ➡ 쉬우르

하브루타의 교육 철학을 바탕으로 수업에 접근하려면, 무엇보다도 교사가 강의를 모두 주도해 나가는 방식을 내려놓고 학생이 수업에 참여할 수 있는 기회가 확보되어야 한다. 즉 학생이 말할 수 있는 시간이 많아야 하며, 수업에서 교사의 수업 점유율이 학생보다 적으며, 한 학생이 다른 학생을 가르치고 배우는 구조를 만들어야 한다. 이런 수업 재구성에 질문을 바탕으로 하는 수업을 모두 질문 중심 하브루타라고 하며, 학생이 읽는 본문 역시 글·그림·동영상 등 다양한 매체로 주어질 수 있다.

질문의 단계

질문의 단계는 준비 단계, 질문 단계, 지도나 피드백 단계, 정리 단계로 나뉜다. 첫 번째 준비 단계는 충분히 공감 수용이 끝나서 감정적으로 안정이 되고 문제 해결 욕구가 생겼을 때 무엇을 위해서 질문을 하는지, 질문에 대답을 하면 내담자에게 어떤 도움이 되는지를 안내하는 것이다. 두 번째 질문 단계는 문제 해결 질문과 목적 진술, 코칭 질문, 상담 질문으로 나뉜다. 세 번째 지도나 피드백 단계를 거쳐, 마지막 정리 단계로 이루어진다.

질문의 종류

개방형 질문

코칭에서 가장 바람직한 질문은 자율적인 사고를 촉발시키고, 생각을 하게끔 하는 질문이다. 개방형 질문은 간단히 "예" 혹은 "아니오"로 대답할 수 없는 질문으로 피코치(coachee)는 편안하고 자유롭게 대답을 할 수 있고, 코치는 풍부한 정보를 얻을 수 있는 장점을 갖고 있다.

폐쇄형 질문

신속한 정보를 얻을 수 있고 대답하기 쉽다는 장점을 갖고 있다. 반면에 간단히 "예" 혹은 "아니오"로 대답이 나오기 때문에 설명이 더 이상 이어지지 않고, 심문하는 것처럼 느껴질 수 있어서 자주 사용하지 않는 것이 바람직하다.

긍정적 질문 / 부정적 질문

코칭 장면에서는 긍정적인 질문과 부정적인 질문 모두 사용할 수 있다. 하지만 아주 특별한 경우가 아니고는 부정적인 질문을 하지 않는 것이 바람직하다.

일반적 질문 / 구체적 질문

일반적 질문은 좀 막연한 느낌을 주고 관심 표시 정도의 질문으로 코칭에서는 거의 사용하지 않는 질문이다. 구체적 질문은 보다 깊이 있는 질문으로 어떤 문제의 핵심을 건드리는 효과가 있다.

가설적 질문

코칭에서 가장 많이 활용하는 질문 가운데 하나로, 피코치의 행동 뒤에 숨어 긍정적 혹은 부정적으로 강한 영향력을 발휘하는 신념을 알아내는 데 특히 적합하다. 하나의 대안을 끊임없이 생각하도록 하는 과정 속에서 새로운 시각을 얻을 수 있어 효과적이다. 가설적 질문의 특수한 형태로 기적의 질문이 있다. 현실적으로 가능성이 없지만 가능성에 관해 생각하게 하는 질문으로 해결책에 관심을 돌릴 때 유용하며, 숨겨진 문제의 기능을 밝혀내고, 이를 통해 문제의 정체를 파악할 수 있게 한다.

해결의 질문

기적의 질문과 비슷한 기능을 하는 형태로 피코치가 문제점이 아니라 해결책에 생각을 집중할 수 있도록 유도하는 데 큰 장점이 있다.

결정의 질문

3~4개의 가능성 가운데 하나를 선택하도록 강요하는 질문이다. 코치는 활동적인 반면 질문받는 피코치는 수동적이 되므로 피코치가 창의력을 발휘하여 다른 해결책을 만들 수 있는 가능성은 줄어들게 하는 부적합한 질문이다.

요컨대, 질문하는 상대가 더 중요하고 소중하다는 것을 깨닫고 상대방의 질문을 경청하고 성심성의껏 해답을 주어야 한다. 이때 바로 답을 주는 것보다 인지적 상황을 자극하고 상대의 경험적 지식을 살려 상대방 스스로 답을 찾도록 방법을 가르쳐 주는 것이 더 효과적이다.

· 제7장 ·
질문으로 끌어내는
상담

질문이란 삶이다

서동진

질문이 왜 삶인가?

독일 유학 시절에 경험한 독일의 문화에서는 질문하고 토론하는 게 일상이었다. 그런데 한국에서는 다르다. 질문이 차단되었던 암울한 시대를 살아온 한국의 기성세대에게 질문은 반항으로 치부되었다. 질문하는 것은 상대에 대한 적대적 감정 혹은 버릇없는 행위로 인식되었기 때문에 우리는 가급적 "왜?"라는 질문을 피해 살아왔다.

많은 생각을 질문의 형태로 드러낼 때에야 비로소 깊이 있게 생각할 수 있게 된다. 나는 생각이 많은 사람을 생각 없는 사람과 같다고 정의한다. 생각이 많다는 것은 생각이 정리될 겨를이 없어 생각 없이 사는 것과 별반 다르지 않다는 의미다. 생각할 것만을 생각하는 것이 생각을 깊이 하는 비결이다. 이 비결은 자유로운 질문과 토론을 주고받으며 생각을 단순화하는 작업을 통해 가능해진다.

제2차 세계대전 이후에 서구의 많은 젊은이가 '불확실성의 시대'에 살고 있다고 생각했다. 물어도 답이 없는 질문을 하기보다는 그냥 주어진 현실을 즐기며 살자는 'Que sera sera(될 대로 되라).'라는 풍조가 만연했다. 나는 'Que sera sera.'라고 하는 이들의 저항도 질문하는 자만이 가질 수 있는 것이라고 생각한다. 'Que sera sera.'는 스페인어인데 '이루어질 일은 언제든 이루어진다.'라는 긍정의 의미를 담고 있다. 묻지 말고 살자고 다짐한다고 해서 질문이 일어나지 않는 것은 아니다. 인간은 어떤 난관 속에서도 끊임없이 "왜?"라는 질문을 하며 살아왔다.

실존주의 심리학자인 니체는 '신은 죽었다.'고 말했다. 신이 죽었다고 해서 신이 없는 것은 아니다. '신은 왜 죽었을까?'라는 질문을 하다 보면, 오히려 신이 우리의 실존 속에 존재해야 함을 역설적으로 표현했다고 볼 수 있다. 신이 살아 있다는 것을 크리스천들이 삶을 통해 증명하지 않기 때문에 인간의 깊은 실존 속에 더 이상 신은 존재하지 않는다는 긍정성을 드러내고 있는 것이다. 크리스천이 크리스천답게 살면 해결될 문제다.

질문 속에 답이 있다

철학에서는 질문이 정확하면 그 질문 속에 찾고자 하는 답이 있다고 말한다. 학생들에게 질문을 하라고 하면 머뭇거릴 때가 많다. 뭘 물어봐야 할지, 무슨 질문을 해야 할지 모르겠다고 한다. 내 질문이 유치해 보일까 봐, 엉뚱한 질문이라고 치부될까 봐 질문을 포기할 수도 있다.

하브루타 강의를 처음 접했을 때 들었던 이야기가 인상에 남는다. 하브루타를 알게 된 한 아버지의 소회담이었다. 올림피아드에서 우승하고 공대에 입학한 아들의 학구열이 식었던 이유를 알게 되었다는 것이다. "아들은 초등학교 때부터 그때까지 올림피아드 우승과 대학 입학에 이르기까지 누군가가 낸 질문만을 열심히 풀어 왔습니다. 이것이 아들의 학업에 대한 열정을 빼앗아가 버린 원인이라는 것을 깨달았습니다. 끊임없는 '질문'을 통해 스스로 문제를 구성하고 창의적인 답과 삶을 찾아가는 지혜가 부족했던 것입니다."

철학은 질문이다

철학 첫 수업에 교수가 "철학은 '놀람'으로 시작한다."고 말했다. 놀란다는 것은 호기심을 작동케 하는 감성이며, 호기심은 인류 성장의 원동력이다. 다시 말하면, 철학은 놀람이고 놀람은 호기심을 불러일으키며 호기심은 질문으로 드러나게 된다. 질문이 많은 사람을 철학자로 부를 수 있는 까닭이다. 철학자는 학문적으로 뛰어난 사람이 아니라 호기심이 많은 사람, 즉 질문을 통해 호기심의 답을 찾는 사람이다.

철학이 던지는 공통적인 질문은 "어떻게 살 것인가?"이다. 이 질문은 5개의 질문 과정으로 나뉜다. 존재하는 것에 대한 질문이 존재론이며, 제대로 설득력 있게 논증하고 있는가에 대한 질문이 논리학이며, 우리가 알 수 있는 것이 무엇인가에 대한 질문이 인식론이며, 어떠한 가치로 어떻게 살 것인가에 대한 질문이 윤리학이며, 이전의 철학자들은 어떤 생각을 하고 살았는가에 대한 질문이 철학사다.

우리가 던지는 대부분의 질문은 이 범주에서 벗어나지 않을 것이다. 질문이 없는 철학은 상상할 수 없다.

질문하지 않는 삶의 문제

나는 철학, 신학, 심리학, 상담학, 사회사업을 전공하며 끊임없는 질문 속에 살아왔다. 지금은 가족치료 전문가로 주로 활동하면서 가족에 대한 질문에 관심을 두고 있다. 많은 부부가 갈등을 견디다 못해 상담실을 찾아온다.

상담사의 관점에서 볼 때 부부 갈등의 가장 큰 원인은 소통하지 않는 것이다. 함께 살면서도 질문하지 않고 대화하지 않는 생활이 갈등을 키운 것이다. 서로 사랑하여 부부의 연을 맺는다고 해도 각자 살아온 세월이 전혀 다르기 때문에 서로 다른 2개의 패러다임이 충돌하는 것은 필연적이다. 2개의 패러다임이 하나의 부부 패러다임이 되기까지는 많은 대화가 필요하다. 다만 당장 부부 패러다임으로 가기 위한 갈등과 충돌을 원하는 부부는 없다. 솟아나는 질문과 토론·논쟁을 각자의 마음속에만 담아 두고 표현하지 않고 살아가는 것이다. 어느 순간 감정이 쌓여 주체할 수 없는 상황을 맞닥뜨리면 억압된 감정이 일시에 폭발하게 된다.

부부 상담 초기에 둘의 대화 방식을 듣다 보면 서로 알아듣지 못하는 외국어를 사용하며 살아온 게 아닌가 싶을 정도로 소통이 안 된다. 한 사람이 머리로 이야기하면 상대는 가슴으로 받아들이고, 한 사람이 가슴으로 말하면 상대는 머리로 분석하려 든다. 질문하고 대화하면 해결될 수 있는 문제를 왜 담아 두고만 살까?

부모의 금지령이 질문을 막는다

부모가 자녀에게 내리는 금지령에 '생각하지 말라.'와 '느끼지 말라.'의 빈도가 가장 높다. 한국 교육의 현실이라고 말해도 과언이 아니다. 생각은 부모의 몫이며 자녀는 따르기만 하면 된다고 생각하는 듯하다. 부모는 "네가 뭘 안다고 의견을 제시하느냐. 부모가 하라는 대로 하면 된다."는 말을 자주 한다. 같은 세대가 아니면 대화를 시작하지도 않으려는 것이 이러한 금지령에 따른 불신에서 기인한다. 부모는 화낼 것 다 내면서 자녀들이 불평을 하거나 불만의 감정을 표현하면 더 크게 화를 내거나 혐오 자극을 주어 그 표현을 차단시킨다. 감정은 좋은 것이고 맛있다는 의식보다는 괴롭고 힘들다는 인식을 각인시키는 게 현실이다.

이런 가정의 자녀들은 성장해도 생각하지 않는 어른이 된다. 부모는 "왜 저렇게 생각 없이 살까. 제발 솔직한 네 감정과 생각을 표현 좀 해 봐." 하며 답답해하지만 생각 없이 살도록, 감정을 표현하지 않도록 조장한 것은 부모 자신이라는 것을 깨닫지 못한다. 가족 구성원의 역기능적인 행동은 가정의 그릇된 체계가 반영된 것이다. 감정을 표현하면 감정을 억압하고, 감정을 억압하면 감정을 표현하라고 재촉하는 악순환이 반복된다. 역기능적인 가정에서 모순적인 의사소통은 필연적이다.

생각과 감정을 존중받는 가정에서는 끊임없는 질문과 대화 그리고 토론이 일어난다. 자녀는 부모라는 통로를 통해서 태어났으며 부모의 소유물이 아닌 온전한 인격체로서 존중받을 가치 있는 존재라는 인식이 중요하다.

질문은 나답게 살아가게 하는 실존이다

사람이 된다는 것을 '형성(Becoming)'이라고 한다. 인본주의 심리학은 실존주의로부터 출발한 중요한 사상이다. 인간은 결코 정적인 존재가 아니라 무엇인가 다른 존재가 되어 가고 있다고 본다.

형성(Becoming)은 Being과 Doing 두 단어의 합성어다. Being이 인간은 존재 자체로서 소중하다는 자기인식이라면, Doing은 행위를 통해 타인으로부터 인정받거나 스스로 자신의 행위를 가치 있다고 인정하는 것이라 할 수 있다. Being과 Doing이 균형을 잘 이룰 때 사람이 되었다고 할 수 있다. 상담을 하다 보면, Doing을 통해 사회적으로 매우 높은 성취를 이룬 내담자들을 자주 만날 수 있다. 사회적인 성공에도 불구하고 결핍된 Being으로 인한 부적절감이 항상 문제가 된다.

유대인들이 자녀를 바라보는 시각은 한국 부모와 많이 다르다. 유대인들은 자신의 자녀를 남의 자녀와 비교하지 않는다. 존재(Being) 자체로 소중하다는 자기인식에서 출발하기 때문이다. 질문을 즐기고 질문에 허용적일 수 있는 근원은 자유롭게 생각하고 감정을 표현하는 그들의 생활 습관에서 출발한다.

질문에서 시작하는 대화의 기술

질문이 질문으로 끝나는 경우는 거의 없다. 질문이 던져지면 그때부터 대화가 시작된다. 대화가 깊어지면 토의나 토론으로 이어지기도 한다. 질문에서 출발하는 대화, 더 나아가 토론을 살펴보는 것은 그런 측면에서 매우 의미 있다.

송신자와 수신자의 정보 이해하기

의사소통은 정보와 이해가 이 사람에게서 저 사람에게로 전달되는 과정이다. 정보가 제대로 전달되었는지를 평가하는 수단은 바로 수신자가 얼마나 이해했는가이다. 송신자와 수신자는 암호와 해독의 과정을 밟는다. 의사소통을 잘한다는 것은 우선 송신자가 정보를 정확히 전달하고 수신자가 송신자의 말을 경청한다는 것을 의미한다.

보편적인 사랑의 언어를 타인에게 전달할 경우 십중팔구 오해를 낳을 수 있다. '사랑한다.'는 표현에 어떤 사람은 수작을 건다고 화를 낼 수도 있고, 어떤 사람은 마음에도 없는 말을 한다고 기분 나빠할 수도 있다. 또 어떤 사람은 보편적인 사랑의 표현을 개인적이고 이성적인 사랑의 감정으로 이해할 수 있다. 물론 보편적 사랑의 의미로 '나도 사랑해요.'라고 표현하는 사람도 있을 수 있다. 말을 전달할 때 내 마음을 있는 그대로 전달한다는 것은 대단히 어렵다.

송신자의 말은 암호이며 수신자는 해독하는 사람이다. 나는 암호를 보내는 사람이기도 하고 암호를 해독하는 사람이기도 하다. 사람의 말은 의도대로 반드시 전달되지 않는 경우가 많다. 친밀한 사람끼리는 말을 하지 않아도 통할 것이라는 것은 잘못된 신화다. 친밀한 사람일수록 정확한 의사소통을 통해 생각과 느낌을 전달할 수 있어야 하고 그래야 더욱 친밀해질 수 있다.

의사소통의 요소

① 송신자는 생각, 감정, 정보 등을 말로써 전달하는 사람, 즉 의사를 전달하고자 하는 사람을 의미한다. 말은 전달 과정에서 정확도가 떨어진다. 예를 들면, 10분 동안의 강의를 들은 경우, 강의 직후에는 50% 정도 기억에 남고, 48시간 이내에는 50%의 남은 기억 중 다시 50%를 잊는다. 게다가 송신자의 말이 두 사람을 통해 최종 수신자에게 전달되는 과정에 있다면 그 사이에 약 10%의 내용이 사라지거나 왜곡된다.

말 이외에 송신자의 의사소통에 영향을 미치는 요소로는 음성, 감정 상태 그리고 타인에 대한 감수성이 있다. 여기서 타인에 대한 감수성은 생각을 제대로 이해하고자 하는 타인의 열망을 말한다. 많은 경우 음성을 통해 감정(정서) 상태가 나타나는데, 이 감정 상태는 의사소통 과정에서 내용이 수신자가 가진 감정의 강도만큼 채색되어 왜곡되기도 하고 곡해되기도 한다.

② 수신은 송신자의 메시지가 수신자에게 전달되는 과정이다. 효과적인 수신자가 되기 위해서는 적극적 경청이 필요하다. 말은 말의 속도, 목소리의 크기 및 높이와 같은 음성 요소, 자세, 몸짓, 얼굴 표정과 눈 깜박임, 호흡의 형태와 같은 생리적 반응을 통해 전달된다.

의사소통의 기술

의사소통을 잘하기 위해서는 관심 기울이기, 경청하기, 자기 노출, 피드백 주고받기, 직면하기 기술이 요구된다.

관심 기울이기

관심 기울이기는 상대방의 메시지를 정확히 이해할 수 있는 수단이며, 상대방을 존중한다는 점을 보여 주는 방법이다. 좋은 자세를 취한다. 상냥한 얼굴 표정과 음색으로 대한다. 즉각적인 언어 및 비언어 반응을 보인다. 예를 들어, 고개를 끄덕여 보이거나 "예, 그랬군요.", "아, 그래요?", "맞아요!" 이와 같이 편안한 자세, 적절한 시선의 접촉, 즉각적인 언동 반응 등과 같은 관심 기울이기 행동은 상대방에게 우리의 관심과 존경을 전달하는 데 많은 도움을 주기 때문에 효과적인 상호 작용을 강화해 줄 뿐 아니라 생산적인 인간관계 형성과 발달에도 크게 이바지하게 된다.

의사 확인하기

의사소통의 정확성을 증진하려면 의사 확인의 의미를 이해하며 의사 확인의 기법을 습득해야 한다. 의사 확인이란 상대방의 생각, 정보 혹은 제안을 그가 의도한 그대로 정확히 이해하는가를 확인하는 것을 말한다. 타인의 말이나 내용에 대하여 어느 정도로 정확히 이해하는가를 나타내 보이는 방법이다. 우리는 상대방과 대화할 때 상대방의 말이 끝나기가 무섭게, 때로는 채 끝나기도 전에 자신의 생각을 주장하기 위해 자기가 하고 싶은 말을 준비한다. 그 결과 상대의 진정한 의사를 정확히 이해하지 못한 채 자신의 주관적 가치관에 입각한 동문서답식 반응을 보일 가능성이 높아진다.

지각 확인하기

지각 확인이란 우리가 상대방의 느낌과 경험을 그것들이 일어나는 그 순간에 정확히 이해하는가를 확인해 보는 기법이다. 이 기법은 메시지의 정의적 측면에 초점을 두고 앞에서 소개된 의사 확인에 보충적 역할을 해 주는 것이다. 상대방의 느낌과 경험에 대한 우리의 지각은 보통 그 상대방의 말, 음조, 몸짓, 또는 얼굴 표정보다는 자기 자신의 주관적인 느낌, 두려움, 혹은 소망 등에 의하여 좌우된다. 죄책감을 느끼고 있다면, 상대방이 나에게 분노하고 있거나 나를 비난하는 것처럼 지각하기 쉽다. 열등의식은 상대방의 웃음을 자신에 대한 비웃음으로 지각하기 쉽다.

느낌 말해 주기

자기 자신의 느낌을 과격한 행동이나 판단 및 강요 없이 있는 그대로 솔직하게 말로 극복할 수 있는 능력이다. 자기 자신의 느낌을 말로 표현하는 것이다. 느낌을 갖는다는 것은 인간에게 자연스러운 일이다. 다만 느낌에 대한 부정적인 문화적 규범의 영향으로 느낌을 있는 그대로 수용하고 이를 건설적으로 활용하도록 학습하지 못했을 뿐이다. 우리는 보통 자신의 느낌을 부인하거나 무시하려고 노력한다.

느낌을 말로 보고하는 첫째 방법은 "나는 화가 났습니다.", "나는 기쁩니다." 등과 같이 특정 느낌을 확인한 후 그것을 말로 이야기하는 것이다. 우리는 다양한 인간의 느낌들을 모두 포괄해서 활용할 이름들을 가지고 있지 않다.

느낌을 진술하는 둘째 방법은 "나는 큰 연못에 있는 한갓 작은 개구리에 지나지 않는 것처럼 느낍니다.", "나는 오른 팔을 잃어버린 기분입니다." 등과 같은 비유법을 쓰는 것이다.

느낌을 진술하는 셋째 방법은 "나는 당신을 업어 주고 싶은 느낌입니다.",

"나는 너를 한 대 때리고 싶은 심정이야.", "나는 이 자리를 떠나고 싶다." 등과 같이 특정 느낌이 우리로 하여금 어떤 행동을 하고 싶어 하도록 만드는 그 사실을 말로 보고하는 것이다.

피드백 주고받기

타인의 행동이 자신이나 타인에게 어떤 결과를 초래하게 되는지에 대해 효과적인 방법을 말해 주는 것이다. 자세히 말하면, 피드백은 상대방에게 그의 행동의 결과가 어떠한지에 대하여 정보를 제공해 주는 것을 말한다. 다시 말해서 그의 행동이 나 자신의 행동에 어떤 영향을 미치는가에 대해 그에게 직접 말로 보고해 주는 것이다.

의사소통에서 건설적인 피드백이 효과적으로 활용되지 못하는 이유는 무엇일까? 신뢰감이 발달되지 않았을 때, 나의 말을 오해하거나 나의 말에 화를 내거나 반격하고 징벌을 내리거나 하는 결과가 예측될 때 사람들은 피드백을 주저하게 된다. 피드백은 관계 개선을 위한 선의에 입각할 때 그 효과를 발휘한다. 부정적이고 비판적인 피드백만을 계속적으로 주게 되면 그 결과는 파괴적이 된다. 피드백을 줄 때는 상대방의 긍정적인 면과 부정적인 면을 균형 있게 취급하도록 유의해야 한다. 효과적인 피드백 받기의 예를 3가지 들어 보면 다음과 같다.

"저의 행동을 그렇게 보셨군요."

"솔직하게 말해 주셔서 고맙습니다."

"저의 행동에 대하여 한 번 생각해 보겠습니다."

대화는 고통이 아닌 행복의 도구다

우리는 대화를 고통스럽게 생각하는 사람도 만나고 대화를 통한 소통을 행복의 도구로 생각하는 사람도 만난다. 대화를 고통스럽게 생각하는 사람 중에는 어린 시절에 경험한 부모와의 역기능적 의사소통의 희생자가 많다. 성인이 되어 직장과 사회에서 대화할 때도 대화 상대를 부모와 오버랩시켜 반응하면서도 이를 자각하지 못하고 대화는 어렵고 피하고 싶은 것으로 치부해 버린다. 부모와 자녀가 원만한 의사소통을 하는 데 걸림돌이 되는 것은 명령하기, 충고하기, 회유하기, 심문하기, 도덕적 판단하기, 빈정대기 등이다.

치열하지만 즐거운 토론과 논쟁

잘 듣고 공감하기

오랜 기간 나는 스스로 세운 좌우명을 지키려고 노력해 왔다. "형제적 사랑으로 서로 사랑하고 다투어 남을 존경하는 일에 뒤지지 말자."는 성서 말씀이다. 남을 존경하는 일에 뒤지지 않는다는 것은 쉬운 일이 아니다. 이 결심을 실천하며 살려면 타인을 바라볼 때 단점보다는 장점을 보려는 노력이 선행되어야 한다.

나는 이따금 학생들로부터 질문을 받는다. "하루에 여러 건의 상담을 하다 보면 너무 소진되지 않나요?" 그때 이렇게 대답한다. "상담하는 그 순간을 내 생애의 절정 경험의 시간으로 내담자와 함께 온전하게 머물려고 노력한다. 상담하는 그 시간이 내 삶에서 경험하는 최상의 시간이다. 이런 마음을 먹으면 내담자에게서 강점을 쉽게 찾아내고 내담자가 가진 강점에 내 스스로 감화를 받는다. 저렇게 좋은 강점이 있는데 왜 그것을 보지 못할까 하는 안타까운 마음이 들면서 알려 주고 싶고 깨닫게 해 주고 싶은 마음이 든다. 어찌 그 순간이 행복하지 않을 수 있을까?"

상담하는 그 시간에 온전히 머물려면 잘 들어야 한다. 상담에서는 경청이라고 한다. 청(聽)이라는 글자를 풀어 보면, 잘 듣는 사람은 모든 사람의 마음을 하나로 일치시키는 지도자라는 의미를 담고 있다. 지도자의 덕목 중 하나가 잘 듣는 것, 즉 경청하고 공감하는 능력이라는 뜻이다. 적극적인 경청과 공감은 사랑이다.

경청은 상대의 말을 문자 그대로 이해하는 것이 아니라 그 말의 의미까지 이해하려 노력하는 것을 말한다. "이 사람은 어째서 이런 식의 이야기를 하는 것일까? 어떤 마음에서 이런 이야기를 하는 것일까?" 이런 의문들을 갖고 내담자를 이해하려고 노력하는 적극적인 자세가 중요하다. 상담사가 적극적으로 경청한다는 것을 알게 되면 내담자는 자신의 마음을 솔직하게 그 어떤 것에도 구속받지 않고 이야기할 수 있고 그 과정에서 내면적인 변화를 경험할 가능성이 높다.

즐겁게 논쟁하기

영어에 능숙하지 않은 한국 남성이 유대인 친구와 함께 차량을 구입하기 위해 대리점을 찾았다. 한국 남성을 도와 차량을 선택해 줄 유대인 친구는 대리점 직원에게 6시간에 걸쳐 차량에 대한 많은 의문을 질문하고 또 질문했다고 한다. 그 이야기를 들은 나는 한국인인 우리가 보강해야 할 점을 유대인들이 갖추고 있다는 생각이 들었고 부러운 마음마저 들었다.

구매할 물건에 대한 질문은 고객으로서 당연한 권리이긴 하지만 달리 생각하면 그 과정에서 대답해야 하는 대리점 직원에 대한 존중과 사랑하는 마음이 있었을까 하는 의문을 가질 수도 있다. 한국인들은 토론과 논쟁을 하는 중에도 타인에 대한 존중과 배려라는 감정이 올라와 질문을 망설이는 면이 강하다. 한국인들은 존중과 배려가 바탕이 된 질문을 하면서도 마치 숙제처럼 토론과 논쟁이 가능한가에 대한 생각을 하는 것 같다. 질문하지 않고 사는 사람이 감정을 억압하며 살 것이라는 것은 자명하다. 질문한다는 두려움을 벗어던지고 질문할 수 있을 때 비로소 감정을 잘 표현하는 사람이 되는 것이다.

토론과 논쟁에서 기본 원리는 '지는 것이 이기는 것'이다. 상대에게 승복을 당했을 때의 느낌을 기쁨으로 경험하고, '토론과 논쟁은 치열해야 하고 즐겨야 한다.'는 것에 동의할 수 있기 위해서는 많은 훈련이 필요하다. 또한 '논쟁은 신뢰를 키워 준다.' 마음이 넓어서 그릇이 큰 사람은 타인이 나를 어떻게 생각할까를 고민하지 않고 배움의 길로 들어설 수 있다. '논쟁하고 또 논쟁하라.' 미래 사회에 살아남기 위해서는 질문하고 또 질문하고, 논쟁하고 또 논쟁할 수 있도록 그 방법을 배우고 익혀야 한다고 생각한다.

상담,
질문과 대화의 하브루타

이정미

상담 단계에서의 질문

상담에서 질문은 개방형 질문과 폐쇄형 질문으로 나뉜다. 개방형 질문은 내담자가 자신만의 방식을 표현할 수 있는 기회를 주는 질문이며, 폐쇄형 질문은 "예" 또는 "아니오"로 대답할 수 있는 질문을 말한다. "기분이 어땠어요?"는 개방형 질문이고, "기분이 나빴어요?"는 폐쇄형 질문이다. 상담은 상담사와 내담자가 만나기 시작해서 종결에 이르기까지 수많은 개방형 또는 폐쇄형 질문과 대화로 이루어지는 일련의 과정이라고 말할 수 있다.

50분에서 60분을 1회기로 하는 상담은 1~2번의 만남으로 내담자의 문제가 해결되어 종결하게 되는 경우도 있지만 오랜 기간의 상담이 필요한 경우도 있다. 상담 과정은 문제의 정의에서부터 바람직한 행동의 실천에 이르기까지 크게 5단계로 구성되며 각 단계에 적절한 질문과 대화가 오고간다.

상담 질문에서 가장 중요하게 초점을 두어야 하는 것은 '이 질문이 상담사의 궁금증이 아닌 내담자에게 도움이 되는 질문인가?'다. 내담자에게 도움이 되는 질문을 하려면 반드시 내담자의 말을 경청하고 공감해야 한다.

질문은 하브루타의 핵심이기도 하다. 질문 없이는 하브루타를 할 수 없다. 하브루타의 시작은 상호 간에 활발하게 질문하는 것이다. 상담에서도 질문이 매우 중요하기에 하브루타는 상담에서도 매우 효용성이 높다.

사례 개념화 및 구조화 단계

내담자의 걱정거리, 문제, 찾아온 이유를 탐색하는 단계다. 우리나라처럼 '어른답다, 어른답지 못하다.'의 구분이 명확한 나라에서 자신의 문제를 해결하기 위해 남에게 자신의 이야기를 털어놓는다는 것은 큰 용기를 필요로 하는 일이다. 그런 용기를 가진 내담자를 위해 상담사는 내담자의 말을 주의 깊게 경청하면서 비언어적 행동을 관찰하고 문제를 파악하기 위해 집중한다. 내담자가 자신이 해결하고자 하는 것을 명료화할 수 있도록 질문하고, 대화하면서 내담자와 상담사는 서로 한 가지 목적을 함께 달성하기 위한 동맹을 맺는 중요한 관계가 된다. 첫 만남에서 던지는 첫 질문은 상담이 나아가야 할 방향과 구조를 분명히 해야 하는 중요한 단계다.

촉진적 관계의 형성

상담사와 내담자가 서로 솔직하게 대하고 신뢰하는 관계를 형성하는 단계다. 상담사는 전문적으로 숙련된 질문과 대화를 통해 내담자로 하여금 상담에 대해 내담자 자신이 긍정적으로 변화할 것이라는 기대를 갖도록 한다.

목표 설정 및 문제 해결을 위한 노력

해결하고자 하는 주제에 대한 내담자의 감정을 촉진하고, 제시된 문제를 구체적으로 정의하는 단계다. 상담사는 현재의 행동과 바람직한 목표 행동의 차이를 내담자가 자각하도록 질문하고, 문제 해결 과정에서 내담자가 실제적인 노력을 기울이도록 돕는다. 내담자가 원하는 목표가 내담자가 진정으로 원하는 목표가 아닌 경우도 많다. 이 단계에서는 내담자의 삶에서 일어난 중요 사건과 경험을 분명히 재인식하도록 돕기 위해 질문하고 대화하며 내담자가 진정으로 원하는 변화를 탐색할 필요가 있다.

실천 가능한 행동의 계획

상담을 하는 동안에 내담자는 삶 속에서도 모든 주어진 문제를 잘 해결해 나갈 것 같은 생각이 들 수 있다. 실제 생활에서는 적용이 쉽지 않은 경우가 많다. 내담자가 새롭게 깨닫게 된 것들이 실생활에서 실현되기 위해서는 내담자의 의사 결정이나 행동 계획을 구체적으로 점검하고 실천 가능한 계획을 세우도록 도울 필요가 있다. 내담자가 어려워하는 상황에서 어떻게 행동하는지에 대해 구체적으로 질문하고, 다시 그 상황이 재현된다면 어떻게 행동하고 싶은지, 내담자가 할 수 있는 행동인지 질문하고 계획해야 하는 단계다.

상담 목표의 평가와 종결

종결은 상담사와 내담자의 합의로 이루어진다. 내담자의 판단으로 종결을 결정하는 경우, 다시 문제가 발생할 것에 대한 걱정으로 불안을 경험할 수 있다. 상담사의 판단으로 종결을 결정하는 경우 내담자가 자신을 거부하는 것으로 받아들일 가능성도 있다. 상담사는 내담자가 서서히 종결을 준비할 수 있도록 2~3주의 간격을 두고 상담을 종결하는 것이 좋다. 상담이 진행되는 동안 내담자와 합의하에 결정한 목표에 얼마나 달성했는지 평가할 수 있다. 목표에 도달하지 못한 경우 그 이유를 함께 탐색하기 위한 질문이 필요하다.

상담 이론을 바탕으로 한 질문

상담은 예술이라는 말이 있다. 같은 문제를 가진 내담자를 다시 만날 수 없는 만큼 모든 상담은 고유하다는 의미다. 따라서 상담에서의 질문과 대화는 전적으로 '내담자의 안녕'에 초점을 둔다. 상담에서 강조하는 것은 질문보다는 공감이다. 상담 이론에는 구체적인 구조와 체계 안에서 질문을 통해 내담자가 목표에 다가갈 수 있도록 안내하는 이론이 있다. 그중에서 정신분석적 상담, 아들러학파 상담, 현실 치료 상담, 해결 중심 상담을 살펴보면 다음과 같다.

정신분석적 상담에서의 질문

정신분석적 상담에서의 목표는 첫째, 무의식을 의식화하고, 둘째, 자아를 강하게 하여 행동이 본능의 요구보다는 현실에 바탕을 두도록 하는 것이다. 아동기 경험을 재구성하고, 토의·해석·분석하며, 성격 변화에 필수적인 자기이해의 수준을 높인다.

정신분석적 상담에서는 상담에서 나타나는 발달적 과업을 이해하기 위해 개념적 틀이 필요하다. 각 발달 단계에서의 시련이나 핵심적 요구, 발달 과제 등은 상담에서 탐색해야 할 핵심 갈등을 이해할 수 있게 해 준다. 상담의 방향을 결정하는 질문은 다음과 같다.

- 생애주기에 따른 발달 과업을 잘 밟아 왔는가? 이 과업이 상담과 어떤 관련이 있는가?
- 내담자의 발달사 속에 지속해서 나타나는 주제는 무엇인가?
- 생애의 다양한 시점에서 내담자의 관심사는 무엇인가?
- 내담자의 삶의 어떤 시기에 원하는 선택을 하려 할 때 어떤 어려움에 직면하는가?
- 현재 경험하는 문제와 초기 생애의 중요한 사건은 어떤 관계가 있는가?
- 결정적 시기에 어떤 결정을 했고, 위기가 있었다면 어떻게 극복했는가?
- 내담자가 살아온 시대적, 사회적 배경은 어떠한가?

아들러 학파 상담에서의 질문

아들러 학파 상담의 기본 목표는 내담자의 소속감을 발전시키고 공동체감과 사회적 관심이라는 특징을 가진 행동과 과정을 받아들이도록 하는 데 있다. 상담사는 내담자가 가진 그들만의 생활양식을 이해하도록 돕는다. 아들러 학파의 상담사들은 내담자가 갖고 있는 잘못된 신념, 잘못된 가치, 삶에 도움이 되지 않는 목표로 인해 실망하고 비효율적으로 행동할 수 있다고 본다. 초기 회상을 요약·해석하여 내담자의 생애에서 중요한 성공과 실수를 확인하는 질문과 대화를 한다. 그 과정에서 5가지 오류, 즉 내담자의 과잉 일반화, 잘못되었거나 불가능한 목표, 삶의 요구에 대한 잘못된 지각, 자신의 기본적 가치에 대한 과소평가 또는 부정, 잘못된 가치관을 확인한다.

-가족은 누구누구인가? 내담자는 몇 형제 중 몇 번째인가?

-가정에서 가장 귀여움을 받은 자녀는 누구였는가?

-아버지 또는 어머니를 많이 닮은 자녀는 누구였는가? 어떤 면에서 닮았는
  가?

-형제자매들 중 내담자와 가장 다른 사람은 누구였는가? 어떤 면에서 달랐
  는가?

-형제자매들 중 내담자와 가장 닮은 사람은 누구였는가? 어떤 면에서 닮았
  는가?

-어렸을 때 내담자는 어떤 아이였나?

-부모의 관계는 어떠했는가? 두 사람이 어떤 면에서 의견이 일치했는가?

-부모가 의견이 달랐을 때 어떻게 했는가?

-부모는 자식을 어떻게 교육시켰는가? 누가 주로 양육에 참여했는가?

-부모님이 내게 어떤 기대를 했는가?

현실 치료에서의 질문

  현실 치료는 문제의 원인이 되는 불만족스러운 관계 또는 관계의 결여에 관
심을 기울인다. 따라서 현실 치료의 목표는 내담자들이 자신의 세계에서 자신
이 선택한 사람들과 관계 또는 재관계를 맺도록 도와주는 것이다. 상담사는 현
실 치료에서 제시한 5가지 욕구, 즉 생존, 사랑과 소속, 힘, 자유, 즐거움의 욕구
를 충족하기 위한 더 좋은 방법을 선택하도록 돕는다. 내담자의 선택이 그들의
삶에 효과적이었는지 생각하도록 질문한다. 상담사는 불평하기, 비난하기, 비
판하기 등에 귀기울이지 않으며 선택과 책임을 강조한다. 현실 치료 상담사는

바람, 행동, 평가, 계획(WDEP : want, doing, evaluation, plan)의 전략 과정에 따라 질문한다.

want 질문

-당신이 원하는 것은 무엇인가요? 그중에서 가장 원하는 것은 무엇인가요?

-당신이 되고 싶었던 사람이 되었다면, 당신은 어떤 사람이 되어 있을까요?

-당신과 가족이 원하는 것이 다 이루어졌다면, 지금 당신의 가정은 어떤 모습일까요?

-당신이 원하는 방식대로 살고 있다면, 당신은 무슨 행동을 하고 있을까요?

-진정으로 당신의 삶을 변화시키기를 원합니까?

-당신이 원하지만 얻지 못할 것 같은 것은 무엇입니까?

-당신이 원하는 변화에서 걸림돌은 무엇이라고 생각합니까?

doing 질문

-당신이 원하는 것을 위해 어떤 행동을 했나요? 가장 최근에 성공한 경험이 있나요?

-지금은 무엇을 하고 있나요?

-지난주에는 무엇을 했나요?

-지난주와 다르게 하고 싶은 것은 무엇인가요?

-당신이 하고자 하는 것을 못하도록 방해하는 것은 무엇인가요?

-내일은 무엇을 할 예정인가요?

-당신의 행동은 원하는 것을 얻는 데 도움이 되었나요? 방해가 되었나요?

-당신의 행동은 당신이 하고자 했던 행동인가요?

-당신의 행동과 신념은 일치하고 있나요?

-당신의 행동은 규칙에 어긋나는 것인가요?

-당신이 원하는 것이 현실적이고 실현 가능한 것인가요?

-당신의 관점은 당신에게 도움이 되나요?

-당신의 생활 변화를 위해 얼마만큼 노력하였나요?

-당신이 원하는 것은 당신에게도 최선이고 타인에게도 최선인가요?

plan 질문

-당신의 행동이 도움이 되지 않았다면 다른 어떤 계획을 세울 수 있을까요?

-계획은 단순하고 이해하기 쉬운가요?

-계획은 긍정적인가요?

-계획은 실천 가능한가요?

-계획은 일상적이고 매일 실천할 수 있는 것인가요?

해결 중심 접근에서의 질문

해결 중심 접근에서는 내담자를 자신의 삶에 대한 전문가로 간주한다. 상담사는 내담자의 문제를 과학적으로 사정하고 개입하는 전문가가 아니다. 내담자가 자신의 삶에서 변화하길 바라는 것이 무엇인가, 그 문제가 해결되었을 때 내담자의 생활에 무엇이 달라질 것인가, 문제가 없는 예외 상황에 대한 내담자의 인식은 어떠한가에 대한 질문이 해결 중심 접근의 기본이 된다. 상담사는 내담자의 준거틀을 탐색하고 내담자가 더욱 만족스러운 삶을 살 수 있도록 인식을 갖도록 돕는 전문가다. 내담자의 변화 가능성에 대해 제한 없이 자유롭게 생각하도록 한다. 또한 미래에 초점을 두어 지금보다 더 나은 미래에 관심을 돌리도록 돕는다. 이어서 구체적인 질문을 통해 막연한 생각을 생생하고 달성 가능한 미래로 만들어 가도록 기회를 제공한다.

-제가 어떻게 도와드릴 수 있을까요?

-원하는 것을 위해 무엇을 시도해 보셨나요?

-삶 속에서 무엇이 달라지길 원하시나요?

-만약 문제가 해결된다면, 어떤 일이 일어날까요?

-만일 어머니가 여기 계시다면 문제가 해결된 당신을 보고 무엇이라고 말씀 하실까요?

-기적이 일어난다면 무엇이 달라질까요?

-기적이 일어나서 문제가 다 해결이 된다면, 당신은 그것을 어떻게 알 수 있 을까요?

-지난 한 주간 문제가 일어나지 않았거나 적어도 문제가 심각하지 않았던 때가 있었나요?

-어떤 경우를 0에서 10까지 척도로 측정한다고 하면 오늘은 어느 정도나 될 까요?

-(6점이라면) 6점을 구성하고 있는 것은 무엇인가요?

-(6점이라면) 7이 되려면 무엇이 달라져야 할까요?

상담에서의 하브루타 효용성

실제로 상담의 초심자가 내담자를 만나면 어떻게 대화를 시작해야 할지 막막하다. 과연 내담자가 내놓은 문제를 내가 잘 해결해 줄 수 있을까 하는 걱정이 앞서고, 그간 배운 모든 이론이 머릿속에 뒤죽박죽되어 당황하게 된다. 초등학교로부터 시작된 배움의 과정에서 짝을 이루어 하는 대화를 경험한 적이 없기 때문이다. 어른과의 대화는 어른의 가르침을 듣는 시간이었고, 아랫사람과의 대화는 나의 평가나 판단을 전달하는 시간이었다.

상담을 처음 배울 때 나는 내담자의 문제를 잘 해결해 주는 '유능한' 상담사가 되고 싶었다. 상담에 대한 배움이 늘어나고 상담 경험이 쌓일수록 상담사의 능력이나 역할보다는 내담자가 가진 긍정적인 자원과 에너지가 더 중요한 요소임을 깨닫게 되었다. 시간이 흐를수록 상담은 나와 내담자와의 신뢰를 바탕으로 질문하고 대화하면서 서로의 삶에서 변화를 경험하는 소중한 시간임을 확신하게 되었다. 상담사의 목표도 자연스럽게 내담자와 함께 이 여정을 어떻게 함께 할 것인가로 바뀌게 되었다.

전문 상담사의 입장에서 볼 때, 하브루타가 가진 'I'm OK. You're OK.' 태도는 교류 분석과 맞닿아 있다. 교류 분석은 인간은 OK이며, 자신의 삶을 위해 재결단할 수 있고 자율성을 갖고 있다고 주장한다. 하브루타는 이 명제를 다 충족하고 있다. 나와 짝이 되어 대화하는 사람을 신뢰하지 않고서는 좋은 질문과 토론·논쟁은 이미 의미가 없다. 삶을 변화시키고 싶다는 결단과 자신과 서로를 신뢰하는 태도가 있기에 하브루타는 그 자체로 행복한 경험이다.

자신과 타인의 존재를 긍정하는 사람은 질문을 두려워할 필요가 없다. 나의 질문은 우리에게 적절하며, 질문을 받는 사람은 편견 없이 나의 말을 들어줄 것이다. 나에게 자신의 의견을 진솔하게 이야기해 줄 것이라는 믿음이 바탕이 되어 있는 것이다. 다른 가치관이나 관점으로 인해 토론과 논쟁이 격해진다 하더라도 이는 서로의 자타긍정을 확인해 주는 과정일 뿐이다.

상담사는 내담자를 가치 중립적인 위치에서 보려고 노력하지만 개인의 가치관이 배제된 채로 상담이 이루어지기는 현실적으로 매우 어렵다. 특히 어른 자아와 비판적 어버이 자아가 높은 청소년 내담자의 경우는 상담사와의 토론과 논쟁 자체를 즐기는 경우도 있다. 이때 하브루타를 활용하면 좋다.

둘이 대화를 할 때 반드시 둘 중 한 사람의 의견이 더 나아야 하는 것도 아니고 상대의 의견에 승복할 필요도 없다. 같은 주제를 서로 다른 시선으로 바라본다는 것과 나의 관점을 서로에게 설명하고 이해시키려 노력하는 과정 자체가 지적인 즐거움이다. 두 사람 간의 신뢰의 본보기를 경험하게 하는 것이다.

부모와의 관계에서 실망을 경험한 청소년은 성인인 상담자 또한 자기 부모와 다를 것이 없을 것이라 확신하고 상담에 임한다. 이들과 짝을 이루어 대화하고 토론하고 논쟁한다는 것은 애초부터 불가능할 것 같다는 절망감을 느낀 적이 한두 번이 아니다. 그들도 최선의 노력을 다한다. 다만 노력의 결과가 좋지 않았고, 문제로 드러났으며, 가족과 학교로부터 비난을 받았을 뿐이다. 상담사가 내가 너의 힘듦을 알고 싶어 한다, 이해하고 싶어 한다, 도와주고 싶다는 의미를 담은 질문을 할 때 청소년 내담자는 생애 처음으로 대화를 경험한다.

상담사는 내담자를, 내담자는 상담사를 신뢰하고 있으며, 더 나은 삶을 향해 함께 가는 좋은 동반자라는 것을 경험할 수 있는 가장 좋은 방법이 바로 '하브루타'라고 생각하기에 하브루타를 상담 과정에 활용할 것을 적극 권장한다.

질문으로 재무설계하다

김금란

탈무드 : 하브루타로 배우다

돈과 관련된 일을 하면서 한 번쯤 탈무드로 질문과 토론이 난무(?)하는 수업을 해 보고 싶었다. 형식에 얽매이지 않는 정답과 진도가 없는 수업을 말이다. 생각해 보면 나의 학창 시절은 5지선다형의 객관식 정답과 외워서 기술하는 주관식 정답에 익숙해져야 했던 시간이었다. "왜?", "어떻게?"라는 질문은 금기였다. 직장 생활을 할 때도 마찬가지였다. 눈총 받지 않고 자유롭게 질문할 수 있는 문화는 먼 나라 이웃 나라 이야기였다. 그건 나만의 이야기는 아닐 것이다. 대한민국 사람이라면 대부분 주입식 교육에 길들여져 정답만을 받아들이는 문화에서 당연한 듯 살아왔다. 시대가 변했다. 이제 정답이 아니라 질문이 시대의 화두가 되고 있다. 최고의 해답은 최고의 질문에서 비롯한다는 점을 이제야 깨달은 걸까?

탈무드는 유대인의 지혜의 상징처럼 불리는 책이다. 유대인들이 지혜를 얻는 방법 중 하나가 질문과 토론이며 이를 '하브루타'라고 부른다. 탈무드는 그런 질문과 토론의 책이다. 탈무드에 대한 로망은 부에 대한 유대인의 철학과 그들의 성공이 탈무드에서 비롯했다는 것을 알았을 때부터였다. 실제로 탈무드에는 이런 말이 있다. "돈이 많으면 어리석은 자도 지혜로워 보이고, 돈이 없으면 지혜로운 자도 어리석은 자로 보인다." 탈무드가 나에게 매력적이게 다가온 가장 큰 이유이다.

세계적인 부자들 중에는 유대인이 유독 많다. 물론 그들이 탈무드를 배워서 슈퍼리치가 되었다고 단정 지을 순 없다. 탈무드를 타고 전해 내려오는 질문과 토론의 전통이 그들의 사고나 습관 그리고 부의 축적에 크게 영향을 미쳤으리라 생각한다.

로망은 현실이 되었다. 1주일에 하루 3시간씩 탈무드 마니아들과 함께 탈무드 원전 중 하나인 피르케이 아보트를 하브루타 스타일로 수업하게 된 것이다. 본격적인 탈무드 수업을 하면서 나에게 많은 변화가 일어났다.

매주 정해진 시간에 수업을 하다 보니 내 삶과 일에 대해 반복적으로 질문하는 습관이 생겼다. 반복적인 질문은 막연했던 생각을 구체화시키고 실행하는 힘이 되었다. 문제가 발생하면 임시방편의 해결법보다는 본질적인 원리와 가치를 찾아 근본적인 해결책을 추구하려는 습관도 생겼다.

가끔은 철학자나 생각할 법한 질문을 생각해 내고는 스스로 감탄할 때가 있다. 오래도록 그려 왔던 삶의 방향성에 대한 고민들이 탈무드 하브루타 수업을 만나 매주 업그레이드되고 있다. 질문을 통한 끊임없는 성찰은 나를 평범한 직업인에서 철학이 담긴 전문가로 발전하도록 돕고 있다.

체다카 : 세상을 지탱하다

피르케이 아보트 1:2에 이런 구절이 있다. "세상을 지탱하는 3가지가 있는데, 토라와 예배 그리고 선행이다." 토라와 예배는 기독교인이기에 쉽게 받아들였다. 다만 세 번째 '선행'이 어째서 세상을 지탱할 만큼 중요하다는 것일까에 질문이 생겼다. 선행은 다른 사람을 도와주는 것 정도로 단순하게 여겨 왔던 터라 그것이 나와 공동체를 건강하게 지탱하는 힘이고 더 나아가 나를 이롭게 한다는 것은 미처 깨닫지 못했다.

선행의 시작은 체다카(의무적 자선)라고 한다. 체다카는 한마디로 남을 물질적으로 돕는 행위이다. 체다카는 선한 마음을 갖게 하고 공동체에 관심을 두게 하며 무엇보다 인격 형성에 꼭 필요한 실천 덕목이다. 유대인들은 선행이 왜 세상을 지탱할 만한 힘이 있다고 믿는 것일까? 토라는 절대 불변의 하나님의 말씀이고, 예배는 믿음의 행위로서 배우고 익히는 것이며, 선행은 그 배운 바를 삶에서 실천하는 것이다. 선행의 실천은 토라의 이상을 구체적인 삶에 실현하는 것이며 이 세상을 극적으로 바꾸는 것이다. 유대인들에겐 이 세상을 살기 좋은 곳으로 고친다는 '티쿤올람' 사상이 있는데, 그 사상을 실현하기 위해서 그들은 선행을 무척 강조한다. 아이들에게 체다카를 몸에 배게 하려고 어렸을 때부터 훈련시키고 세뇌시키는 이유이기도 하다.

유대인은 부를 수레바퀴에 비유한다. 수레바퀴가 늘 돌아다니듯이 부도 한 곳에 영원히 머물지는 않는다는 것이다. 부자가 영원히 그 부를 누릴 순 없으며 가난한 자라고 해서 항상 가난에 처하지도 않는다. 또 부자를 심장에 비유한다. 심장은 온 몸의 피를 모아다가 다시 온 몸으로 퍼 나르는 장기다. 몸의 모든 세포는 심장이 날라다 주는 피에 의지한다. 심장은 생사를 결정할 만큼 몸에서는 가장 중요한 장기다. 보통 돈을 혈액에 비유하곤 하는데 부자는 공동체에서 심장 역할을 하는 것이다.

만약 심장이 탐욕을 부려 혈액을 모으기만 하면 어떻게 될까? 심장은 터져서 죽고 몸의 다른 세포들은 피가 모자라서 죽을 것이다. 부자가 부를 영원히 소유할 것처럼 세상에 흘려보내려 하지 않고 "나 혼자만 잘살면 되지 이웃이 무슨 상관이람?"이라고 생각한다면 결국 자신과 공동체 모두를 파멸에 이르게 된다. 부자의 탐욕을 제어하는 방법으로 체다카만 한 것이 없고, 체다카를 실천하는 사람이야말로 진정한 부자라는 것이다. 그 예로 세계 최고의 부자인 페이스북의 마커 저커버그는 지난 2015년에 자기가 갖고 있는 페이스북 주식의 99%를 기부하겠다고 선언했다.

선행을 통한 부의 선순환은 가난한 자를 살릴 뿐만 아니라 부자가 오래도록 그 부를 유지하는 비결이다. 유대인이 아니더라도 재무 상담에서 만나는 성공한 부자들은 대부분 주변에 선한 영향력을 주고 싶어 한다. 부와 명예를 가지고 성공이라는 반열에 선 사람들은 공통적으로 나눔과 공유 그리고 사회공헌을 이야기한다. 아직 스스로 만족할 만큼의 부자가 아닐지라도 선행의 삶을 실천하는 고객들을 자주 만나게 된다. 다행히 부에 대한 새로운 관점을 가진 사람이 아직 많다.

탈무드 수업에서 나눈 한 주제인 황금과 소금의 이야기는 매우 흥미로웠다. 황금은 마치 고기와 같아서 쌓아 두기만 하면 부패하기 마련이다. 고기를 썩지 않게 하려면 반드시 소금이 필요하듯이 황금을 썩지 않게 하려면 체다카가 필요하다. 소금이 부패도 막고 음식의 맛도 내듯이 황금과 함께하는 체다카는 부자를 부패하지 않게 하며 덕을 쌓아 사람들로부터 존경과 명예를 얻게 한다.

체다카로 대표되는 나눔과 공유는 이제 나의 성공이나 다른 사람을 평가하는 기준으로 자리매김하고 있다. 다시 말하면, 돈을 가지고 나와 가족뿐만 아니라 이 사회를 함께 살아가고 있는 이웃들에게 얼마나 도움을 주고 있는지가 스스로 평가하는 만족한 삶의 기준이 되었다는 것이다. 돈과 삶의 가치가 황금과 소금처럼 밸런스를 맞추는 것이 재무설계의 최선이 아닐까 생각한다.

질문 : 프레임을 바꾸다

나는 돈에 대한 상담과 교육을 하는 독립 재무설계사이다. 직업이 직업인지라 돈에 대한 생각이 남다를 수밖에 없다. 하루에도 몇 번씩 돈을 주제로 상담이나 교육을 진행하기에 돈은 직업상 늘 따라다니는 화두다. 자주 질문하고 답을 찾아보지만, 돈이 무엇인지 한마디로 답하기는 어렵다. 돈 자체는 가치 중립적이지만, 어떤 이에겐 돈이 부모 자식보다 더 귀하고, 또 어떤 이에겐 생명보다 더 중하게 보이기도 한다. 어쩌면 돈은 인간 욕망의 또 다른 이름인지도 모르겠다.

어쨌든 사람들은 돈을 벌기 위해 일을 하고 부자가 되길 꿈꾼다. 부자가 되면 뭐든 할 수 있을 것처럼 생각한다. 자본주의 사회에서 돈은 자신이 원하는 것은 뭐든 실현시켜 줄 수 있는 도깨비 방망이일지도 모른다. 부자가 되고자 하는 욕망에 비해 돈의 개념이나 원리, 구조나 본질에 대해 크게 고민하는 사람은 많지 않다. 삶을 풍요롭게 하는 도구로서 돈을 어떻게 활용해야 할지 모르는 경우를 많이 보게 된다. 오히려 돈이 삶의 목적인 고객들도 자주 만난다. 사람보다 돈을 중하게 여기다가 크게 실패한 사람도 있었다. 반면에 돈을 기꺼이 가난한 사람들에게 나눠 주는 사람도 있다. 그런 사람들은 돈에 대한 철학도 남달랐다.

처음 금융기관에서 일을 시작했을 때부터 나의 관심은 온통 돈을 어떻게 불릴지에 머물러 있었다. 돈을 어떻게 가치 있게 쓸 것인가는 관심 밖이었다. 나의 상담 내용은 어떤 주식을 사서 어느 타이밍에 팔며, 어디에 투자해서 언제 팔아야 가장 좋은 시세차익을 누릴 것인지, 부동산의 저평가된 물건을 고르는 법이나 개발 예상 호재를 찾는 법 등 투자 대비 수익을 극대화하는 방법이 대부분이었다.

투자를 잘해서 수익을 극대화하는 것은 중요하다. 그러나 그보다 더 중요한 것은 그게 얼마나 지속 가능한가이다. 수익 실현으로 형성된 자산이 지속 가능하려면 장기적인 관점에서 재무설계를 해야 한다. "자산 형성을 지속 가능하게 하려면 상담사인 내가 무엇을 어떻게 제안해 줘야 할까?", "이걸 지속하게 하는 고객의 힘은 무엇일까?", "재무설계를 할 때 고객이 돈에 대한 철학이나 소신을 진솔하게 털어놓게 하려면 어떤 질문을 해야 할까?" 자신만의 가치를 담아 돈에 대한 철학을 바로 세우고 자신의 삶에 깊은 의미를 부여할 수 있도록, 자산을 잘 활용하는 방법을 제안하려면 이런 고민은 반드시 필요하다. 고객 재무상담에서 내가 자주 하는 질문을 나열해 보면 다음과 같다.

"충분한 돈이 있다면 제일 먼저 무엇을 하시겠습니까?"

"자신을 위해 가장 먼저 어디에 돈을 사용하시겠습니까?"

"현재 제일 중요한 재무적 관심사는 무엇입니까?"

"돈에 대한 최초의 기억은 무엇입니까?"

"부를 통해 누릴 수 있는 최고의 행복은 무엇이라 생각합니까?"

"고객님을 부자로 만들어 줄 가능성이 가장 큰 분야는 무엇입니까?"

"앞으로 반드시 이루고 싶은 목표 2가지는 무엇입니까?"

"고객님은 주변 사람들에게 얼마나 선한 영향력을 주고 있습니까?"

"고객님이 생각하는 진정한 부란 무엇입니까?"

"돈에 관한 지침이 되는 원칙이나 철학은 무엇입니까?"

"돈이란 어떤 의미입니까?"

재무상담은 돈에 관한 것만 상담하는 것이 아니다. 그 사람 전체를 다루는 매우 광범위한 영역이 모두 상담의 영역이 된다. 고객 개인에게 맞춤형 재무설계를 제안해야 하기 때문이다. 실력 있는 재무설계사라면 고객을 지탱하는 삶의 동기부터 구체적으로 살펴보려 할 것이다. 이어서 돈에 대한 가치와 철학, 자신과 가족, 직업이나 경력, 저축과 투자, 취미나 모임, 꿈과 비전, 가치관과 태도 등 다양한 정보를 파악할 것이다. 좋은 질문은 건전한 재무습관을 형성하는 방법을 고객 스스로 깨닫게 해 준다.

오랫동안 나는 다른 재무설계사보다 비교 우위에 있음을 증명하고 설득하기 위해 많은 시간을 투자했다. 질문으로 상담의 방향을 바꾼 다음부터는 그럴 필요가 전혀 없어졌다. 고객과 함께 최선의 방향을 찾기 위해 끊임없이 질문하고 토론하는 것이 더 중요함을 깨달았기 때문이다.

질문은 고객의 상황을 파악하기 위한 가장 기초적인 공감대를 찾고 삶의 방향에 맞게 돈을 설계하는 도구이다. 재무설계도 본질은 사람이고, 사람을 가장 잘 이해하려면 끊임없이 질문하는 것밖에 다른 방법은 없다. 고객이 나의 의견에 동의하도록 만들 때도 논리적 근거를 대거나 설득하는 것보다 질문이 훨씬 효과적일 때가 많다. 질문은 상대가 자기 스스로 결론에 도달하도록 유도하는 힘이 있다. 지금까지의 고착화된 프레임을 버리고 고객에게 끊임없이 질문해야 한다. 재무설계사가 질문에 주목해야 하는 가장 근본적인 이유이다.

나는 재무설계사로서 다음 5가지 사항을 나의 사명으로 삼고 있다.

-부에 대한 자신만의 철학을 세우도록 도와줄 것

-돈과 삶의 가치가 균형을 이루도록 도와줄 것

-상담과 동시에 재무적 변화가 일어나도록 도와줄 것

-돈에 관한 하브루타 친구가 되도록 노력할 것

-체다카하는 삶을 살도록 먼저 모범을 보일 것

재무설계는 고객을 만나는 순간부터 생을 마감할 때까지 혹은 그 이후까지 전 생애에 걸친 인생 설계가 함께 이루어지도록 돕는 활동이다. 지금은 돈과 삶의 가치를 연결해서 자산으로 만들어 주는 새로운 자산 포트폴리오가 요구되는 시점이다. 이 과정에서 재무설계사는 돈이란 주제를 가지고 고객과 질문하고 토론하는 가장 좋은 하브루타 친구가 될 수 있다.

어떻게 살아가야 의미 있게 잘 사는 것인가? 스스로 자주 질문한다. 고객들에게도 가끔 이런 질문을 할 때가 있다. "우리는 무엇을 위해 사는 걸까요?" 대부분의 고객은 이 질문을 무척 당황스러워한다. 이것은 '내가 죽은 후에 어떤 사람으로 기억되길 바라는가?'와도 유사한 질문이다. 2016년부터 올해까지 3년 연속 미국 최고 병원으로 뽑힌 미네소타주에 있는 메이요 클리닉(Mayo Clinic) 벽에는 '임종에서 하는 3대 질문'이 게시돼 있다고 한다.

-내 인생의 의미는 무엇인가?

-나는 세상을 변화시켰는가?

-내가 세상에 남기는 유산은 무엇인가?

누구나 임종을 맞이하면 가족이나 후세에 어떤 사람으로 기억될 것인지에 대해 한 번쯤 생각해 볼 것이다. "내가 가고자 하는 방향이 과연 다른 사람을 이롭게 하는가?" 삶의 의미에 대한 질문은 가치 있는 삶을 살도록 이끈다. 삶에는 정답이 없지만 내가 세상을 떠난 뒤 누군가는 나의 삶을 평가할 것이다. 나는 과연 어떤 평가를 받게 될까?

재무설계사의 질문은 고객이 돈에 대한 철학을 세우고, 건강하고 현명한 부를 형성하도록 돕는 시작점이 될 것이다.

· 제8장 ·

유대인의
질문 문화

이미란

유대인 교육의 힘

세계 주요 국가들은 21세기 4차 산업혁명 시대에 돌입하며 국가 경쟁력 강화를 위해 창의성을 강조하고 있다. 이러한 시대적 흐름 속에 유대인은 정치, 경제, 교육, 예술, 금융, IT 등에서 가장 창의적인 업적으로 주목받고 있다.

유대인은 인류 역사에 결정적인 영향을 주어 왔으며, 세계 모든 분야의 중심에 서 있다. 물리학계의 아인슈타인, 정신분석학의 프로이트, 세계사의 흐름을 바꾼 마르크스, 경제대통령 벤 버냉키, 마이크로 소프트사의 스티브 발머, 영화감독 스티븐 스필버그, 구글과 페이스북 등 수많은 세계 기업의 CEO가 모두 유대인이다. 그 밖에도 금융계의 로스 차일드, 조지 소로스, 앨런 그린스펀, 록펠러, 언론사인 ABC, BBC, 뉴욕타임지 등 많은 분야에 유대인이 포진하고 있다. 이렇게 다양한 분야에서 괄목할 만한 업적을 이룰 수 있는 유대인의 힘은 어디서 나오는 것일까? 또 이들의 창조적인 업적을 이루는 능력은 언제 어떻게 쌓는 것일까?

영국의 '리처든 린(2006)' 발표에 의하면 한국인의 지능지수는 IQ 106으로 세계 1위이다. 유대인의 지능은 IQ 94로 세계 33번째이다. 우리는 최고의 지능과 세계 최고의 교육열에도 노벨 평화상 외에는 이렇다 할 수상 경력이 없다. 유대인이 우리보다 지능 순위가 낮은데도 노벨상을 30% 이상 수상한 비결은 무엇일까? 세계에서 가장 높은 지능을 갖고 있는 우리나라 교육과 유대인 교육은 무엇이 다르기에 이런 차이가 나는 것일까?

유대인의 지능이 높지 않음에도 그들이 다양한 분야에서 뛰어난 창의성을 나타내는 것은 바로 4,000년 동안 그대로 계승하고 있는 육아법 때문이다. 유대인이 자자손손 계승시키고 있는 전통적인 교육 방법이 지금의 유대인을 있게 한 근간이 된 것이다.

유대인 자녀교육의 목표

나는 어린이집이나 유치원 부모교육 시 강연에 앞서 참석자들에게 "자녀가 어떤 아이로 성장했으면 좋겠습니까?", "자녀교육의 목표는 무엇인가요?"라고 질문하곤 한다. 부모들 60% 이상은 "행복한 아이로 자랐으면 좋겠어요.", "자기가 하고 싶은 일을 했으면 좋겠어요.", "남을 도우며 살아가는 사람이 되었으면 해요."라고 답변한다.

정통파 유대인 부모에게 똑같은 질문을 했다면 어떤 답변이 나올까? 이들은 자녀교육에 대한 분명한 목표가 있다. '하나님을 경외하는 거룩한 자', '세상과 구별되는 성결한 자'로 성장하게 하는 것이 그들의 자녀교육 목표이다.(신명기 6:4-9) 이 목표를 이루면 나머지 것들은 쉽게 이루어진다고 생각한다. 자녀교육의 목표를 이루기 위해 부모가 먼저 토라 내용을 가슴에 새길 정도로 열심히 공부한 후 자녀에게 하브루타 방식을 통해서 부지런히 가르친다.

몇 년 전에 미국 LA 유대인촌을 방문한 적이 있다. 회당에서 새벽예배를 드리고 유대인 랍비 가정에 초대되어 금요일 안식일 식탁예배도 참석하고, 중·고등학교, 대학을 탐방하며 여러 유대인을 만나는 경험을 하였다. 그때 하나같이 하나님의 계명을 지키기 위해 애쓰는 정통파 유대인들의 모습에서 깊은 감동을 받았다. 특히 자녀교육 문제의 해답은 모두 성경에 있다며 그대로 실천하려는 유대인 엄마들의 모습은 실로 많은 것을 생각하게 했다.

유대인 하브루타 유아교육

정통파 유대인 여성들은 결혼하여 가정을 이루고 자녀를 임신하고 출산하여 하나님의 자녀로 키우는 일을 가장 귀한 일로 여기고 있다. 출산 이전 임신 때부터 태교로 건강한 자녀가 출산되기를 간절히 기도하며 준비한다.

탈무드에는 "바다에 나갈 때는 한 번 기도하고, 사막을 여행하는 사람은 두 번 기도하고, 아이를 병마로부터 지키려면 세 번 기도하고, 임신한 여인은 네 번 기도해야 한다."라는 구절이 있다. 그만큼 임신과 출산은 인간 능력의 한계를 벗어난 신의 영역이기 때문에 유대인 산모들은 하나님께 자녀들의 건강을 위해 간절히 기도한다.

정통파 유대인은 부부가 임신 사실을 확인하고 나면 랍비에게 먼저 알린다. 아기 아빠는 서점으로 달려가 태아의 몫으로 구약 성경을 한 권 구입한다. 임산부인 엄마는 매일 그 성경을 읽으면서 아기가 뱃속에서 건강한 아이로 자라도록 하나님께 기도하고 토라태교를 한다. 또 탄생할 아기를 위해 산모는 성경 말씀을 수놓아 강보를 만든다. 엄마가 정성스럽게 만든 강보는 아기가 출생하면 평생 하나님 말씀 가운데 거하라는 의미로 아기를 감싸는 데 사용된다.

정통파 유대인 부모는 자녀를 하나님이 주신 귀한 선물로 보기 때문에 함부로 대하지 않고 존중하는 마음으로 대한다. 유대인 엄마는 아기를 양육할 때 일방적으로 행동하지 않고 앞으로 행할 일에 대해 미리 알려 준다. 이때 아기는 편안한 마음으로 엄마의 행동을 바라보게 된다. 바로 여기서 엄마와 아기 사이에 안정적인 애착형성이 자연스럽게 시작된다.

유대인 엄마는 기저귀를 갈면서도 아기에게 이야기한다. 기저귀 갈이를 할 때마다 "○○님, 기저귀가 젖었어요. 기저귀 갈아도 될까요?", "○○님, 바지를 벗겨도 될까요?", "이제 바지를 벗겨요.", "기저귀를 빼도 될까요?", "○○님, 이제 기저귀를 뺄 거예요", 물 티슈를 보여 주며 "이 물티슈로 엉덩이를 닦아요.", 로션을 보여 주며 "이 로션을 엉덩이에 발라요.", 새 기저귀를 보여 주며 "이 기저귀로 갈아요.", 기저귀를 갈아 준 후 바지를 보여 주며 "이 바지를 입을 거예요." 등등.

아기가 처음에는 엄마가 하는 말이 무슨 말인지 모를 수도 있지만 계속해서 '기저귀 갈이'나 '옷 갈아입히기'를 할 때 엄마가 먼저 묻고 동의를 구하는 반복적인 말을 하면, 아기는 엄마의 행동을 예측하고 편안하게 엄마가 하는 행동에 기꺼이 협력한다. 기저귀를 뺄 때 엉덩이를 들려고 하거나 바지를 갈아입힐 때 다리를 들어 엄마가 바지를 잘 입힐 수 있도록 함께 협력하고 도와주는 행동을 하는 것이다. 아기들은 기저귀 갈이를 좋아하고 엄마와 눈을 마주치며 교감하는 행복한 순간을 매일매일 경험하게 된다.

우리 주변을 보면 어떤 아기들은 엄마가 기저귀 갈이를 할 때 울거나 거부하기도 한다. 그것은 엄마가 아기 의사와 상관없이 일방적으로 처리하는 게 싫어서 거부하는 행동을 하는 것이다. 아주 어린 아기들도 본인이 존중받고 있는지 무시당하고 있는지를 엄마의 행동을 통해 느낄 수 있으므로 아기를 대할 때는 조심스럽게 행동해야 한다.

엄마가 사소한 일이지만 아기에게 질문하고 대화를 시도하면 아기도 엄마에게 신호를 보낸다. 자신의 긍정적인 의사를 웃음으로, 얼굴 표정으로, 양팔과 다리를 흔드는 표시로 알리는 것이다. 이렇게 반복적인 일들을 통해 자기가 귀한 존재이고 존중받고 있다고 느낀다. 엄마와 아기는 서로 깊이 교감하지 않을 수 없다. 이런 교감은 개월 수가 많아질수록 깊어져 아기는 엄마가 하고자 하는 일에 협력하고 도와주려는 의지를 갖추게 된다. 엄마와 아기가 일상적인 일들을 통해 계속적인 묻고 답하고 서로 의견을 주고받는 하브루타를 하는 동안 둘 사이에는 깊은 신뢰와 애정이 차곡차곡 쌓인다. 이것이 바로 유대인 교육의 기초가 시작되는 것이다.

유대인 엄마는 아기를 목욕시킬 때에도 위의 같은 하브루타 유아교육 방식으로 질문하고 대화한다. 아기에게 목욕에 대해 동의를 얻은 엄마는 다음과 같은 기도문을 주고받으며 목욕을 시킨다.

-머리를 감기면서 "하나님 우리 ○○이의 머릿속에 지혜와 지식이 가득하게

하소서!"

-얼굴을 씻기면서 "하나님 우리 ○○이의 얼굴은 하늘을 바라보며 하늘의 소망을 갖고 자라게 하소서!"

-입 안을 씻기면서 "하나님 우리 ○○이의 입에서 나오는 모든 말이 축복의 말이 되게 하소서!"

-손을 닦아 주면서 "하나님 우리 ○○이의 손은 기도하는 손이요, 사람을 칭찬하는 손이 되게 하소서!"

-발을 씻겨 주면서 "하나님 우리 ○○이가 손과 발을 통해 온 민족이 먹고살게 하소서!"

-가슴을 닦아 주면서 "하나님 우리 ○○이의 가슴에는 나라와 민족을 사랑하는 마음을 주소서!"

-배를 씻겨 주면서 "하나님 우리 ○○이의 몸속의 오장육부를 건강하고 튼튼하게 자라게 하소서!"

-등을 씻겨 주면서 "하나님 우리 ○○이가 부모를 의지하지 않고 보이지 않는 하나님만을 의지하게 하소서!"

-엉덩이를 씻겨 주면서 "하나님 우리 ○○이가 교만하지 않고 겸손한 자리에 앉게 하소서!"

-성기를 씻겨 주면서 "하나님 우리 ○○이가 결혼하는 날까지 순결을 지키며 하나님이 원하시는 가정을 이루고 축복의 사녀를 준비하게 하소서!"

이렇게 엄마의 기도 소리를 들으며 목욕을 한 아이들은 마음속에 확실한 자아정체성, 확고한 의지, 심리적으로 안정적인 애착을 형성하게 된다.

안정애착이 중요한 이유

이러한 인격적 양육 태도는 부모 자녀 간의 애착관계에 매우 긍정적인 영향을 미친다. 애착이란 '아기가 주 양육자의 보살핌을 통하여 느끼는 강한 심리적 결속력'을 말한다. 신생아 초기의 애착형성은 인간 본성의 가장 중요한 기초가 된다.

애착 이론가인 존 볼비(John Bowlby)의 학설을 발전시킨 메리 에인스워스(Mary Ainsworth)는 주 양육자로부터 어떤 보살핌을 받았느냐에 따라 '안정애착', '불안정애착', '거부-회피애착' 유형으로 나누었다. 유형별 특징을 살펴보면 다음과 같다.

먼저, '안정애착'은 나와 상대방을 모두 긍정적으로 생각하며 관계에서도 높은 만족감을 느끼는 유형이다. 영아기 시절 주 양육자로부터 편안하고 안정감 속에서 양육된 아기는 내가 남에게 도움을 주는 것도 편안하고 받는 것도 편안하게 느낀다.

상대방을 신뢰하며 친밀한 관계를 맺을 수 있어서 개인의 독립적인 생활과 모두가 어울리는 사회생활을 균형 있게 지탱할 수 있다. 영아기 '안정애착' 형성의 결정적인 시기는 보통 생후 1년까지이나 36개월까지 이어지기도 한다.

다음으로, '불안정애착'은 나에 대해서는 불신하고 상대방을 긍정적으로 생각하는 유형이다. 주 양육자가 아이의 요구에 일관성 없이 기분에 따라 반응했을 경우나 아이의 반응을 무시했을 경우에 흔히 나타난다.

자신의 요구에 민감하게 반응하지 않았던 엄마처럼 상대방도 그럴 것이라는 심리적 양상을 갖는다. 대인 관계 속에서 긍정적인 감정보다는 부정적인 감정이 더 강하게 작용하여 관계 맺기에 두려움을 갖는 유형이다. 감정을 제대로 나눌 줄 모르기에 상대방과 친밀감 있게 관계 맺기를 원하지만 상대방이 자신이 원하는 만큼 애정을 주지 않고 친밀해지지 않을까 봐 두려워한다.

이런 사람들은 관계 맺기에 많은 에너지를 쏟지만 상대방이 조금만 변해도 민감하게 반응하는 경우가 많다. 상대방의 사소한 행동에도 많은 의미를 두고 심각하게 받아들이는 등 항상 불안한 감정을 갖는다.

마지막으로, '거부-회피애착'은 나에 대한 이미지는 아주 긍정적이지만 상대방에 대해서는 부정적인 이미지를 갖는 유형이다. 이 유형은 주 양육자한테 자신의 필요한 욕구를 나타낼 때 자주 거절당했거나 무시당한 경우에 나타나는 유형이다.

상대방을 믿을 수 없고 오직 믿을 수 있는 건 자신밖에 없다고 생각한다. 상대방이 자신에게 의지하거나 자신이 상대방에게 의지하는 것도 불편해한다. 높은 독립성을 보이나 타인과 신뢰하고 친밀한 관계로 발전하는 것에 대해서는 회피하는 경향이 짙다.

어떤 갈등 관계가 생기면 자신의 정서적 감정을 차단하거나 나타내지 않는 방어적인 태도를 보인다. 상대방 감정에 대해 전혀 신경 쓰지 않고 자신이 하고 싶은 일에 매진하는 각자도생 유형이다.

이상의 세 유형 중 '안정애착'은 인간관계를 이루는 데 별 어려움이 없으나 '불안정애착'과 '거부-회피애착'은 사회관계에 어려움이 발생할 수 있어서 많은 노력과 이해가 요구된다.

유대인 엄마는 아기를 자신과 같은 인격적 존재로 인식하고 존중하며 양육한다. 좋은 애착 관계가 형성될 수 있는 모든 조건을 갖춘 셈이다. 영아기 단계에서 엄마는 아기가 보내는 신호나 심리 상태를 잘 파악해야 한다. 아기가 떼를 쓰거나 자기 고집을 부릴 때 윽박지르거나 큰 소리를 내는 대신, 아기와 대화하고 질문하면서 왜 안 되는지 이유를 설명하고 납득시킨다. 아기가 계속 고집을 부리더라도 안 되는 것은 무슨 일이 있어도 안 되는 것을 원칙으로 하고 자녀가 납득될 때까지 기다리며 대화를 나눈다.

특히 유대인 엄마들은 자녀의 말하는 교육에 신경을 쓴다. 생각하며 말하는 대화법을 가르친다. 유대인들이 일찍부터 말하는 교육에 심혈을 기울이는 이유는 창의성을 기르기 위해서이다. 자녀들과 자유롭게 대화를 나눔으로써 창의적인 능력과 논리성을 키워 준다고 믿기 때문이다.

별도로 '언어 공부'를 시키지는 않는다. 일상생활 속에서 자연스럽게 엄마와 나누는 대화를 통해 교육하는 방법을 고수한다. 특히 모국어를 잘 알아듣고 잘 표현할 수 있도록 7세 취학 전까지 지도한다. 외국어는 10세가 되어야 가르친다. 대학생들은 대부분 3개 국어를 능통하게 말할 수 있는 능력을 갖춘다. 글자나 숫자 공부는 초등학교에서 하는 것이 일반적이다. 영유아기에는 마음껏 자연과 벗 삼아 충분히 놀 수 있도록 지도한다.

뇌 발달 단계에 맞는 영유아교육

취학 전 유아들의 뇌 발달 단계를 잘 이해하고 그 발달 단계에 맞게 적절히 지도하는 것이 중요하다. 영유아는 대부분 뇌 발달상 단기기억 단계이다. 이 단계의 영유아들은 같은 동화 내용을 여러 번 반복해서 듣는 것을 매우 좋아한다. 부모나 교사가 전래 동화 하나를 선택하여 3~4주 정도 매일 반복해서 읽어주면 글자를 읽을 줄은 몰라도 동화 내용과 줄거리는 거의 암기하게 된다. 거듭 반복해서 들을 때마다 전래 동화 내용이 유아에게 내면화되면서 상상력이 극대화되고, 끝없는 상상의 나래를 펴게 하여 즐거움을 선사한다.

갓난아기 때부터 반복해서 듣게 된 동화가 유아들에게 다양한 상상과 연상적 사고를 가능하게 해 쉽게 질문과 토론으로 이어진다. 하브루타 유아교육의 근본적인 목적은 아이가 스스로 생각할 수 있는 힘을 갖게 하는 것이다. 아이의 생각하는 힘은 매우 폭발적이므로 유아가 스스로 자신이 궁금증을 갖고 질문할 수 있도록 유도해야 한다.

유아에게 교육 내용을 가르치고 설명하기보다는 유아들로 하여금 질문을 많이 하게 하고 질문을 통해서 아이들의 생각을 깨우고 다르게 생각할 수 있는 힘을 길러 주는 것이 좋다. "네 생각은 어때?", "왜 그렇게 생각해?", "여기에서 네 질문은 뭐니?"라고 자주 물으며 대화를 많이 하는 것이 중요하다. 비록 영아가 대답을 정확하게 하지 못하더라도 자신의 생각을 말로 설명할 기회를 주고 기다려 주는 것이 좋다.

유아가 자신의 생각을 말로 설명하게 하려면 텍스트 내용을 충분히 숙지시키는 일이 선행돼야 한다. 그 후에야 질문이 다양하게 나올 수 있다. 유아가 말하고자 하는 어떤 것도 막지 않아야 하고, 유아의 말에 적극적으로 공감해 주고 격려해 주는 것이 우선이다.

다양한 분야를 다루기보다는 한 가지 내용을 깊이 있게 다루는 것이 좋다. 유아들의 질문을 유도하기 위해서는 부모가 그 내용에 대해 깊이 있게 파악하고 있어야 한다. 그래야 이후에 대화나 토론으로 이어질 수 있다. 유아들에게 사용하기 좋은 텍스트로는 전래 동화를 들 수 있다.

우리도 유대인 부모들처럼 생애 초기부터 자녀의 발달 단계에 적합한 양육을 해야 한다. 부모의 따뜻한 보살핌 속에서 형성되는 아기의 심리적 안정애착을 위해 심혈을 기울여야 한다. 뇌 발달을 이해하며 양육한다면 우리도 유대인처럼 되지 말라는 법이 없다. 미래사회 대비, 창의·융합형 인재 양성을 위해 유대인 부모의 쥬비된 임신과 출산 후 이루어지는 하브루타 유아교육을 받아들이고 배운다면 한국의 미래를 이끌어 갈 훌륭한 인재 양성에 크게 도움이 되리라 기대한다.

질문, 배움의 본질을 고민하다

정충현·김수정

그래서 네 질문이 뭔데?

나는 현재 미국 캘리포니아 LA에 위치한 남가주대학교에서 노인성 질환을 연구하는 연구원으로 일하고 있다. 처음 미국에 왔을 때 낯선 환경에 적응하는 일이 결코 쉽지 않았다. 그중에서도 특히 힘들었던 부분은 유대인 지도교수와의 관계였다. 연구실에서 일한 지 3년이 넘었는데도 여전히 지도교수와 기분 좋은 대화를 나누지 못했다. 언어 장벽 때문만은 아니었다. 우리의 대화는 접점을 찾지 못하고 평행선을 달리는 경우가 많았다. 해결하기 어려운 점에 대해 지도교수에게 답을 요구하면 지도교수는 오히려 나에게 질문을 하곤 했다. 그 때마다 답답하기 그지없었다. 지도교수가 나를 못살게 구는 건 아닌가 하는 의심이 들 정도였다. 급기야 지도교수와 대화를 갖는 것 자체가 두려워지기에 이르렀다.

그러던 차에 하브루타를 알게 되었다. 흥미가 생겨서 좀 더 자세히 배워 보고 싶었다. 교회 교사 수련회에서 처음 하브루타를 소개해 주신 이성준 전도사님에게 배우고 싶다는 의사를 표명하자 하브루타문화협회의 하브루타 전문가인 양동일 이사를 강사로 불러 주셨다. 때마침 남가주대학교에서 사회복지학 박사과정을 밟고 있는 남편과 함께 20시간의 하브루타 심화 과정을 이수했다.

'학생 스스로 질문하게 하고, 그 질문에 대한 답을 대화를 통해 풀어 간다.'는 하브루타의 기본 정신은 그다지 새로운 개념은 아니었지만 개인적으로는 충격적이라고 느낄 정도로 새롭게 와 닿았다. 첫째는 한국의 교육과정에서 한 번도 경험해 보지 못한 방식이었기 때문이고, 둘째는 강의 시간에 실습을 통해 직접 경험해 보니 학습에 상당히 효과적이었기 때문이다. 질문으로 사고하고 짝과의 대화 속에서 질문에 대한 답을 찾아가며 문제의 본질에 접근하고자 하는 유대인의 교육 방식은 한국의 교육 체계 속에서 훈련받아 온 내게는 매우 낯선 방식이었다. 그럼에도 불구하고 하브루타가 지향하는 질문-관계 중심의 학습법은 유대인 지도교수의 사고방식을 이해하는 데 결정적인 도움을 제공해 주었다. 하브루타를 이해하고 나니 나의 지도교수의 교수 방식이 이해되기 시작했다. 그가 던지는 질문들은 나를 공격하기 위한 것이 아니라 대화를 해 나가는 과정이었다는 것을 알게 된 것이다.

하브루타를 배우고 얼마 지났을 때 유대인 지도교수와 연구 프로젝트와 관련된 논의를 하게 되었다. 실험과 관련된 여러 아이디어에 대해 한참 설명했지만 지도교수는 여전히 이해하지 못하겠다는 표정이었다. 답답한 마음에 계속해서 장황하게 설명을 이어 갔다. 내 이야기를 다 듣고 나더니 지도교수가 질문 하나를 툭 던졌다.

"그래서 네 질문이 뭔데?"

짧고 간단한 질문이었다. 순간 말문이 막히고 말았다. 한 번도 내 질문에 대해서 분명하게 정리해 본 적이 없었기 때문이다. 연구에서 가장 본질적인 부분을 간과하고 있있다는 사실을 깨달았다. 어떤 질문에 대한 답을 찾고 싶은지도 모른 채 무턱대고 답부터 찾으려고 덤볐던 것이다. 그제야 왜 지도교수가 나의 설명을 이해하지 못했는지 알 수 있었다. 나의 설명에는 애초에 핵심이 빠져 있었던 것이다. 지도교수는 내가 가지고 있는 핵심적인 아이디어를 파악하기 위해 질문이 무엇인지를 물어봤던 것이다.

질문하는 유대인 vs. 질문 막는 한국인

내 지도교수는 질문하는 것을 정말 좋아한다. 심지어 가장 좋아하는 TV 프로그램도 질문과 관련이 있다. 미국 방송 중에 「제퍼디!(Jeopardy!)」라는 퀴즈쇼가 있다. 이 퀴즈쇼는 일반적인 퀴즈쇼와 조금 다르다. 보통 퀴즈쇼에서는 참가자들이 질문을 듣고 답을 하게 돼 있다. 이 퀴즈쇼의 규칙은 특이하게도 정반대였다. 참가자들이 지문 형태로 제시되는 단서를 듣고 그 단서가 설명하는 개념이나 인물을 질문으로 대답해야 한다. 예를 들어, "한글은 1446년 조선의 이 왕에 의해서 창제되었습니다."라는 제시문이 나오면 문제를 푸는 사람은 질문 형식으로 "세종대왕은 누구입니까?"라고 응답하는 식이다. 단답식으로 단순하게 "세종대왕"이라고 응답하면 오답 처리된다. 머릿속에 떠오르는 정답을 그냥 말하지 않고 한 번 더 생각해서 질문 형태로 바꾸어 말해야 한다는 점에서 이 퀴즈쇼는 일반적인 퀴즈쇼보다 좀 더 어렵게 느껴진다. 이런 프로그램을 가장 좋아한다니 유대인의 질문 사랑은 정말 유별난 것 같다.

어떤 경우에는 심지어 질문으로만 대화를 이어 가기도 한다. 얼마 전 박사과정에 입학한 한 유대인 학생이 있는데 지도교수와 말이 잘 통한다. 하브루타를 배우기 전에는 관심도 없었고 잘 들리지도 않던 이들의 대화가 하브루타를 배우고 나니 조금씩 이해되기 시작했다. 회의를 하려고 연구실 사람들이 모이면 대화는 으레 지도교수의 질문으로 시작된다.

교수 : 운동이 노화 과정에 어떤 방식으로 영향을 미치는 것 같아?

누구도 선뜻 나서서 대답하지 못하고 있을 때, 그 유대인 학생이 오히려 지도교수에게 질문을 한다.

학생 : 운동의 종류에 따라 서로 다른 방식으로 영향을 미칠 것 같은데, 어떤 종류의 운동을 말씀하시는 거죠?

교수 : 음, 유산소 운동의 경우라고 할까?

이번에도 유대인 학생은 답하지 않고 좀 더 구체적으로 질문한다.

학생 : 그렇다면 높은 강도의 유산소 운동을 의미하시는 건가요, 아니면 낮은 강도의 유산소 운동을 말씀하시는 건가요?

교수 : 강도가 높은 유산소 운동의 경우라고 해 볼까?

학생 : 강도가 높은 유산소 운동도 기준에 따라 다르게 정의될 수 있을 것 같은데, 어느 정도의 운동을 높은 강도로 생각하고 계신 건가요? 하루 30분? 1시간?

그러자 지도 교수가 웃으면서 이렇게 말한다.

교수 : 누가 유대인 아니랄까 봐. 더 이상 질문하지 말고 이제 대답을 좀 해

볼래?

처음에는 이런 식의 대화가 말장난하는 것처럼 들렸다. 답을 모르니 괜히 말을 빙빙 돌리면서 상황을 모면하려는 것 같았다. '왜 이렇게 쓸데없는 말로 시간을 낭비하나?' 하는 생각도 들었다. 그것은 착각이었다. 그 유대인 학생은 교수가 처음 던진 질문이 너무 광범위한 주제를 다루고 있었기 때문에 효과적으로 답을 찾기 위한 방편으로 계속해서 질문을 구체화하려고 질문한 것이었다. 다시 말해서 한 번에 답하기 어려운 지도교수의 질문을 정확한 답을 할 수 있는 정도의 질문으로 조금씩 범위를 좁혀 나간 것이다.

유대인 학생이 던진 일련의 질문들은 우리가 고려해야 하는 문제의 범위를 상당한 정도로 한정시킴으로써 문제에 대해 생각하는 것을 수월하게 만들었고, 그만큼 분명한 답을 찾는 데 효과적인 정보를 제공했다. 질문을 통해 질문을 만들어 가는 유대인 학생과 그런 학생을 이해하는 유대인 지도교수를 보면서 유대인들은 질문을 잘 다룰 줄 알 뿐만 아니라 질문하는 것을 정말 좋아한다는 것을 새삼 깨닫게 되었다.

나도 어릴 때는 질문이 많았다. 어릴 적 꿈은 퀴리부인과 같은 과학자가 되는 것이었다. 『과학동아』를 보면서 과학자의 꿈을 키우기도 했다. 궁금한 것이 많은 호기심 가득한 소녀였다. 세상은 궁금한 것으로 가득 차 있어서 언제나 질문을 달고 다녔다. 수업 시간에 궁금한 것이 생기면 궁금증이 해결될 때까지 선생님께 질문을 했다. 쉬는 시간에도 질문을 멈추지 않았다. 그러던 어느 날 중학교 과학 선생님이 더 이상 질문을 하지 말라며 혼내시는 것이 아닌가! 교실에서 질문할 수 있는 기회를 박탈당한 것이다. 심지어 중학교를 졸업하는 날, 그 선생님은 "네가 졸업을 하니 속이 다 시원하다."라고 말씀하실 정도였다. 과학자의 꿈을 안고 세상에 대한 호기심을 키워 가던 어린 소녀는 마음에 깊은 상처를 입었다. 크게 실망한 나머지 그때부터 점점 질문하지 않게 되어 버렸다.

　나에게 공부를 한다는 것은 단순히 좋은 성적을 받기 위한 수단에 불과했다. 자연스럽게 교과서에서 다루는 내용 위주로만 학습했다. 교과서 밖의 세상에 대해서는 더 이상 관심을 가질 필요가 없었다. 학교 성적은 잘 나왔지만 나는 점점 질문하지 않는 존재가 되어 갔다. 돌이켜보니 질문을 좋아하는 유대인과 질문하는 법을 잊어버린 한국인 사이에 대화가 막힌 것은 당연한 결과였다. 지금도 한국의 교실에서 내가 경험한 일들을 후배들이 여전히 겪고 있다니 걱정이 이만저만이 아니다.

좋은 질문은 나침반과 같다

　한국에서 대학과 대학원 교육을 받은 나는 미국에서는 학생들이 어떤 방식으로 배우는지 궁금했다. 남가주대학교 사회복지학과에서 박사과정 학생으로 공부하고 있는 남편에게 미국 박사과정에서는 어떤 것을 공부하는지 물어보곤 한다. 남편이 들려준 이야기 중에 가장 인상적이었던 내용은 미국의 고등 교육 과정에서는 학생들에게 자기만의 질문을 갖도록 하는 일에 상당히 많은 시간과 에너지를 투자한다는 것이었다.

　남편 학교의 경우, 석사과정 학생들이 듣는 수업 중에는 한 학기 내내 1개의 연구 질문을 만드는 것을 목표로 하는 과목도 있다고 한다. 박사과정에서도 학생들이 연구에 대해 배울 때 가장 먼저 연습하는 것이 연구 문제를 설정하는 일이라고 한다. 연구의 첫걸음은 바로 좋은 연구 질문을 찾아내는 것에서 비롯하기 때문이다.

학생들은 자신들이 궁금해하는 분야에서 연구하고 싶은 주제를 선택하고 그 분야에서 이미 수행된 연구 결과들을 검토한 뒤 그것을 바탕으로 자신만의 연구 질문을 만든다. 이 과정에서 교수는 연구 질문의 이론적 적합성과 방법론의 현실 가능성 등을 고려해 학생이 좋은 연구 질문을 만들 수 있도록 도와준다.

박사과정을 한마디로 요약하면 1개의 연구 질문에 대한 타당하고 신뢰할 만한 답을 찾는 법을 배우는 과정이라고 할 수 있다. 첫 단추를 잘 꿰어야 한다는 말처럼 좋은 연구 질문을 갖는 것은 박사과정을 잘 마치기 위한 첫 단추, 가장 중요하고 또 기본이 되는 조건인 것이다.

좋은 연구자는 자신의 연구 문제를 명확하게 알고 연구를 진행한다. 연구 문제는 마치 나침반과 같아서 연구의 시작부터 끝까지 연구의 방향을 조정해 주는 역할을 한다. 연구를 하다 보면 예상하지 못한 여러 문제에 봉착하기 마련이다. 그중 어떤 문제는 좀처럼 해결하기 어려운 경우가 있다. 그 문제를 해결하는 데 너무 집중하다 보면 연구가 처음에 계획했던 방향과는 다른 곳으로 가게 되는 경우도 발생할 수 있다. 그럴 때 연구 문제를 분명하게 인지하고 있지 않으면 그 연구는 어느새 길을 잃고 결국 시간과 에너지를 낭비하는 결과를 낳게 된다. 결국 좋은 연구 질문을 만드는 일에 능숙하고, 그렇게 만들어진 질문에 대한 효과적이고 효율적인 방법으로 답을 할 수 있는 사람이 바로 좋은 연구자인 것이다.

어떻게 하면 좋은 질문을 만들 수 있을까? 미국 속담에 'Practice makes perfect.'란 말이 있다. 우리에게 익숙한 방식으로 이야기하자면 '연습만이 살

길이다.' 정도가 된다. 너무나 당연한 말일 수도 있지만 질문하는 일에 익숙하지 않은 한국 사람들에게 좋은 질문을 만드는 능력을 키우기 위한 방법은 자신만의 질문을 만들어 보는 것이라는 생각이 든다.

남편도 하브루타를 통해 중요한 인식의 전환이 일어났다고 했다. 예전에는 답이 무엇인지를 생각해 내려고 애썼는데 지금은 계속해서 스스로에게 질문을 한다고 한다. 연구자로서 어떤 답을 갖고 있는가도 중요하겠지만 어떤 질문을 갖고 있느냐가 오히려 더 중요할 수도 있다는 점을 깨닫게 된 것이다.

머릿속에 마침표보다 물음표가 더 많아지기 시작하면서 본인의 연구와 관련된 다양한 연구 질문을 만들게 되었다. 질문이 꼬리에 꼬리를 물고 이어진다. 쏟아지는 연구 질문들을 비교 분석하여 각 질문의 속성에 따라 분류하고 정리하다 보면 밀도 있는 연구 질문을 만들게 된다. 이러한 과정을 통해 현재 진행하고 있는 연구뿐만 아니라 후속 연구에 대한 아이디어도 풍성하게 얻게 된다.

어떻게 질문에 대한 답을 찾아내는가?

질문이 정해졌다면 그 다음에 자연스럽게 고민하게 되는 것이 어떻게 그 질문에 대한 답을 찾아내는가 하는 방법론일 것이다. 하브루타에는 관계 안에서 질문에 대한 답을 찾아가는 과정의 아름다움이 존재한다. 하브루타가 매력적이라고 느끼는 부분이 바로 여기에 있다. 하브루타가 이루어지는 곳에서는 문제에 대한 답을 찾을 때 결코 혼자 씨름하도록 내버려두지 않는다. 또한 배움의 과정을 통해 깨닫게 된 결과물을 혼자서 차지하지 못하도록 함으로써 지식의 독점 가능성을 원천적으로 제거한다.

이러한 배움의 방식이 인간의 존재 양식에 상당히 부합한다고 생각한다. 인간은 사회적 존재이기 때문에 결코 혼자 살아갈 수 없으며, 반드시 타인과의 관계 안에서 자신이 필요한 것을 채워야만 살 수 있다. 그것은 남녀노소, 지위 고하를 가리지 않고 적용되는 인생의 진리라고 생각한다.

생물학을 공부하다 보면 때로는 인체의 신비를 통해 인생의 중요한 교훈을 깨닫게 되는 경우도 있다. 2017년 5월 『사이언티픽 리포츠(Scientific Reports)』라는 학술지에 게재된 연구 결과에 따르면, 지능은 뇌의 크기에 따라 결정되는 것이 아니라 뇌의 연결고리, 즉 그 안에 신경 연결망이 얼마나 촘촘하게 연결되어 있느냐에 따라 결정된다고 한다. 뇌의 각 부분들이 서로 원활하게 신경전달물질을 주고받을 수 있을 때 뇌의 능력이 극대화된다는 것이다.

마찬가지로 우리도 다른 사람들과 다양한 형태의 도움을 활발하게 주고받을 때 우리가 해낼 수 있는 역량이 극대화될 수 있다. 그것이 배움과 학습의 영역이라면 각자가 보유한 지식과 정보를 서로 활발하게 공유할 때, 혼자서 배우고 이해하려고 할 때보다 훨씬 효과적으로 학습이 이루어질 수 있다. 하브루타는 타인과의 협력을 통해 학습이 이루어지는 방식이라는 점에서 상당한 의미가 있다. 특히 모든 것을 경쟁과 효율의 잣대로 판단하는 오늘날의 한국 사회에서 오랫동안 외면당했던 협력과 상생의 가치를 다시 회복하는 것이 그 어느 때보다도 절실하다.

나의 유대인 지도교수의 연구실 운영 방식은 그런 점에서 중요한 메시지를 던져 준다. 보통 실험을 하는 연구실은 연구원들이 모여 한 번에 2~3시간가량 지난 주간 각자가 수행한 연구 결과를 업데이트하고 서로 토론하는 랩미팅을 갖는다. 실험뿐만 아니라 연구 제안서 및 논문 작성 등으로 1주일이 눈코 뜰 새 없이 바쁘게 돌아가는 연구실에서 1주일에 한 번씩 시간을 빼는 것은 상당히 부담스러운 일이다. 랩미팅 때문에 실험 일정이 꼬이게 되는 경우는 더욱 그렇다. 1주일에 여러 가지 실험을 동시에 수행해야 하는 상황에서 랩미팅 시간을 피해 실험의 중복과 시간 낭비 없이 실험 계획을 짜는 것은 여간 고역스런 일이 아니다.

이런 랩미팅을 지도교수는 1주일에 두 번씩 빠짐없이 진행한다. 매주 수요일과 금요일 오전 9시부터 12시까지는 특별한 일이 있는 경우를 제외하고는 모든 팀원이 회의실에 모여 대화를 이어 간다. 특히 금요일 랩미팅 시간에는 그다지 할 말도 많지 않다. 발표해야 할 내용은 이미 수요일 랩미팅 시간에 다 발표해 버렸기 때문이다. 팀원들이 발표할 것이 없는데도 지도교수는 아랑곳하지 않고 랩미팅을 한다. 심지어 연구와 직접적으로 관련이 없는 주제로 오랜 시간 대화를 이어 간다. 경쟁과 효율에 최적화된 한국에서의 교육 방식에 익숙한 내 눈에는 참으로 비효율적으로 보였다.

그런데 하브루타가 지향하는 가치와 그 효과에 대해 눈을 뜬 뒤에는 유대인 지도교수의 연구실 운영 방식이 새롭게 해석되기 시작했다. 표면적으로는 시간낭비인 것처럼 보이는 모임이지만 얼굴을 맞대고 대화하는 시간을 통해 연구원들은 서로 간에 유대감을 형성하고, 협력해서 연구를 수행해 나갈 수 있는 팀워크를 구축할 수 있다. 혼자 성공하기 위해 독주해 나가는 것이 아니라 같이 성공하기 위해 발걸음의 보조를 맞춰 나가는 틀을 만드는 것이다.

하브루타를 현실에서 실천하기

나는 하브루타를 통해서 배운 것을 당장 가정에서 자녀 양육에 적용하기 위해 노력했다. 내 아이는 올해 만 4세인 남자아이다. 아직 형제가 없기 때문에 엄마인 내가 아이의 대화 상대가 되어 주어야 한다. 아이에게 정리된 지식을 주입하려고 하기보다 질문을 통해 아이가 스스로 생각해 볼 수 있는 여지를 만들어 주었다.

어느 날 아이가 장난감을 가지고 놀고 있는 모습을 보니 혼자서 1인 2역을 하며 스스로 질문을 만들고 자기가 만든 질문에 스스로 답을 하고 있었다. 물론 아주 초보적인 수준의 대화에 불과했지만 아이가 질문을 만들고 답변하는 과정을 어렵게 느끼지 않고 자연스럽게 놀이로 즐기고 있다는 점에서 의미 있는 발전이라는 생각이 들었다.

남편도 학교에서 강의를 할 때 하브루타를 적용해서 실제적인 배움이 일어날 수 있게 도울 수 있는 방법에 대해 많이 고민하고 다양한 방식으로 시도하고 있다. 예를 들면, 교실 안에 있는 전체 학생을 대상으로 질문을 할 때도 학생들에게 즉답을 요구하지 않고 1~2분 정도 옆 사람과 대화를 통해 생각을 정리할 시간을 준다. 학생들이 옆 사람과 자신들의 생각을 한껏 이야기하면서 생각을 정리하고 나면 학생들이 자신감을 가지고 상당히 적극적으로 질문에 대한 자신의 의견을 피력하는 모습을 보게 된다고 한다.

사실 짧은 시간에 정해진 커리큘럼을 소화해 내야 하는 오늘날 한국의 교육 현장에서 하브루타라는 특별한 교육 방식을 모든 영역에서 지금 당장 전면적으로 적용하는 것은 무리일 수 있다. 하지만 학습의 주체와 대상, 현장의 특성에 따라 하브루타의 기본 원리를 적용할 수 있는 여지는 충분하다고 생각한다. 학교뿐만 아니라 가정 안에서도 하브루타가 다양한 방식으로 시도될 수 있을 것이다. 앞으로 더 많은 사람이 가정과 교육 현장에서 하브루타를 시도하고 그 결과를 바탕으로 연구가 지속되어서 더 많은 학생이 좀 더 체계적이고 검증된 방식으로 상생의 교육을 받을 수 있는 날이 오기를 기대한다.

유대인의 질문 문화와 하브루타

김정완

유대인 교육은 우리나라에 1975년경부터 본격적으로 알려지기 시작했다. 그 해 한국에 탈무드 이야기를 소개한 랍비 마빈 토케이어가 유대인 교육도 동시에 소개했기 때문이다. 그 후로 40년 넘게 유대인 교육은 꾸준히 한국에 소개돼 오고 있다. 최근에도 한 달에 1권꼴로 새로운(?) 유대인 교육서가 출간될 정도로 인기를 끌고 있다. 하지만 한국 교육에 유대인 교육이 적용되어 빛을 보았다는 이야기를 들어 본 적이 없다.

2012년 11월이 돼서야 '하브루타'라는 이름의 유대인 교육이 본격적으로 한국 교육에 적용되기 시작했다. 『부모라면 유대인처럼 하브루타로 교육하라』 책이 출간된 것이 계기가 되었다. 나는 하브루타교육연구소, 하브루타교육협회, 이제는 하브루타문화협회의 창립 멤버로 활동하며 여러 뜻있는 분과 함께 하브루타문화운동을 펼쳐오고 있다. 나는 하브루타가 전에 없이 한국의 실제 교육에 적용될 수 있었던 데는 질문하는 법이 소개된 덕분이라고 생각한다.

하브루타를 하려면 질문이 먼저 있어야 한다. 질문 없이는 대화를 시작할 수 없기 때문이다. 보통 하브루타는 세 파트너를 기본으로 한다. 1:1로 대화하는 2명의 파트너에, 텍스트라는 또 하나의 파트너가 있다. 텍스트라는 파트너는 일방적으로 자기 말만 할 뿐이다. 2명의 파트너가 텍스트를 가운데 놓고 이야기를 나누기 위해서는 질문이 필요하다. 가장 먼저는 텍스트를 이해하기 위해서이고, 그 다음은 깊은 토론을 하기 위해서다.

모든 사람이 텍스트를 읽자마자 이해하는 것은 아니다. 행간의 뜻을 추론하고 해석하는 것은 고도의 관찰력과 논리력, 분석력이 필요하다. 질문은 상대가 그렇게 하도록 촉구한다. "이 글은 이 맥락에서 어떤 의미인가?", "여기서 새로운 관점은 무엇인가?", "이 글의 전반적인 전개 방식은 주제와 부합하고 있는가?"에 이어 "이 글의 전체 주제는 무엇인가?", "이 행간에 숨은 의미는 무엇이고, 전체 맥락에 기여하는 바는 무엇인가?" 등 다양한 질문이 있을 수 있다. 이런 질문들은 글을 더욱 잘 이해하도록 돕는다. 텍스트는 이해의 수준에 그쳐선 안 된다. 이해를 넘어 자기 적용까지 가능해야 한다. 사고의 전환과 행동에 변화를 일으켜서 바람직한 방향으로 실천에 옮길 수 있으려면 텍스트가 말하는 일반 원리와 현실의 특수함 사이의 괴리를 극복해야 한다. 그러려면 다양한 상황을 놓고 어떻게 원리를 적용할지 심도 있는 논의가 이루어져야 한다. 이때도 질문이 중요한 가이드라인 역할을 한다.

하지만 학습자로부터 질문을 받지 않는 교육에 익숙한 우리에게 하브루타는 그 자체로 숙제다. 해 보지 않은 것은 언제나 처음엔 어렵다. 하브루타가 원래 어려운 것은 아니다. 해 보지 않았고 처음이기에 어렵게 느껴질 뿐이다. 조금만 하면 익숙해진다. 한국에서 하브루타를 어렵게 여기게 하는 첫 번째 장애물이 바로 질문이다.

질문을 무시하고 괄시하는 한국 사회의 문화를 바꾸려면 '질문 만들기' 훈련부터 해야 한다고 생각한다. 패러다임은 하루아침에 바뀌지 않는다. 훈련이 반복되면 패턴이 만들어진다. 패턴이 오래 지속되면 어느 순간엔가 비로소 패러다임이 바뀌는 것이다.

질문의 문화는 우리나라에서 아직 갈 길이 멀다. 다행인 것은, 하브루타가 확산되면서 질문의 훈련이 곳곳에서 이루어지고 있고, 4차 산업혁명의 물결에 따라 교육부 및 각 지방 교육청 차원에서 학습자 중심의 질문 수업을 만들기 위해 노력하고 있다는 것이다. 실제로 2015년 개정 교육과정부터는 학습자 중심의 교육이 강조되고 있다. 실제로 초등학교 3학년 국어 교과서에 '질문 만들기'가 연습 내용으로 실리게 되었다. 어린 학생들에게 질문을 훈련시킬 필요가 있다는 것을 자각한 결과라고 볼 수 있다.

우리에게 질문의 문화가 없었는가?

하브루타문화운동의 성패는 질문문화운동의 확산 여부에 달려 있다고 해도 과언이 아니다. 『하브루타란 무엇인가』에서 유대인 엘리 홀저 박사와 오릿 켄트 박사는 "하브루타의 비전은 질문 중심의 교수법이 가지는 놀라운 잠재력에 있다."고 밝힌 바 있다. 한 번 생각해 보자. 우리에겐 정말 질문의 문화가 없었는가? 아니다. 우리에게도 있었다. 그런 좋은 문화를 짓밟아서 없앤 것은 다름 아닌 일제와 친일파들이었다. 36년간 한반도를 지배한 일제가 간교한 술수를 부리고 일제에 빌붙어 호의호식한 친일파들이 청산되지 않고 여전히 사회의 기득권을 쥐고 있는 상황이 해방 이후에 오래 지속되면서 우리 교육과 문화에서 질문이 사라진 것이다.

일제가 강제로 병합하기 전인 조선시대에는 질문과 토론의 문화가 활성화돼 있었다. 물론 조선의 지배층인 사대부들에게만 국한한 이야기다. 사대부들이 사서삼경만을 줄줄이 외워서 과거에 급제하고 정계에 진출했다고는 생각할 수 없다. 특히 선조 8년(1575년)부터 정조가 붕어한 해인 1800년까지 225년간 지속된 붕당정치기는 사색당파라 하여 지금의 여당과 야당처럼 정치 세력들이 각기 나뉘어 치열한 논쟁을 벌였던 시기다. 국가 정책을 두고 논쟁을 벌인 것은 물론 당파의 이익을 위해서도 많은 시간을 할애해 논쟁했다. 그렇다면 그들의 공부는 어떠했겠는가?

조선을 강제 병합한 일제는 식민사관의 당파성론을 통해 붕당정치를 당파싸움으로 폄하하고 질문과 토론이 조선을 망하게 했노라고 거짓된 인식을 세뇌시켰다. 해방 이후에는 친일파들이 득세하고 그들로 구성된 독재정권이 들어서면서 그들의 죄과가 백일하에 드러날까 두려워 질문과 토론의 교육과 문화를 거부했다.

질문의 가치에 대한 탐구

오랫동안 대한민국에서 질문의 문화를 확산하려면 어떻게 해야 할까 고민하던 나는 질문 훈련과 함께 질문의 가치의 탐구에도 매달렸다. 사람은 가치를 알 때 사고와 행동이 바뀐다고 믿기 때문이다.

한국전쟁이 끝난 직후 문화재 전문가들이 전쟁 통에 흩어진 문화재를 찾기 위해 전국 방방곡곡을 찾아다녔다고 한다. 한 시골 마을에서 점심을 대접받던 문화재 전문가는 마침 마당에서 밥을 먹고 있는 개에게 눈길이 머물렀다. 개밥그릇이 심상치 않았던 것이다. 주인에게서 싼 가격에 그 그릇을 사다가 연구소에서 잘 닦은 뒤에 살펴보니 13세기에 만들어진 고려청자로 판명 났다.

이 일화에서 보듯이, 개 주인이 만약 고려청자의 가치를 알았더라면 결코 그 귀한 그릇을 개밥그릇으로 사용하지는 않았을 것이다. 질문도 마찬가지다. 우리나라 사람들은 질문의 가치를 전혀 모르는 듯하다. 내가 제시한 질문의 가치는 교육학적인 측면에서의 질문의 가치와는 조금 결이 다르다.

유대인 5천 년 교육의 비밀, 질문

질문의 가치에 대해 생각하게 된 구체적인 계기는 유대인들은 늘 질문을 강조한다는 사실을 알게 되면서였다. 유대인이야말로 질문의 가치를 제대로 아는 민족처럼 보였다. 2010년 8월 한국을 방문한 랍비 마빈 토케이어는 질문을 5천 년 유대인 교육의 비밀이라고 주장했다. 유대인 엄마들은 자녀들에게 학교에 가면 선생님께 질문하라고 당부하는 일이 일상이다. 그렇다면 왜 그들은 질문을 강조하는 것일까?

나름대로 연구한 결과, 결국 유대인들이 질문하지 않을 수 없는 이유로 밝혀낸 것이 바로 그들의 율법이었다. 유대인들은 613개의 율법을 지켜야 한다. 율법을 지켜야 믿음이 있는 것이고 믿음은 곧 구원이니 그들에게 율법은 구원의 통로다. 율법은 유대교 경전인 토라와 탈무드의 중심 주제 중 하나다.

율법을 잘 지키기 위해서는 어떻게 해야 할까? 그 율법을 올바르게 깊이 이해해야 한다. 그러려면 반드시 질문해야 한다. 율법을 대충 알아선 제대로 지킬 수 없고 율법을 지키지 못하면 처벌을 받아 목숨을 잃을 수도 있고 율법의 처벌이나 재앙 아래 놓일 수도 있으니까. 그 대표적인 계명이 안식일 율법이다. 이 율법을 지키지 않으면 석형(石刑), 곧 돌에 맞아죽는 처형을 당한다. 질문은 유대인들에게 생사화복을 결정하는 매우 중요한 행위로 간주된다. 그들에게 질문은 권리이자 의무라고 해도 과언이 아니다. 그들은 어떤 질문도 결코 막지 않는다.

유대인들은 토라를 공부할 때는 반드시 질문으로 배워야 한다는 점을 제1원칙으로 삼는다. 질문 없이 배우는 토라 공부를 그들은 생각조차 할 수 없다. 질문이 있으니 대화가 있고 대화 중 서로 다른 의견이 제시되면 논쟁으로 발전할 수 있다. 이게 하브루타다. 하브루타를 하면서 우리는 어떤 사안을 깊게 이해할 수 있다는 것을 너무나 잘 알고 있다.

유대인들은 질문이 일상이다

실제로 유대인들은 질문이 일상인데 모두 율법을 지켜야 한다는 의무감 때문이다. 유대인 엄마와 딸이 함께 편의점에 들렀다. 초콜릿이 먹고 싶었던 아이는 초콜릿 바를 들더니 엄마한테 물었다. "엄마, 이 초콜릿은 코셔야, 아니야?"

유대인들에게는 음식계율로 코셔 율법이라는 것이 있어서 먹을 수 있는 음식과 먹을 수 없는 음식이 구분돼 있다.

편의점을 나온 유대인 엄마와 딸이 맥도날드를 지나고 있는데, 입간판에 있는 치즈버거가 먹음직스럽게 아이의 입맛을 유혹했다. 아이가 치즈버거가 먹고 싶다고 엄마를 조르자 엄마는 치즈버거는 코셔가 아니라고 말했다. 그러자 아이는 "치즈버거는 왜 코셔가 아니야?"라고 물었다. 엄마는 딸에게 "코셔 율법에는 유제품과 고기류는 함께 먹어선 안 된다는 계율이 있단다. 성경의 '어미의 젖으로 새끼를 삶아선 안 된다.'는 구절을 근거로 한 거야."라고 대답해 주었다.

한 이스라엘 우주비행사가 우주왕복선을 타고 지구 밖으로 나갔다. 마침 그 우주선은 90분마다 한 번씩 지구를 회전하고 있었다. 유대교 신자였던 그 우주인은 90분마다 1번씩 지구를 돌므로 7바퀴째 안식일을 지켜야 하는지 의문이 들었다. 지상에 있는 랍비에게 질문했다. "7바퀴째 안식일을 지켜야 합니까?" 랍비는 지구 시간으로 안식일을 지키라고 답했다. 우주인은 거기서 그치지 않고 또 하나의 질문을 했다. "지구 시간이라면 어느 시간대에 맞춰야 합니까?" 랍비는 이에 우주선이 쏘아 올려진 그 도시의 시간대에 맞춰 안식일을 계산하라고 일러 주었다고 한다.

율법을 지켜야 하는 유대인들의 삶은 질문으로 점철돼 있다. 질문으로 시작한 대화는 논쟁으로 발전하기 일쑤다. 율법에 대한 자기주장이 강하기 때문이다. 유대인 사회에 질문의 문화가 형성된 것은 결국 율법을 지키기 위한 그들만의 치열한 노력의 결과다.

국제 무역을 장악하는 토대가 된 레스폰사

유대인들의 이러한 노력은 의외의 결과를 낳기도 했다. AD 66년과 AD 132년 등 두 차례에 걸쳐 유대인들은 로마에 반란을 일으켰다. 그들은 유대-로마 전쟁에서 완전히 궤멸당했으며 그 결과 로마 황제들의 분노를 사 지금의 이스라엘 땅에서 쫓겨나 로마제국 각지로 흩어지는 운명을 맞았다. 로마 황제들은 유대인들이 모여 있으면 언제 또 반란을 일으킬지 모른다고 생각했다.

유대인들은 팔레스타인 지방을 떠나 낯선 곳으로 강제로 이주해야 했는데 그렇다고 토라 공부를 포기한 건 아니었다. 최소한 아버지와 아들은 토라 공부를 반드시 해야 했다. 이때 주위에 가르쳐 줄 랍비도, 토라 학교도 없다면 토라 공부를 하다가 생기는 질문들을 어떻게 해결했을까? 이 문제를 해결하기 위해서 생겨난 것이 레스폰사(Responsa) 관습이다. 토라 공부를 하다가 의문이 생길 경우 질문을 적어서 멀리 있는 랍비에게 편지를 보내면 랍비가 질문에 대한 답을 세세히 적어서 다시 인편으로 보내는 것을 말한다.

어느 날부터 유대인들은 질문 외에도 그 지방의 물가정보를 함께 적어서 보내기 시작했다. 편지를 받은 랍비들은 질문에 답을 해 줬을 뿐만 아니라 물가정보를 따로 모아서 정리했다가 유대인 상인들에게 나눠 주었다. 상인들은 그 정보를 바탕으로 전 세계의 무역망을 장악하게 되었다. 유대인들은 이 경험을 바탕으로 정보가 돈이 된다는 사실을 아주 오래전부터 알고 있었다. 전 세계의 정보를 끌어 모으는 구글의 탄생이 우연이 아닌 이유가 바로 여기에 있다.

질문과 토론 문화의 상징, 탈무드

질문의 민족 유대인들이 만들어 낸 책이 바로 탈무드이다. 탈무드에는 미쉬나를 본문으로 한 날카로운 질문과 치열한 토론이 가득하다. 탈무드의 맨 처음에 나오는 질문은 쉐마(신명기 6:4-9)를 저녁에 외워야 하는데 저녁은 언제부터 시작하느냐이다. 유대인들은 쉐마를 아침과 저녁에 의무적으로 읊조려야 한다. 해가 서산에 넘어가는 시각부터 저녁이 시작될까? 그런 방식으로 정하게 되면 산촌과 어촌의 저녁이 시작되는 시각이 달라진다. 지역마다 편차가 생겨선 곤란하다. 통일성이 중요하다. 탈무드에서는 랍비들의 기나긴 토론 끝에 해가 진 후 별이 3개 보이는 시각을 저녁이 시작되는 시각으로 봐서 그때부터 저녁 쉐마를 외울 수 있게 했다.

질문의 5가지 가치

이제 내가 탐구한 질문의 가치를 정리하겠다. 질문의 가치는 무수히 많다. 그 중에서 중요한 몇 개를 꼽아 보면 다음과 같다.

겸손
질문은 겸손을 의미한다. 질문은 자신이 모른다는 사실을 인정하는 행위이다. 모른다는 것은 결코 자랑할 만한 일은 아니니 수치심을 안고서라도 질문을 한다는 것은 대단한 용기가 필요하다. 결국 질문을 한다는 것은 진리를 추구하기 위해 낮은 자세를 유지하는 것이다.

유대인들은 토라를 물로 비유한다. 물은 높은 데서 낮은 데로 흐른다. 토라의 진리 또는 지혜도 질문하는 겸손한 자에게 머물게 된다. 게다가 질문은 무한하다. 탈무드는 "토라는 70개의 얼굴을 가지고 있다."고 말한다. 토라는 인생에 관한 무한대의 답을 가지고 있다는 뜻이며, 이는 무한대의 질문의 존재를 상정한다. 사람은 자신 있게 답할 수 있는 몇 개의 질문을 가지고 아는 체해선 안 된다. 무한대의 질문 앞에 서면 사람은 스스로 겸손해질 수밖에 없다. 모른다는 사실만 자명해지기 때문이다.

인정과 존중

질문하는 사람은 아무에게나 질문하지 않는다. 질문에 대한 답을 가지고 있을 것 같은 사람에게 질문을 한다. 다시 말하면 질문을 받은 사람은 질문하는 사람에게서 인정받은 셈이다. 게다가 질문은 경청을 수반하는 행위이다. 경청은 매우 중요한 의미를 갖는다. 인간이 인간에게 해 줄 수 있는 최대의 존중이 바로 경청이기 때문이다. 사람은 자기의 말을 잘 경청해 주는 사람을 좋아한다. 호감은 소통의 시작이다. 이런 과정이 반복되면 관계는 갈수록 돈독해진다.

진실과 정의

질문은 진실을 밝히는 도구이다. 수사관이 용의자를 잡아서 수많은 질문을 해서 캐내려는 것이 무엇인가? 진실이다. 진실을 밝혀서 뭘 하려는 것인가? 법이라는 정의의 심판대에 세워 죄인을 처벌하려는 것이다. 기자들의 역할도 이와 같다. 권력자들에게 질문은 그 자체로 곤혹스러운 견제 장치다. 기자들이 마이크를 대고 질문을 퍼부으면 뒤가 구린 사람들에게 그만큼 곤란한 일도 없다.

질문을 받으면 사람은 누구나 진실을 말해야 한다는 의무감에 시달린다. 거짓을 한 번 말하게 되면 여러 모로 괴롭기 때문이다. 일단 양심에 가책을 받는다. 거짓말이 밝혀질까 늘 노심초사해야 한다. 또한 계속해서 거짓말을 해야 한다. 거짓말로 밝혀졌을 때는 거짓말쟁이라는 오명과 함께 경우에 따라서는 법적인 처벌도 감수해야 한다. 진실을 있는 그대로 이야기하면 이런 괴로움에서 벗어날 수 있으니 사람은 어지간하면 진실을 말하려 한다. 질문의 문화가 활성화될수록 진실과 정의가 흘러넘쳐서 사회는 점점 더 투명해진다.

학습 동기의 발현

질문은 답과 짝을 이룬다. 던져진 하나의 질문은 하나 또는 많은 답을 품고 있다. 일단 질문이 던져지기만 하면 답은 어딘가에 있다. 당장 주어지지 않아도 상관없다. 어떤 수학의 난제는 300년 만에 답을 찾은 경우도 있다. 따라서 질문이 우리 뇌에 전달되면 우리는 자기도 모르게 답을 찾게 돼 있다. 답을 찾는 과정이 학습의 중요한 부분임은 두말할 나위가 없다. 더구나 학습자의 질문은 학습자 스스로 답을 찾으려는 동기를 발현한다는 점에서 더욱 의미가 깊다.

창의와 인성

요즘 교육의 핵심 키워드는 창의와 인성이다. 이런 역량을 가진 인재들에게 꼭 필요한 것은 질문이다. 질문하지 않는 사람이 창의적인 경우는 거의 없다. 천재들일수록 질문이 많다는 것은 너무나 잘 알려진 이야기다. 대표적인 것이 논쟁을 위한 질문들이다. 논쟁 과정에서 서로 주고받는 질문들은 상대방에게 창의적인 아이디어를 요구한다. 질문은 인성과 어떤 관련이 있을까? 앞에서 이미 언급했듯이 질문이 던져지는 과정에서 겸손·인정·존중의 가치가 동시에 발현되기 때문에 자연스럽게 인성이 좋아진다.

그 밖에도 질문은 변화와 균형, 도전, 자존감, 관계와 소통, 리더십, 민주주의적 시민의식 등 매우 다양한 가치를 지닌다. 유대인들에겐 이 모든 가치를 뛰어넘는 가장 높은 차원의 질문 가치가 있으니 바로 하나님을 닮아 가는 것이다. 질문이 토라 공부에서 특히 강조되는 이유는, 토라를 제대로 이해할수록 그 사람은 점점 더 토라의 진리에 사로잡히게 되고 삶에 변화를 일으키며 하나님을 더욱 더 닮아 갈 수 있다는 데서 찾을 수 있다. 토라학자인 랍비를 유대인들이 대단히 존경하는 이유이기도 하다. 질문의 문화가 우리 사회에 자리 잡는다면 유대인처럼은 아니더라도 내가 제시한 수많은 질문의 가치를 다 누릴 수 있다고 생각한다.

질문의 권리를 허락하라

질문은 공동체를 지향한다. 공동체는 소통을 기반으로 한다. 그 소통의 시작이 질문이다. 질문은 쌍방향 소통을 가능케 한다. 질문이 던져지는 순간 답을 해야 하기 때문이다. 일방적 지시와 명령이 난무하는 사회에서는 오해와 불만이 쌓이게 마련이다. 우리 문화는 질문을 허용하지 않는다. 불통이 만연할 수밖에 없다.

우리는 질문할 줄 모르는 사회의 비극을 지난 2014년에 경험했다. 바로 세월호 침몰 사고에서 말이다. 그 사고는 대한민국 교육의 침몰을 상징한다고 볼 수 있다. "(배 안에서) 가만히 있어라."라는 지시에 얌전히 따랐던 아이들은 모두 수장되고 말았다. 시키는 대로 따르기만을 강요하는 교육이 그 귀한 아이들을 죽게 한 건 아닌지…, 안타깝다.

앞선 정부의 국정농단은 또 어땠는가? 질문에 귀를 닫았던 대통령, 질문하는 기자의 입을 틀어막았던 권력자들. 질문을 가로막는 사회의 비극은 그때로 끝났어야 한다. 모 기자가 전직 대통령에게 접근해 질문하려 할 때 경호원들이 제지하자 이렇게 외쳤다. "언론이 질문을 못하게 하면 나라가 망해요!" 그의 말이 메아리가 되어 지금 이 순간에도 귀에 맴도는 것은, 우리 사회는 여전히 질문을 부정적으로 보는 시각이 강하고, 아직도 질문하는 사람들을 사갈시

하는 풍토가 만연해 있기 때문일 것이다.

인간은 공동체 안에 있을 때에야 비로소 샬롬을 누릴 수 있다. 히브리어 단어 '샬롬'은 우리의 인사말 '안녕'과 비슷한데, 평화라는 말이다. 전혀 결핍이 없이 꽉 찬 상태를 일컫는다. 공동체에는 반드시 서로의 부족함을 해소해 주는 시장이 있고 그곳의 언어 중에서 핵심은 질문이다. 그 대표적인 질문이 바로 "어떻게 도와드릴까요?"이다.

질문은 그 자체로 엄청난 가치가 있다. 질문의 문화는 있어도 그만, 없어도 그만이 아니다. 반드시 있어야 하고 그래야 인간의 본질을 추구할 수 있다. 인간을 사회적 동물이라고 정의한다면 인간은 생래적으로 질문권을 가진 존재로 봐야 한다. 인간은 늘 부족하니 뭔가를 끊임없이 채워야 하는 존재이기 때문이다. 질문하고 또 질문하는 인간이 아름답다. 그런 공동체 안에서 비로소 인간은 진정한 샬롬을 누릴 수 있다. 대한민국이 누구나 마음껏 평화를 누려야 한다고 생각한다면 그 시작은 질문이어야 한다.

질문을 배척하는 문화는 반드시 바뀌어야 한다. 그 시작은 아마도 교육이 될 것이다. 교육은 그 사회가 원하는 시민들을 양성하는 시스템이기 때문이다. 세월호 사고에서처럼 질문 없는 교육을 지속하게 되면 동일한 비극이 반복될 것이다. 다만 학교 울타리 안에서만 이뤄지는 질문의 교육은 찻잔 속의 태풍에 그칠 수 있다. 오히려 문화로 정착시킬 때만 우리 사회가 질문의 가치들을 향유할 수 있다. 하브루타문화협회가 질문의 문화를 강조하는 이유가 바로 여기에 있다. 그러기 위해서는 언제 어디서나 질문할 수 있는 권리를 허용해야 한다. 이젠 누구에게나 이렇게 묻는 건 어떨까?

"네 질문은 뭐니?"

참고 문헌

글로벌 시대에는 어떤 인재를 원하는가?

마릴리 애덤스, 정명진 옮김. 삶을 변화시키는 질문의 기술. 김영사. 2005.

마이클 J. 마쿼트, 유순신 감수. 질문 리더십. 흐름출판. 2006.

Joel Arthur Barker. Paradigms, Business of Discovering the Future. Harper Business. 1993.

선생님들, 질문 하브루타 어때요?

강충열, 송주명, 권동택 외. 혁신교육의 이론과 실제 심화과정(2)-연수교재용.
  경기도교육청, 한국교원대학교 교원능력개발센터. 2014.

미래인재 양성을 위한 학습자 중심 질문 수업

이지헌, 김희봉 옮김. 잘삶의 탐색. 교육과학사. 2014.

전성수. 질문하는 공부법 하브루타. 라이온북스. 2014.

김혜경. 팀 프로젝트 학습의 학습자 역량모형 개발. 학습자중심교과교육연구, 15(7). 2015.

민형덕. 학습자 중심 질문수업이 비판적 사고성향, 창의적 문제 해결 능력 및 협력적
  자기효능감에 미치는 효과. 목포대학교 일반대학원 교육학과 박사학위논문. 2017.

유상은. 질문과 대화가 살아 있는 국어수업, '벼리담'. 한국교원대학교 교육연구원. 2014.

이석재, 장유경, 이헌남, 박광엽. 생애능력 측정도구 개발 연구. 의사소통 능력, 문제 해결
  능력, 자기주도적 학습능력을 중심으로. 연구보고 RP 2003-15-3. 한국교육개발원. 2003.

Dillon, J. T.. Student question and individual learning. Education Theory. 36(4), 333-341. 1986.

http://www.etnews.com/20180430000548

학습자가 주도하는 교실 수업

전숙경. 초연결사회의 인간 이해와 교육의 방향성 탐색. 교육의 이론과 실천, 21(2). 2016.

질문이 생명이고 경쟁력이다

권낙원. 수업기술. 아카데미프레스. 2013.

도로시 리즈, 노혜숙 옮김. 질문의 7가지 힘. 서울 : 더난출판사. 2002.

심대현, 강양희, 최선순, 이홍배, 백금자, 한창호, 강이욱, 이형빈, 유동걸. 질문이 있는 교실 :
   실천 편. 한결하늘. 2016.

전성수. 부모라면 유대인처럼 하브루타로 교육하라. 예담 friend. 2012.

한근태. 고수의 질문법 : 최고들은 무엇을 묻는가. 미래의 창. 2018.

한상담학회 연수자료집. 2008.

고현, 송준석, 민형덕. 하브루타를 활용한 수업이 예비교사의 창의적 인성과 문제 해결
   능력에 미치는 효과. 학습자중심교과교육학회. 2017.

서윤주. 하브루타의 교육적 의미와 사회과수업에의 적용에 관한 연구. 한국교원대학교
   대학원 석사학위논문. 2016.

이지선. 소집단에서 발문과 질문 강화 수업이 과학과목의 학업성취도와 태도에 미치는
   영향. 명지대학교 교육대학원 석사학위논문. 2008.

하유미. 초등 사회 수업에서 교사들의 발문 유형에 대한 연구 : 4학년 사회 경제 단원을
   중심으로. 경인교육대학교 교육대학원 석사학위논문. 2013.

Bloom, B. S.. Taxonomy of educational objectives, handbook I : cognitive domain. New
   York : David Mckay Company, Inc. 1956.

Blosser, P. E.. Handbook of effective questioning techniques, Washington : Education
   Associate, Inc. 1973.

Dillon, J. T.. The remedial status of student questioning. Journal of Curriculum Studies, 20.
   1988.

엄마들의 든든한 멘토, EBS 〈60분 부모〉에서 엄선한 자녀교육 솔루션,

아이의 바른 성장과 더불어
부모까지 행복해질 수 있는 비법을 담았습니다!

EBS 60분 부모 : 행복한 육아 편

내 아이의 몸과 마음이 튼튼해지는 육아 처방전
부모 됨에 대한 자신감을 찾아 드립니다!

이 책은 〈60분 부모〉에서 방송됐던 육아 문제의 화두 중에서 부모들이 궁금해 할 만한 내용을 고르고 신체 건강과 정신 건강으로 나누어 현명한 솔루션을 제공한다. 요즘 부모와 아이 모두 관심 있어 하는 '키, 영어 교육, 경제 교육'을 필두로 하여 아이들이 자주 겪는 '틱, 섭식, 형제 갈등' 등의 문제를 파헤친다. 또한 아이의 '수면, 척추, 눈 건강에 대해 자세한 정보를 제공하고 우리 아이의 몸과 마음이 건강해지려면 어떻게 해야 하는지 명쾌한 해법을 제시한다. 마지막으로 아이를 행복하게 하는 '좋은 부모'가 되기 위해서 어떻게 해야 하는지를 제안함으로써 '행복한 육아'라는 궁극적 메시지를 전달한다.

EBS 60분 부모 제작팀 지음 | 272쪽 | 14,300원

EBS 60분 부모 : 똑똑한 학습법 편

지혜로운 부모가 똑똑한 자녀를 만듭니다
공부의 핵 '집중력'과 최신 공부 트렌드 '자기주도학습'에 대한 모든 것을 담았습니다!

'학문에 왕도는 없다'라는 그리스 현자의 격언에도 불구하고 '공부에 효과적인 방법'은 있다. 이 책은 '집중력 향상'과 '자기주도학습의 실천' 등 그 구체적인 방법들을 제시해 주는 것을 목표로 하고 있다. EBS 〈60분 부모〉는 10여 년간에 걸쳐 공부 문제에 관한 수많은 사례들과 해법을 제시해 왔다. 학습 전문가, 교사, 교수, 심리학자 그리고 신경 정신과 의사 등 여러 전문가들의 자문을 총망라한 구체적이고 실증적인 학습 치료 방법을 책으로 만나 보자.

EBS 60분 부모 제작팀 지음 | 292쪽 | 14,300원

다방면의 학습 전문가들이 참여한 5개월간의 프로젝트

시행 학교의 학부모 94.6%가 만족하는 자기주도학습 프로그램

공부의 주체인 아이들에게 스스로 공부하는 힘을!

공부, 하고는 있는데 왜 성적이 오르지 않을까?
잠재력과 가능성을 깨우는 자기주도학습 능력 회복 프로젝트

EBS 교실이 달라졌어요
자기주도학습 편

진정한 자기주도학습이란 바로 스스로를 진단·평가하여 목표를 세우고, 올바르고 효과적인 방법을 찾아 적용하며 실천하는 모든 과정과 그 힘을 기르는 훈련까지를 의미한다. 이 책은 제각기 다른 모든 아이들에게 동일한 학습 방법을 적용하던 한계에서 벗어나, 공부를 시작으로 아이의 인생을 변화시킬 자기주도적 삶의 태도를 기르는 방법까지 깨달을 수 있도록 그 길을 보여주고 있다. 남들도 다 하니까, 부모님이 시켜서 등 학습 동기 없이 공부하는 아이들부터 공부를 어떻게 해야 할지 몰라 어렵다고 포기하게 되는 아이들, 지금도 스스로 잘해나가고 있는 모든 학생들에게 '스스로 공부할 수 있게 하는 힘'을 기르는 방법을 제시한다.

EBS 〈교실이 달라졌어요〉 제작팀 지음 | 208쪽 | 값 13,000원